교회를
세우는
일하는 집사

교회를 세우는 일하는 집사

저자 김병태

초판 1쇄 발행 2021. 9. 13.
초판 4쇄 발행 2025. 1. 15.

발행처 도서출판 브니엘
발행인 권혁선

책임교정 조은경
책임영업 기태훈
책임편집 브니엘 디자인실

등록번호 서울 제2006-50호
등록일자 2006. 9. 11.
서울특별시 송파구 백제고분로28길 25 B101호 (05590)
마케팅부 02)421-3436
편 집 부 02)421-3487
팩시밀리 02)421-3438

ISBN 979-11-90308-56-4 03230

독자의견 02)421-3487
이메일 editorkhs@empal.com

북카페 주소 cafe.naver.com/penielpub.cafe
인스타그램 @peniel_books

도서출판 브니엘은 독자들의 원고를 설레는 마음으로 기다리고 있습니다.
위의 이메일로 간단한 기획 내용 및 원고, 연락처 등을 보내주십시오.

도서출판 브니엘은 갓구운 빵처럼 항상 신선한 책만을 고집합니다.

교회를
세우는
일하는 집사

김병태 | 지음

집사는 _____ 교회의 기둥이자 교회 부흥의 핵심이다

브니엘

집사는 교회를 지탱하고 세우는 기둥과 같다. 집사는 교회, 가정, 직장의 핵심역량이다. 교회 부흥의 핵심역량인 집사들이 살아야 교회에 부흥의 순풍이 불어온다. 교회의 허리와 같은 집사가 왕성하게 일어나지 않고는 교회의 미래를 보장할 수 없다. 건강하고 견고한 주님의 집을 이루기 위해서는 교회의 소중한 자산인 집사 그룹에 힘을 실어주고 역할을 감당할 수 있는 지지와 분위기가 조성되어야 한다.

그런데 안타까운 현실이 있다. 집사는 교회에서 어느 직분보다 인원은 많은데 반해, 교회 내에서 가치 매김은 간과되고 있다. 장로, 권사 그룹에 의해 빛이 가려지고 있다. 그러나 집사 그룹이 즐겁고 활기차게 섬기는 교회가 되지 않으면 교회의 미래는 어둡다. 세상의 혁신과 기술의 혁신을 주창하는 것도 중요하지만 직분의 혁신과 교회의 혁신도 절실히 필요하다. 교회가 진정한 가치혁신을 가져와야 하고 속사람의 혁신을 주도해야 한다. 그렇지 않고는 교회의 교회됨을 확보할 수 없고 교회의 영향력을 행사할 수 없다.

이 세상에서 가장 먼 길은 "내가 내게로 돌아가는 길"이라고 한다. 교회의 부흥을 일으키는 집사가 되려면 먼저 집사의 자기 개혁부터 일어나야 한다. 집사의 셀프혁명이 일어나면 부부관계가 새로워지고 가정에 변화가 일어난다. 직장과 사회에서도 착한 행실을 통한 선한 영향력을 발휘할 수 있다. 비타민 박사라 불리는 이왕재 교수는 "나만을 위한 삶이 아니라 당신을 위한 삶을 살고 싶다"라고 말한다. 그렇다. '나만을 위한 삶'에서 돌아서서 '당신을 위한 삶', 즉 '타인을 위한 삶'을 살아야 한다. 그런 집사들이 교회를 섬기는데, 어찌 그 교회가 부흥하기 않으며 든든히 서지 않겠는가? 당신을 위해 자신을 십자가에 내어주신 주님의 섬김을 본받아 실천할 때 교회 구석구석에 행복한 웃음이 꽃피게 될 것이다. 그것은 집사인 당신 자신의 변화에서부터 출발해야 한다.

아일린 크레이머, 그는 호주 출신의 현역 최고령 무용수다. 그의 나이는 116세다. 그는 시드니에 있는 요양원에서 생활한다. 그런데 인생에서 가장 생산적인 시기를 보내고 있다고 한다. 매일 글을 쓰고, 책을 출간하고, 그림을 그리며, 춤추고, 영화를 찍고, 친구들과 생일파티도 즐긴다. 누군가 그에게 물었다.

"장수의 비결이 무엇입니까?"

그는 서슴없이 대답한다.

"그저 바르게 살고 있습니다. 그게 내가 아는 전부입니다."

'그저 바르게 사는 것.' 하나님의 말씀이 지시하는 대로, 성령님이 감동을 주시는 대로, 예수님이 사셨던 방식대로 거룩하고 성결하게 살아갈 때 하나님의 사람의 영적 능력이 나오는 게 아닐까? 가정에서 말씀의 표준을 따라 살아감으로 천국의 모델 하우스를 만들어가고, 직장에서 세상 사람들의 삶의 방식과 다르게 행함으로 하나님 나라를 실현해가며, 교회에서 예수 그리스도의 마음을 품고 사랑으로 섬길 때, 그리스도의 제자임을 증명하는 능력이 나타나는 게 아닐까! 그러나 잊지 말자. 거룩함과 성결을 잃는 순간, 이 모든 것은 짓밟히는 소금 취급을 당하게 됨을.

초대교회 교부인 터툴리안은 말한다. "교회라는 나무는 3가지 액체를 먹고 자란다. 수고의 땀, 기도의 눈물, 순교의 피다." 교회 기둥인 집사들이 수고의 땀을 흘릴 때, 기도의 눈물을 병에 가득 담을 때, 순교의 각오로 주님의 몸인 교회를 구석구석 섬길 때 뭔가 일이 일어나지 않겠는가! 아무리 교회 부흥을 말하기 힘든 것처럼 여겨지는 시대라 할지라도 말이다.

지난 20년의 담임목회를 생각할 때 부족한 종이지만 사랑스러운 집사님들이 향기 나는 섬김을 보여주어 너무나 감사하다. 교회 구석구석에서 말없이 궂은일을 마다않고 열심히 봉사하는 손길이 있고, 교회 성물과 집기들이 필요할 때 지갑을 열어 구입해주기도 한다. 교회 주변의 불우한 이웃을 돕기 위해 시간과 재능을 아낌없이 기부해주는 집사님들, 지체들 가정에 가슴 아픈 장례가 있을 때 팔을 걷어붙이고 일을 봐주던 집사님들, 무더운 여름이면 아이스크림을 사서 사무실과 교역자실을 찾아주는 집사님들, 이분들이 있기에 목회가 행복하고 교회는 부흥할 것이다.

교회가 부흥하려면 건물을 지탱하고 있는 기둥인 집사가 살아나야 한다. 이제는 교회의 아웃사이더로 머물러서는 안 된다. 교회 부흥의 핵심역량 위치에 있다면 그에 걸맞은 희생과 헌신을 각오해야 한다. 무책임과 게으름의 변명거리를 만들어서는 안 된다. 맡은 자에게 구할 것은 충성이다. 끝까지, 부르신 이의 뜻을 따라 죽도록 충성해야 한다. 목회자는 교회 부흥의 역량인 집사를 건강하게 세워가야 한다. 그들의 가치를 존중하고 말씀으로 훈련해서 아름다운 동역의 길을 모색해야 한다. 이제 장로, 권사는 분열과 다툼의 길을 집어던지고 집사들의 소리에 귀를 기울여야 한다. 그들이 마음껏 땀 흘리며 수고할 수 있는 치유 분위기의 교회를 조성해야 한다.

기독교서점에는 직분자를 위한 많은 책이 나와 있다. 너무나 귀하고 좋은 책들이다. 그런데도 약간의 아쉬움이 있었다. 하나는 좀 더 깊은 신학과 신앙을 담은 책이었으면 하는 바람, 다른 하나는 좀 더 풍부한 현장을 담아 지겹지 않게 읽을 수 있는 책이었으면 하는 바람이다. 그래서 기존에 있는 직분서와 차별화를 가져오고 싶었다. 이 책은 그 둘을 조화롭게 하나로 엮어 한 사람의 집사를 교회의 기둥이자 핵심 동력으로 섬기는 거룩한 집사로 세우는 데 도움을 줄 것이다. 이 책으로 집사들을 교육하고 훈련할 때 반드시 건강한 교회를 꿈꾸고 교회 부흥을 감당하는 일하는 교회의 기둥으로 우뚝 세울 수 있을 것이다. 이 책을 통해 교회의 역량 있는 일꾼들이 길러지고, 건강한 교회를 세워가는 목회 동역자가 하나둘씩 세워지길 간절히 소망한다.

글쓴이 김병태

집사는 _____ 교회의 기둥이자 교회 부흥의 핵심이다

집사는
직분을 바로
이해하고
섬겨야 한다

집사란 직분을 바로 이해하고 섬기라

성경적인 교회관을 정립하라

올바른 청지기 정신으로 섬기라

01

직분 이해

집사란 직분을
바로 이해하고 섬기라

교회에서의 성직은 우열이 있을 수 없다. 목사, 장로, 권사, 집사 할 것 없이 모두 영광스럽고 거룩한 직분이다. 이들은 고유성을 가지면서도 그리스도의 몸을 세우기 위해 한 팀(one team)으로 부름받았다. 교회 안의 모든 직분은 다양성과 통일성의 조화를 이루어야 한다. 서로 배타적이고 냉소적인 태도를 보이면 그리스도의 몸인 교회를 해할 수밖에 없다. 오히려 서로 협력하고 존중하며 섬김으로써 교회의 영광을 세상에 드러낼 수 있어야 한다.

교회에서 잘 훈련된 헌신하는 집사들의 모습은 마치 한 나라의 자랑스러운 군사들을 바라보는 것과 같다. 교회 집사들의 모습은 그 교회의 현재와 미래상을 그대로 보여준다. 그러므로 교회 안에서 집사의 직분과 역할을 결코 과소평가해서는 안 된다. 실제로 집사는 장로나 권사와 달리 교회 안에서 수적 우위를 차지하고 있다. 교회 구성원의 대부분을 이루고 있는 집사의 생동감 있는 역할 수행 없이는 교회 기능이 살아날 수 없고, 교회 부흥도 기대할 수 없다.

그런데 한국교회의 현실은 어떤가? 총신대학교 황성철 교수는 한국교회가 가진 집사직에 대한 잘못된 현실을 이렇게 지적한다. "역사적으로 칼빈은 「기독교강요」 초판과 「제네바 신앙고백서」에서 목사직과 집사직 두 직분에 대해서만 논하다가 나중에 장로직과 교사직을 언급했다. 그리고 한국교회 현장에서는 집사가 장로보다 일을 더 많이 한다는 일반적인 평가가 있는데, 실제로 교회 부흥은 집사의 활동 여부에 달려 있다고 해도 과언이 아니다. 그러나 오늘날 한국교회의 집사직과 그 직무는 과소평가되고 있으며, 집사들은 직급 인플레이션으로 말미암아 스스로의 직책에 대해 정체감을 갖지 못하고 스스로를 평가절하하고 있는 실정이다. 직무에 있어서도 집사들은 자존감을 갖지 못하고 있다. 교회 행정의 핵인 당회의 장로들이 교회의 삼권을 모두 가짐으로 재정분야마저도 집사들의 고유기능은 거의 사라지거나 왜곡된 형편이다. 심지어 성경상의 집사 기능인 구제사역마저 집사의 의사결정은 거의 없다. 담임목사와 당회가 다하면 되기 때문이다."

그렇다. 한국교회에서는 대부분의 수적 우위를 차지하고 있는 집사가 막강한 당회의 덩치에 눌려 질식하고 있는 현실이다. 소수가 휘두르는 힘 앞에서 침묵하거나 항거하면서 교회의 안티세력으로 자리 잡는 경우가 허다하다. 그렇기에 한국교회가 살아나기 위해서는 당회의 기능은 더 내려놓아야 하고 집사회의 기능은 더 활발하게 회복되어야 한다.

집사의 기원을 정확히 이해하라

집사의 기원은 예루살렘교회가 일곱 명의 집사를 세운 것에서 찾을 수 있다(행 6:1-7). 물론 이들은 안수집사를 가리킨다. 교회가 점점 성장하게 되었다. 그러다 보니 교회에서 돌보아야 할 형제와 과부 된 자매가 많아졌다. 예루살렘교회의 사도들이 그들을 돌보다 보니 기도하는 일과 말씀 전하는 사역에 소홀히 할 수밖에 없었다. 그래서 성도들 가운데 일곱 명을 선출해서 그들에게 재무와 구제업무를 맡겨 사도들을 돕는 보조자로 세웠다.

물론 이들은 높은 자격을 갖춰야 했으며, 안수도 받았다(행 6:6). 초대교회가 안수집사를 세움으로써 교회는 부흥하게 되었다. 사도들이 기도하고 말씀 전하는 사역에 충실할 수 있도록 그들이 교회의 재정과 행정을 잘 도운 것이다.

집사는 제도화되기 전까지 두 가지 면에서 언급되었다. 첫째는 교회의 영적 생활과 재정업무를 돌보던 사람에게 사용되었고(빌 1:1), 둘째는 비공식적인 입장에서 봉사하는 자 모두를 의미하는 말로도 사용되었다(엡 6:21). 이처럼 집사는 군림하는 자가 아니라 돌보고 섬기는 일에 자기를 희생하는 사람이다.

교회의 부흥 원리는 간단하다. 목회자는 기도하는 일과 말씀 전하는 사역에 전념하고 집사는 교회의 재정과 행정을 원활하게 집행하면 된다. 이들의 손발이 척척 맞을 때 교회는 활발하게 움직일 수 있다. 교회는 교역자에 의해서만 움직이지 않는다. 교역자가 본질적인 사역에 전념할 수 있도록 집사가 제반적인 교회사역을 감당해주어야 한다. 그렇지 않고 교역자들만 주도적으로 일하게 되면 교회는 원활하게 움직일 수 없다. 결국 집사는 교회의 핵심적인 성직을 맡고 있음을 잊지 말아야 한다. 더불어 교회 부흥의 원동력임을 명심해야 한다. 이들의 동적 움직임은 목사가 기도하는 일과 말씀 전하는 일에 전념하도록 보장해 준다.

집사는 교회의 계급이나 명예직이 아니다. 한자로는 執(잡을 집), 事(일 사)로 쓴다. 즉 '일을 잡아서 하는 사람'을 가리킨다. 주의 일을 잡아서 종처럼 섬기는 자를 집사라고 말한다. 집사를 가리키는 영어 단어는 디컨(Deacon)이다. 이 말은 헬라어 디아코노스에서 유래되었다. 디아코노스(Diakonos)는 '하인, 메신저, 시중드는 자, 남을 섬기는 자'를 뜻한다(롬 16:1, 빌 1:1). 즉 집사는 식사 때 시중을 드는 종인데 초대교회에서는 '섬기는 자, 봉사하는 자'라는 의미로 발전했다. 디아코노스의 원래 의미는 '먼지를 통해서'라는 뜻이다. 집사는 흙이나 먼지를 뒤집어쓰고 막노동을 하는 하층민을 지칭했다. 먼지를 일으킨다는 것은 종이 자기 주인을 섬기거나 시중들기 위해 부지런히 서두르는 모습을 보여주는 단어이다.

대한예수교장로회 헌법에서는 집사를 다음과 같이 정의한다. "집사직은 목사와 장로직과 구별되는 직분이니 무흠한 남교인으로 그 지교회 교인들의 택함을 받고 목사에게 안수(按手)임직을 받는 교회 항존(恒存)직이다." 물론 이것은 성경에 나오는 안수집사를 가리킨다.

집사는 서리집사와 안수집사가 있다. 서리집사는 1년 직이다. 그렇기에 매년 임명해야 하는 임시직이다. 서리집사는 당회에서 선택하여 임명한다. 서리집사는 1년의 임시직이지만 편의상 대부분 교회에서는 한 번 임명한 후 연임한다. 그래서 항존직으로 착각을 일으킬 수 있다. 어느 교회에서는 서리집사도 은퇴를 하는데, 이는 헌법에 맞지 않는 경우이다.

안수집사는 안수로 임직되는 항존직으로, 안수집사 또는 장립집사라고 부른다. 안수집사는 각 지교회가 공동의회규칙에 의하여 선거하되 투표자 3분의 2 이상의 찬성을 요구한다. 단 당회가 후보를 추천할 수 있다. 서리집사는 1년 임기의 임시직이므로 1년이 지나면 자동으로 해직되나 안수집사는 항존직이므로 만 70세 정년까지 계속 시무한다.

하지만 다음과 같은 경우에는 정년 전이라도 사임 또는 사직할 수 있다. 장로회 헌법에서는 자유 휴직과 사직에 대해서 이렇게 규정하고 있다. "장로 혹 집사가 노혼(老昏)하거나, 신병(身病)으로 시무할 수 없거나, 이단이나 악행(惡行)은 없을지라도 교회의 태반이 그 시무를 원하지 아니할 때 본인의 청원에 따라 휴직과 사직을 당회의 결의로 처리한다." 그뿐만 아니라 권고 휴직과 사직에 대해서도 이렇게 규정한다. "장로나 집사가 범죄는 없을지라도 전조(前條) 사건과 방불하여 교회에 덕을 세우지 못하게 된 경우에는 당회가 결정하여 휴직 혹 사직하게 하고 그 사실을 회록에 기록한다. 본인이 원하지 아니하면 소원할 수 있다."

장로회 헌법에서는 (안수)집사의 칭호를 다음과 같이 정하고 있다. "시무집사(본 교회에서 임직 혹은 취임받아 시무하고 있는 집사), 휴직집사(본 교회에서 집사로 시무하다가 휴직 중에 있거나 혹은 사임된 자), 은퇴집사(연로하여 은퇴한 집사), 무임집사(타 교회에서 이명 와서 아직 취임을 받지 못한 집사이니, 만 70세 미만인 자는 서리집사직을 맡을 수 있고, 본 교회에 전입하여 만 2년이 경과하고, 공동의회에서 집사로 피선되면 취임식만 행하고 안수 없이 시무집사가 된다)."

간혹 교회에서 직분을 계급장 다는 것으로 생각하는 사람들이 있다. 그들은 집사를 장로나 권사로 가기 위한 징검다리쯤으로 생각하지만 사실은 그렇지 않다. 집사는 고유한 기능이 있으므로 그 직무를 수행하기 위해 최선의 노력을 기울여야 한다.

간혹 나이가 들어서 신앙생활을 시작한 사람들 가운데 일흔 살이 넘어서 명예집사로 임명되는 경우가 있다. 근본적으로 명예집사라고 하는 제도가 성경에는 어울리지 않는다. 그리고 교회에 출석한 지 얼마 되지도 않아서 부르기 좋게 체면상 집사직을 주는 것은 옳지 않다. 비록 서리집사일지라도 일정한 자격을 갖춘 자에게 철저한 교육과정을 거친 후에 집사로 임명해야 한다.

최근 한국교회와 그리스도인들의 위상이 형편없이 추락했다. 믿지 않는 불신자들에게 교회의 신뢰도는 바닥으로 떨어지고 말았다. 왜 그럴까? 교회의 사명 중 봉사(diakonia)가 모자랐기 때문이며, 교회의 직분이 남발되고 있기 때문이다.

사실상 집사의 직무는 디아코니아의 효율적인 실천이라고 할 수 있다. 이에 대해 황설철 교수는 이렇게 말한다. "자비의 직무로서 그리스도의 디아코니아 직무는 '식탁에서 시중들다, 식사를 관장하다'(눅 10:40), '섬김을 수행하다'(고전 12:4, 엡 4:11, 계 2:19), '공동체 내에서 어떤 특정한 임무를 수행하다'(롬 11:13, 고전 6:3-4), '헌금을 드리다'(고후 8:19) 등으로 사용되었다. 즉 주님의 몸을 나누는 일과 치유하는 일과 깊은 관련이 있다. 이러한 디아코니아는 종의 자리에서 이웃을 위해 최상과 최선, 그리고 최고의 나눔과 치유를 통해 섬기는 것을 말한다." 결국 집사의 직무를 수행하는 것은 세상과 교회, 하나님을 향한 봉사의 사역이다. 그뿐만 아니라 하나님과 그리스도의 자비의 직무이다.

집사의 직무를 잘 수행하는 자는 "나는 섬기는 자(diakonon)로 너희 중에 있노라"(눅 22:27)고 하신 예수님의 발자취를 따르는 자이자 자신을 사람들의 종으로 드린 예수님을 본받는 자이며(빌 2:6), "너희 중에 누구든지 으뜸이 되고자 하는 자는 모든 사람의 종(둘로스)이 되어야 하리라"(막 10:44, 9:35, 마 20:27)고 하신 예수님의 말씀을 실천하는 참된 제자이다. 또한 디아코니아를 근거로 양과 염소를 갈라놓는 최후의 심판을 예비하는 지혜로운 신앙인이기도 하다(마 25:31-46).

이러한 집사의 직무를 잘 행한 자에게는 주님이 주시는 아름다운 보상이 준비되어 있다. "아름다운 지위와 그리스도 예수 안에 있는 믿음에 큰 담력을 얻느니라"(딤전 3:13). 집사의 직분을 잘 감당한 자에게는 두 가지 상급이 주어진다.

첫째, '아름다운 지위'를 얻는다. 교회에서 성실히 직분을 감당했을 때 그는 사람들에게 높은 평판을 얻게 되고 칭찬을 받게 된다. 그들 스스로가 그리스도에 대한 확고한 믿음을 갖게 된다. 그뿐만 아니라 더 중한 장로와 권사의 직분도 받게 될 것이다. 작은 일에 충성한 자에게 더욱 큰일을 맡기게 될 것이다(마 25:21-23).

둘째, '믿음에 큰 담력'을 얻는다. 집사의 직분을 잘 수행하는 자는 믿음의 의심은 사라지고 확신을 얻어 담대하게 된다. 그는 그리스도를 섬기는 데 있어서나 그리스도의 복음을 전하는 데 있어서 담대하게 된다. 이것은 하나님께 나아가 아뢸 수 있는 확신과 용기를 얻게 될 것도 함축하고 있다. 부족하고 어려운 여건 속에서도 집사의 직분을 충실히 감당하다 보면 영적 성장이 이루어지고, 결국 확신 속에 흔들림 없는 믿음의 담력을 얻게 된다. 그러나 섬기지 않는 자는 믿음이 자라지 않고 오히려 퇴보하게 된다.

자신에게 주어진 일에 충실한 청지기는 나중에 주인의 즐거움에 참여하는 축복을 받는다. 집사 직분을 잘 수행하는 자는 주님의 기쁨이 될 수 있다.

영국의 교육철학자 프란시스 베이컨은 사람을 곤충에 비유하여 세 종류로 구분했다. 첫째, 꿀벌같이 다른 사람에게 유익을 끼쳐 반드시 '있어야만 하는 사람'으로서 공동체에 영향을 끼치는 사람이다. 둘째, 개미처럼 부지런하게 살지만 자신만을 위해 살아가는 '있으나 마나 한 사람'으로서 공동체에는 별 영향이 없는 존재이다. 셋째, 거미처럼 다른 사람들에게 해를 주는 '있어서는 안 될 사람'으로서 공동체에는 해로운 존재이다.

교회에는 해야 할 사역이 많다. 그러다 보니 자연적으로 많은 일꾼이 필요하다. 그런데 일꾼 가운데는 꿀벌 같은 '좋은 일꾼'이 있는가 하면 거미같이 '나쁜 일꾼'도 있고, 개미같이 '그저 그런 일꾼'도 있다. 그렇다면 나는 어떤 일꾼이 될 것인가? 이 책을 읽어가면서 스스로 자문해 보기를 바란다.

초대 예루살렘교회에서 사도들이 기도하는 일과 말씀 전하는 일에 전념하도록 일곱 집사를 세울 때 자격 요건이 있었다. "형제들아 너희 가운데서 성령과 지혜가 충만하여 칭찬받는 사람 일곱을 택하라"(행 6:3). 그 결과 '믿음과 성령이 충만한 사람 일곱'을 뽑아 안수한 후 집사로 세웠다(행 6:5).

초대 예루살렘교회가 집사를 선택한 자격 요건에 비추어서 현대교회의 집사가 갖춰야 할 자격 요건을 재조명해보자.

첫째, 성령이 충만한 자여야 한다.

그리스도인의 삶의 원동력은 성령이다. 성령의 인도를 따라 살 때 하나님의 뜻을 이룰 수 있다. 성령의 소욕을 따라 살 때 육체의 소욕을 이길 수 있다. 성령이 충만한 삶은 신비로운 삶을 추구하는 것이 아니다. 성령이 그 사람을 완전히 지배하는 삶을 말한다. 생각과 감정, 말이나 태도와 같은 전인격이 성령에 의해 통제받는 삶이다.

둘째, 지혜가 충만한 자여야 한다.

솔로몬은 지혜의 중요성에 대해 이렇게 고백했다. "대저 지혜는 진주보다 나으므로 원하는 모든 것을 이에 비교할 수 없음이니라"(잠 8:11). 지혜는 어떤 정보나 지식을 가리키는 것이 아니다. 학벌이나 학식과 일치하는 것도 아니다. 사물을 분별할 수 있고 상황을 판단할 수 있는 능력이며 사무를 감당할 수 있는 식견이다. 교회가 일꾼을 세울 때 그 사람이 정직하고 좋다고 해서 일꾼으로 세울 수는 없다. 교회 일을 처리할 수 있고 상황을 분별할 수 있는 능력을 갖춘 자여야 가능하다.

셋째, 믿음이 충만한 자여야 한다.

집사는 기본적으로 구원을 확신해야 한다. 그러나 이것만으로는 안 된다. 삶 속에서 행하는 믿음이 있어야 한다. 삶의 현장에서 주님을 의지함으로써 승리하는 믿음이 있어야 한다. 웬만한 일에도 흔들리지 않고 주님을 신뢰할 수 있어야 한다. 작은 일에 흔들리고 상처를 받는다면 어떻게 교회 일을 섬길 수 있겠는가? 집사는 교회의 재정을 맡을 사람이다. 그렇기에 정직하고 진실하지 않으면 안 된다.

넷째, 칭찬받는 사람이어야 한다.

집사는 교회 안에서는 물론, 교회 밖의 사람들에게도 칭찬받는 사람이어야 한다(딤전 3:13). 교인들에게 책망받거나 손가락질당하는 사람은 집사로서 자격이 없다. 집사는 성실한 사람으로 인정받고 어떤 추한 결점도 없으며 오히려 모든 일에 덕스러운 사람이어야 한다. 이처럼 집사는 빛을 잃은 어둠이 되지 않아야 하고, 맛을 잃은 소금이 되지 말아야 한다. 불신자와 교인들에게 비난받는 자를 집사로 세운다면 복음의 장애가 될 뿐이다.

거룩한 집사를 세우는 것은 건강한 교회를 세우는 지름길이다. 대한예수교장로회 헌법에서는 이렇게 규정하고 있다. "집사는 선한 명예와 진실한 믿음과 지혜와 분별력이 있어 존숭(尊崇)을 받고 행위가 복음에 합당하며, 그 생활이 다른 사람의 모범이 될 만한 자 중에서 선택한다. 봉사적 의무는 일반 신자의 마땅히 행할 본분(本分)인, 즉 집사 된 자는 더욱 그러하다"(딤전 3:8-13 참조).

사도 바울은 아들과 같은 젊은 목회자 디모데에게 집사를 세울 때 다음과 같은 사람을 집사로 세우라고 말했다. "이와 같이 집사들도 정중하고 일구이언을 하지 아니하고 술에 인박히지 아니하고 더러운 이를 탐하지 아니하고 깨끗한 양심에 믿음의 비밀을 가진 자라야 할지니 이에 이 사람들을 먼저 시험하여 보고 그 후에 책망할 것이 없으면 집사의 직분을 맡게 할 것이요 여자들도 이와 같이 정숙하고 모함하지 아니하며 절제하며 모든 일에 충성된 자라야 할지니라. 집사들은 한 아내의 남편이 되어 자녀와 자기 집을 잘 다스리는 자일지니 집사의 직분을 잘한 자들은 아름다운 지위와 그리스도 예수 안에 있는 믿음에 큰 담력을 얻느니라"(딤전 3:8-13).

바울이 디모데에게 제시한 집사의 요건을 통해 현대교회의 집사가 해야 할 신앙생활에 대해서 다시 한번 확인해보자.

첫째, 집사는 정중해야 한다(8절).

정중하다는 말은 진지하고 사려 깊다는 뜻이다. 집사에게는 이웃의 필요를 살피고 헤아릴 줄 아는 마음이 필요하다. 칼빈은 이것을 '방탕'과 반대되는 말로서 행동이 정숙하고 기품과 규모가 있는 것으로 설명한다. 따라서 집사는 단정해야 함은 물론이고 그리스도께서 그 삶의 구심점이 되어 질서 있는 생활을 해야 한다.

둘째, 집사는 일구이언(一口二言)하지 않아야 한다(8절).

일구이언은 이 사람에게는 이 말을 하고 저 사람에게는 저 말을 하는 이중적인 언행을 말한다. 집사는 말에 있어서 일관성 있고 성실해야 한다. 때와 상황에 따라 말을 바꿔서는 안 된다. 다른 사람을 중상모략하는 말을 삼가야 한다. 집사의 말은 누구든지 신뢰할 수 있어야 한다. 집사는 일치하지 않는 말, 일구이언, 말 옮기기, 남을 헐뜯는 말을 삼가야 한다.

셋째, 집사는 술에 인박이지 않아야 한다(8절).

술에 인박이지 않는다는 것은 술을 탐닉하지 않는 것을 뜻한다. 바울은 에베소 교인들에게 한때 이방인으로 살 때 술에 취해 살던 삶을 끊어버릴 것을 강조한다. 그리스도 안에서 새로운 피조물이 되었으니 술에 취하지 말고 성령 충만해야 한다고 말한다. 술이 자신을 통제하도록 해서는 안 된다. 술은 자제력을 빼앗아 경건하지 않은 삶을 낳는다.

넷째, 집사는 더러운 이(利)를 탐하지 않아야 한다(8절).

'더러운 이'란 비열한 수단으로 사소한 이익을 취하는 것을 말한다. 집사는 돈에 있어서 깨끗해야 한다. 깨끗하게 돈을 벌어야 하고 좋은 일에 사용해야 한다. 정당하지 않고 깨끗하지 않은 돈은 하나님의 영광을 가리게 될 뿐이다. 특히 집사는 재정 출납과 관련된 직이다. 그렇기에 돈에 대해서 청렴하지 못하면 교회 안에서도 재정을 다룰 수 없다. 더구나 가난한 사람들을 위해 집행해야 할 교회 재정을 교묘하게 빼돌려서 자신의 유익을 위해 사용한다면 심각한 문제가 아닐 수 없다.

<u>다섯째, 집사는 깨끗한 양심에 믿음의 비밀을 가져야 한다(9절).</u>

바울은 깨끗한 양심을 선한 양심으로 표현한다(고전 1:19). 깨끗한 양심은 오염과 자책감에서 벗어난 양심이다. 선한 양심은 그리스도의 보혈로 깨끗하게 된다(히 10:22). 집사는 바로 이런 양심을 소유해야 한다. 비밀은 오랫동안 숨겨져 있다가 마침내 사람들에게 공개되거나 선택된 사람들에게 드러나는 것을 말한다. 칼빈은 '믿음의 비밀'은 성령에 의해서 모든 사람에게 계시되는 예수 그리스도의 구원 비밀로 해석한다. 따라서 믿음의 비밀을 가진 자는 예수 그리스도의 가르침을 좇아 하나님을 두려워하고 그리스도인으로서 바른 지식을 소유한 자를 말한다. 그래서 깨끗한 양심을 보석을 보관할 수 있는 작은 상자에 비유한다.

<u>여섯째, 집사는 시험하여 본 후 책망할 것이 없어야 한다(10절).</u>

집사는 중요하다. 그렇기에 그가 거룩한 직분에 합당한 자인지 점검해보아야 한다. 집사가 될 자는 면밀한 검증과정을 거쳐 인정받은 자여야 한다. 여기서 시험하여 보라는 것은 그 사람의 진실성과 구원에 관한 확고한 믿음의 도리를 가졌는지를 시험하라는 뜻이다. 집사가 불신자나 교회 공동체의 지체들에게 손가락질당할 결격사유를 가져서는 안된다.

<u>일곱째, 한 아내의 남편이 되어 자녀와 자기 집을 잘 다스려야 한다
(12절).</u>

집사는 가정에서 남편과 아내로서 책임을 다해야 한다. 그리고 자녀를 둔 집사는 부모의 책임을 다해야 한다. 교회 일을 핑계로 가정에 소홀히 한다면 복음을 훼손하는 결과를 가져온다.

여덟째, 정숙해야 한다(11절).

바울이 말하는 여자가 여자집사인지, 집사들의 아내인지는 명확하지 않다. 문맥상 여자집사로 보아도 무방할 것 같다. 여자집사 역시 남자집사와 같이 정숙해야 한다. 즉 신중하고 사려 깊은 여성이어야 한다. 바울은 여성도에게 땋은 머리와 금이나 진주나 값진 옷으로 단장하지 말고, 오히려 아담한 옷과 염치와 정절과 선행으로 단장하라고 말한다(딤전 2:9). 집사는 외모보다 내면을 가꾸는 데 더 신경을 써야 한다.

아홉째, 다른 사람을 해치려고 모함하지 말아야 한다(11절).

모함한다는 말은 비방하고 거짓으로 고발하는 것을 가리킨다. 이것은 사탄의 전공분야다. 사탄은 거짓말하고 비방하고 중상하고 헐뜯는 데 명수이다. 말세가 되면 비방하는 게 난무하여 고통의 때가 될 것이다(딤후 3:2). 그러나 바울은 목회자 디도에게 "아무도 비방하지 말라"(딛 3:2)고 가르친다. 집사는 생각과 언어와 행실로 사탄과 같은 행위를 하지 말아야 한다. 패나 당을 만들거나 이간질해서 문제를 일으키고 교회를 분리하게 만드는 행위는 분명 사탄의 짓이다. 집사는 사탄의 DNA를 가진 자가 아니라 예수님의 DNA를 가진 자이니까. 사탄을 아비로 두지 않고 거룩하고 의로우신 하나님을 아버지로 둔 자이니까.

열째, 스스로 절제할 줄 알아야 한다(11절).

집사는 매사에 절제하는 삶을 살아야 한다. 성령은 열심을 불러일으키지만 한편으로 절제의 열매도 요청하신다. 신앙을 위한 절제는 대단히 중요하다. 집사는 쾌락을 절제해야 하고, 돈을 버는 일이나 쓰는 일에도 절제해야 한다. 심지어 아주 사소하지만 먹는 것과 말하는 것에도 절제해야 한다. 그렇지 않으면 다른 교인들에게 덕이 되지 않을 수 있다.

열한째, 모든 일에 충성해야 한다(11절).

집사는 작은 일이라도 하찮게 여기지 않고 충성해야 한다. 충성은 끝까지 집중된 열정을 말한다. 집중된 열정이 없으면 충성이라 할 수 없다. 순간적인 열정이 아니라 끝까지 열정을 잃지 않아야 한다. 방향 설정이 잘되어 있어야 하는 것은 물론이고, 자신이 부여받은 직분과 사명에 태만하지 않고 충실해야 한다. 왜냐하면 마지막 날 주님은 직분에 대한 책임도 물으실 것이니까.

그런데 현실은 그렇지 못하다. 오늘날 한국교회의 집사 직분은 너무 값싸게 전락하고 말았다. 서리집사는 부르기 좋은 호칭으로 전락하였고, 안수집사 역시 많이 사람을 세워서 일하게 하자는 식이 되었다. 그러나 초대교회에서는 매우 엄선된 일꾼들이었음을 잊지 말아야 한다. 가르치고 지도하는 능력을 제외하고는 많은 경우에 감독의 자질과 버금간다고 할 수 있다.

세상에는 세 종류의 사람이 있다. 첫째, 다가가면 향기가 나고 왠지

집사란 직분을 바로 이해하고 섬기라 029

포근한 사람. 둘째, 가까이 다가가도 맹물같이 무덤덤한 사람. 셋째, 너무 괴팍해서 가까이 가기가 두려운 사람. 그리스도의 몸인 교회를 세워야 할 집사도 이처럼 분류할 수 있다. 그렇다면 나는 어떤 집사가 될 것인가? 그리스도의 향기를 풍기는 거룩한 집사가 되고자 하는 열망을 가져야 한다.

일꾼으로서 집사의 직무를 확인하라

초대 예루살렘교회에서 일곱 집사를 뽑은 목적이 무엇인가? 집사의 직무는 사도들이 기도하는 일과 말씀 전하는 일에만 전념하도록 사도들을 도와서 교회의 다른 일에 봉사하는 것이었다. 목사가 기도하는 일과 말씀 전하는 일 외에 공사 간에 다른 것에 마음을 쓰다 보면 본질을 놓치게 된다. 그래서 집사가 교회 내의 각종 문제를 맡아서 봉사함으로 목사가 본질에 충실할 수 있도록 목회를 돕는 것은 교회 부흥을 위해 매우 중요한 일이다.

한국교회 초기의 길선주 목사는 "심방보다도 설교 준비에 더 많은 시간을 사용했다"라고 말했다. 이렇듯 목사가 설교에 집중할 수 있으려면 집사가 목회 보조적 업무, 구제업무, 교회 재정업무와 같은 구체적인 직무를 잘 감당해야 한다. 초대교회 집사는 구제하는 일만 수행하지 않았다. 스데반과 빌립 집사는 전도자로 봉사하기도 했다. 집사가 자기 직무를 제대로 감당하지 못하면 목사의 마음과 시간과 사역이 본질적인 것에 집중될 수 없다. 안타까운 일이지만 설교자가 너무 분주하다. 심방과 교육, 행정, 상담 등. 성도들은 목사가 설교를 너무 쉽게 한다고 오해한다. 사실 목사는 한 편의 설교를 위해 얼마나 기름 짜는 시간을 보내고 있는데.

집사들이 성도를 섬기는 일이나 사도들이 말씀을 섬기는 일은 모두 같은 봉사이다. 단지 봉사의 영역만 다를 뿐이지 같은 섬김이다. 경중을 따질 수 있는 게 아니다. 어느 것이 더 나으냐의 문제가 아니다. 모두 소중하다. 단지 다른 사역으로 섬길 뿐이다.

대한예수교장로회 헌법은 집사의 직무를 다음과 같이 서술한다. "집사의 직무는 목사 장로와 합력(合力)하여 빈핍 곤궁한 자를 권고하며 환자와 갇힌 자와 과부와 고아와 모든 환난당한 자를 위문하되 당회 감독 아래서 행하며 교회에서 수금한 구제비와 일반 재정을 수납지출(收納支出)한다"(행 6:1-3 참조).

집사가 교회의 재정과 행정적인 사역을 감당할 때 중요한 두 가지 원리가 있다. 하나는 목사와 합력하는 것이다. 집사는 목사가 지향하는 목회 비전을 바로 알고 있어야 한다. 그래서 교회의 모든 재정과 행정이 목회를 지원하는 든든한 후원자가 되어야 한다. 다른 하나는 당회의 감독 아래에서 집사의 직무가 이루어져야 한다. 집사들 가운데 당회의 역기능으로 당회 자체를 불신하는 이들도 있다. 그러나 하나님은 질서의 하나님이시다. 교회는 계통과 질서가 있다. 그렇기에 집사는 어떤 일이 있어도 하나님이 주신 질서를 무시해서는 안 된다. 집사가 자신의 직무를 온전히 수행하기 위해서는 교회의 조직과 계통을 바로 이해할 필요가 있다. 그렇지 않으면 교회는 무질서하게 되고 하나님의 영광을 가리게 된다.

목사는 기도하는 일과 말씀사역에 전념해야 하고, 장로는 교회와 성도들을 돌보고 목사와 협의하여 사역해야 한다. 집사는 재정을 맡아서 계통과 절차에 따라 수입과 지출을 깨끗하고 정확히 관리해야 하며, 각종 교회 살림과 행정을 성실하게 담당해야 한다.

그렇다면 교회를 건강하게 세우기 위해 집사가 감당해야 할 직무는 무엇인가?

첫째, 제직회 회원이 되어 교회에 봉사한다.

집사는 제직회 회원이다. 그런데 예배시간에는 참석하지만 제직회를 시작할 때면 으레 일어서서 집으로 가는 집사도 있다. 집사는 제직회에 참석해서 교회 재정이 어떻게 사용되고 있으며 교회 형편이 어떤지 알아야 한다. 만약 교회 재정이 부족하다면 집사회에서 더 분발해서 교회 재정의 흐름에 어려움이 없도록 협력해야 한다. 그러므로 집사는 제직회에 참석하여 각 부서의 보고를 듣고 새로운 계획을 검토해야 한다.

둘째, 헌금을 수납한다.

당회는 헌금 수집할 날짜와 방침을 결정할 뿐이고 수금한 구제와 일반 재정을 수납지출하는 것은 제직회 소관이다. 오늘날 당회에서 재정까지 다 관장하는 것은 헌법에는 맞지 않는다. 집사는 헌금을 수납하는 중요한 직무를 수행한다. 그뿐만 아니라 제직회는 교회에서 위임하는 금전을 처리하는 직무를 갖고 있다. 구제와 경비에 관한 사건과 금전출납은 모두 제직회에서 처리한다. 그렇기에 집사는 십일조와 헌금에서 본을 보여야 하며 교인들이 드린 재정을 규모 있게 잘 관리해야 한다.

셋째, 구제에 관한 일을 한다.

초대교회부터 집사는 구제의 일을 맡아보는 자이다. 그렇다면 집사 자신이 구제받는 대상자가 되지 않도록 노력해야 한다. 물론 천재지변이나 특별한 상황은 예외일 수 있겠지만 집사가 항상 구제를 받는다면 교회의 덕이 되지 않는다. 그러자면 집사는 자기 생업에 최선을 다해 교회의 짐이 되지 않도록 노력해야 한다.

또한 교회를 건강하게 세우는 거룩한 집사가 되려면 몇 가지 원칙을 가져야 한다.

첫째, 목사의 좋은 협력자가 되어야 한다.

집사는 목사가 본질적인 사역을 잘 감당할 수 있도록 돕는 자이다. 그렇다면 집사가 자신의 직무를 수행할 때 목사의 목회 비전을 알고 그것에 맞게 봉사해야 한다. 목회 방향과 달리 자기 멋대로 봉사한다면 오히려 걸림돌이 될 수 있다.

어떤 집사는 교회 구제금을 갖고 성도를 섬길 때 "목사님이 시켜서 찾아뵈었습니다. 작은 것이지만 유용하게 쓰시면 좋겠습니다"라고 하면서 전달한다. 구제받는 성도는 목사님에게 감사하는 마음을 잃지 않는다. 그러니 교회에서 설교를 들을 때도 목사님의 설교에 은혜가 될 수밖에 없다. 그런데 어떤 집사는 구제금을 갖고 가서 자기 생색을 낸다. 교인의 마음을 목사에게서 도둑질하는 행동이다. 특별한 구제일 경우는 목회자가 직접 기도하고 전달할 수 있도록 해야 한다.

목사의 허물과 결점이 드러났을 때도 사랑으로 가만히 덮어준다. 그러나 나쁜 집사는 없는 것도 들추려고 애쓴다. 집사는 목사의 경제생활에 어려움이 없는지도 관심을 가져야 한다. 목사는 월급을 받는 게 아니다. 사역에 관해 사례를 하는 것도 아니다. 하나님의 일을 위해 전적으로 헌신하는 자를 위해 생활을 책임져주는 것이다. 느헤미야 시대처럼 먹는 문제를 해결하지 못해서 제사장직을 그만두고 생활 전선에 나가도록 해서는 안 된다. 목사가 재정적인 고민으로 목회에 지장을 주지 않도록 생활을 책임져주어야 한다.

둘째, 집사는 성도들의 모범이 되어야 한다.

교회생활뿐만 아니라 가정생활과 사회생활에서도 모범이 되어야 한다. 물론 예배와 기도회에 누구보다 먼저 앞장서서 참여해야 한다. 특히 예배시간을 지키고 예배드리는 태도에서도 본이 되어야 한다. 일상생활에서 전도의 모범을 보여야 한다. 집사가 교회에서 적극적으로 섬길 때 목사는 목회에만 전념할 수 있게 된다. 그뿐만 아니라 자신의 영성에도 생기가 넘칠 수 있다.

셋째, 집사는 교회 재정의 좋은 관리자가 되어야 한다.

집사는 교회의 살림꾼이다. 구제사업이나 기타 교회 재정을 맡아서 관리하고 운용한다. 그러므로 집사는 물질에 대하여 바른 생각을 가지고 올바르게 헌금을 관리해야 한다. 교회 재정이 부족할 때 책임 의식을 느껴야 한다. 특별히 회계집사는 깨끗한 양심을 지녀야 한다. 그렇지 않으면 가룟 유다와 같이 돈 때문에 시험에 빠질 수 있다. 교회 회계는 분명하게 하되 매달 제직회에 보고해야 한다. 교회 재산이 손실되지 않도록 힘써야 한다. 교회 재산에 변동이 있을 때는 제직회의 승인을 얻어야 한다.

오늘날 교회가 조직화되고 대형화됨에 따라 집사는 교회 안의 안내, 각 기관과 단체의 서무와 회계, 헌금을 수집하고 장부를 정리하는 일, 교회의 건물과 토지를 관리하는 일, 그리고 각 기관과 성도들의 필요와 쓸 것을 확인하고 살펴서 공급하고 관리하는 일들도 감당하고 있다.

결국 집사는 종으로 섬기는 자이다. 그러므로 집사는 종으로서 자신의 위치를 정확히 이해해야 한다. 첫째, 종은 소유권이 없다. 종은 자기의 것이 아무것도 없으므로 주인을 위해 봉사할 뿐이다. 둘째, 종은 절대 순종할 뿐이다. 종은 "왜?"라고 묻거나 따질 수 없고 순종할 의무만 있다. 예수님의 종 된 집사는 사죄의 은총에 감격하여 순종하는 종이므로 감사한 마음으로 복종해야 한다. 셋째, 종은 불평이 없어야 한다. 주의 종인 집사는 누가 알아주지 않는다고 불평하지 말아야 한다. 주님이 알아주시고 칭찬하시면 그것으로 충분한 신앙으로 섬겨야 한다.

02

직분 이해

>>> PART_1

성경적인 교회관을
정립하라

목회자에게 있어서 성경적인 교회관을 정립하는 것은 매우 중요하다. 교회관에서 목회철학과 비전이 나오고 사역의 방향이 결정되기 때문이다. 마찬가지로 집사가 성경적인 교회관을 정립하는 것 역시 매우 중요하다. 교회관을 바로 정립할 때 목사와의 바른 관계를 맺을 수 있고 평신도 사역자로 깊은 헌신을 할 수 있다. 그뿐만 아니라 공동체 의식과 지체 의식이 모두 교회관에서 나오게 된다. 교회관을 바로 이해하게 될 때 은사에 대한 바른 태도를 가질 수 있다.

사도 바울은 에베소 교인들에게 말했다. "그가 어떤 사람은 사도로, 어떤 사람은 선지자로, 어떤 사람은 복음 전하는 자로, 어떤 사람은 목사와 교사로 삼으셨으니 이는 성도를 온전하게 하여 봉사의 일을 하게 하며 그리스도의 몸을 세우려 하심이라"(엡 4:11-12).

하나님이 왜 교회에 말씀 사역자들을 선물로 주셨는가? 그들을 통해 성도들을 온전히 말씀 안에서 양육하기 위함이다. 왜 말씀 사역자가 성도들을 온전히 양육하는 사역에 전념해야 하는가? 온전하게 갖춰진 성도가 봉사의 일을 할 수 있도록 하기 위함이다. 그래야 그리스도의 몸인 교회가 온전히 세워지기 때문이다.

우리는 모든 성도가 교회를 세우기 위한 봉사자이자 목회자임을 잊지 말아야 한다. 그런데 현대교회는 어떤가? 우리는 쉐퍼드대학교 신학대학 학장인 후안 까를로스 오르띠즈 교수의 말을 통해 현대교회의 병폐를 느낄 수 있다. "요즘 교회 안에서는 내가 '만년 갓난아기 성도'라고 부르는 기이한 현상이 벌어지고 있다. 우리의 교회 가운데는 수년 동안 설교를 꼬박꼬박 들었는데도 처음과 다를 수가 없는 성도들이 적지 않다. 목사는 어제나 오늘이나 여전히 그들의 하나하나를 돌봐주어야 한다. 기저귀가 젖었는지 가끔 들춰보아야 하고, 토닥토닥 베이비파우더도 발라주어야 하며, 우유가 너무 뜨겁지는 않은지 볼에 대보아야 하고…. 주님은 우리를 십자가의 군병들이라고 말씀하셨지만, 오늘날 대부분의 교회들은 군대라기보다는 차라리 신생아들로 가득 찬 산부인과병원처럼 보인다. 때로는 수적으로 증가하고 있는 우리의 교회를 바라보며 우리는 자신을 속인다. 우리는 그것이 '성장'이라고 생각한다. 그러나 수적 증가가 곧 영적 성장을 뜻하는 것은 아니다. 무덤들도 역시 수적으로 증가하고 있으니까. 사랑이 없는 백 명의 성도들이 뒤룩뒤룩 비곗살이 찐다는 것 외에는 아무것도 아니다."

또한 기독교 교육학자 한스 웨버는 "평신도는 전도하는 병정과 같고 교역자는 양식을 공급하고, 또 그들의 시중을 드는 식사당번과 같다"

라고 강조한다. 교역자가 해야 할 사역과 성도가 해야 할 사역을 바로 알아야 한다. 성도는 그리스도의 강한 군사로 준비되어야 한다. 그런데 오늘날 목사가 성도들의 뒤치다꺼리나 하는 '젖병 목회'에 주력하기 때문에 '훈련목회'를 통해 강한 군사로 준비시키는 데 실패하고 만다. 성도를 강한 군사로 양육하기 위해서는, 목사는 강한 훈련을 해야 하고 성도는 강한 훈련목회에 동참해야 한다.

건물에 매이지 않는 그리스도인이 되라

바울은 고린도교회 성도들에게 그리스도의 은혜와 평강을 기원하면서 이렇게 부른다. "고린도에 있는 하나님의 교회 곧 그리스도 예수 안에서 거룩하여지고 성도라 부르심을 받은 자들과 또 각처에서 우리의 주 곧 그들과 우리의 주되신 예수 그리스도의 이름을 부르는 모든 자들에게"(고전 1:2).

사실 고린도교회에는 문제가 많은 골치 아픈 교인들로 득실거렸다. 그런데 바울은 그들을 하나님의 택하심을 받아 예수 그리스도의 이름을 부르는 거룩한 무리인 '성도'라고 불렀다. 그는 교회를 건물이나 조직으로 보지 않았다. 택함받은 자의 공동체이자 성별 된 자들의 모임이며, 같은 신앙을 고백하는 자들의 교제로 이해했다.

성경의 핵심적인 주제는 구원이고, 구원은 제사를 통해 이루어지는데, 제사는 성전이라고 하는 곳에서 이루어진다. 성전은 '하나님께서 함께하심'을 그림으로 보여준다. 성전은 하나님을 만나는 곳이다. 에

덴동산에서 출발한 이 성전의 역사는 성막, 솔로몬 성전, 스룹바벨 성전, 헤롯 성전으로 이어진다. 성전은 예수 그리스도로 인하여 완성되었고, 하나님은 그리스도인 하나하나를 성전으로 삼으시고, 우리 모두를 성전이라고 말씀하신다. 이 성전들이 함께 모이는 것이 바로 교회이다. 마지막 날 하나님의 나라가 완성될 때 완전한 성전이 이루어질 것이다. 하나님의 영광이 거하는 성 자체가 바로 성전이 된다.

성막이나 성전은 동일하게 '하나님의 임재'를 보여준다. 하지만 성막은 역동적으로 움직이시는 하나님, 경이로우신 하나님을 보여주면서 그 백성들은 순례자로 살아야 함을 보여주는 반면, 성전은 움직일 수 없고 정적이다. 그렇게 볼 때 교회에 대한 하나님의 비전은 성전보다는 성막에서 훨씬 더 완벽하게 찾을 수 있다. 결국 하나님의 백성인 교회는 활동적이고 유동적이어야 하며 융통성을 보여주어야 한다. 오래된 화석과 같은 정적인 교회가 아니라 살아 있는 생명체로서 동적인 교회가 되어야 한다.

바울은 교회를 '그리스도의 몸'에 비유하기도 하지만 '건물'에 비유하기도 한다(엡 2:20-22). 그렇다고 교회나 성전을 '예배당 건물'로 착각해서는 안 된다. 예수 그리스도는 마치 건물에 있는 모퉁잇돌(건물을 지을 때 가장 처음 놓는 돌, 건물을 지을 때 모든 선과 방향의 기준이 되는 돌)이시다. 그렇다면 성도는 하나의 건물을 이루는 낱개의 돌들이다. 이 돌들은 각각 모두가 소중하다. 그리고 각각의 돌들이 조화를 이룰 때 온전한 건물을 이룰 수 있다.

모퉁잇돌과 하나하나의 돌들이 함께 모여 하나의 건물을 이루듯이 그리스도께서 머리 되시고 성도가 그 지체가 되어 성전인 교회가 되는 것이다. 머리 되신 그리스도의 온전한 통제 속에서 각각의 돌들은 서로 굳센 연합을 이루어야 한다. 그렇지 않으면 교회는 허물어지고 말 것이다.

교회는 '하나님께서 임재하시는 곳'이라는 의미에서 교회를 구약의 성전인 집에 비유하고 있을 뿐이다. 그렇기에 예배당이 신성한 곳이라고 하는 근거는 찾아볼 수 없다. 하나님께서 함께하시는 성도가 모이는 곳이 바로 성전이고 교회이다. 지금도 예배당 건물을 거룩하게 생각하고 신성시하는 것은 성경을 바로 이해하지 못한 어리석음에서 나온 것이다.

교회 건물이 거룩한가? 교회 안에 있는 집기들이 거룩한가? 교회 안에 있는 다양한 집기들을 성물이라고 생각하여 거룩한 것처럼 여기는 것은 성경을 오해하는 것이다. 강단에 대한 신학적인 개념도 달라졌다. 말씀 선포를 위한 도구로 사용될 때 거룩함이 있지, 강단 자체가 거룩한 것은 아니다. 요즘은 강단에도 신발을 신고 올라가지 않는가! 거룩의 개념을 오해하지 말라는 것이다.

교회는 경건한 신앙인의 집단이기 이전에 하나님에 의해 설립되고 유지되며 갱신되는 하나님의 공동체이다. 교회는 하나님의 의지에 기초하며 하나님의 본성을 닮고 있다. 우리는 보통 교회라고 하면 건물을 떠올린다. 건물을 성전이라고 생각한다. 물론 건물도 중요하지만 성경적으로 교회는 '건물'이 아니라 '믿는 우리의 모임'이다. 교회는 각각의 교회인 성도 자체에 관심을 두고 바로 세워야 한다.

건물이 교회라는 공식에 사로잡히면 건물에 자꾸 집착하게 된다. 아름답고 웅장한 건물에서 자부심을 얻으려 한다. 건물 안에서의 거룩함과 건물 밖에서의 삶이 달라진다. 건물 안에서 예배드릴 때의 모습과 건물에서 벗어나 실제 생활에서의 모습이 차이가 생긴다.

건물은 성전이 아니다. 예수 그리스도를 모신 우리가 바로 성전이다. 건물이 교회가 아니라 예수님을 믿고 세상에서 부름받은 믿는 사람들의 모임이 바로 교회이다. 그렇기에 교회가 아름답다는 것은 '건물의 아름다움'이 아니라 믿는 '우리의 아름다움'을 가리키는 것이다. 건물을 화려하고 아름답게 짓는 것보다 더 중요한 것은 성도 한 사람 한 사람이 거룩하고 영광스러운 존재로 서는 것이다. 우리의 자부심을 바로 여기에 두어야 한다.

병신도가 아닌 평신도의 자리를 회복하라

사도 바울은 에베소 교인들에게 교회가 하나님의 가족임을 강조했다. "그러므로 이제부터 너희는 외인도 아니요 나그네도 아니요 오직 성도들과 동일한 시민이요 하나님의 권속이라"(엡 2:19). 에베소교회 안에는 유대인 그리스도인과 이방인 그리스도인들이 공존하고 있었다. 아무래도 이들 간에 갈등이 발생했던 것 같다. 그래서 바울은 이방인 출신의 기독교인과 유대인 출신의 기독교인에게 차별이 있을 수 없다고 강조한다.

이들은 모두 한 가족이다. 이들은 하나님을 아버지로 둔 한 가족이다. 이들은 서로 형제로서 친밀한 사랑의 공동체를 이루어야 한다. 성도의 교제를 통한 친밀성과 사랑을 공동체 안에서 경험할 수 있어야 한다. 이들은 사랑 안에서 서로 이해하고 용납해야 한다. 서로 위로하고 격려함으로 서로를 지지하고 세워주어야 한다. 사랑의 돌봄과 화목을 도모함으로 하나가 됨을 이루어야 한다.

바울은 교회야말로 성부 하나님의 백성이자 성자 그리스도의 몸이며, 성령의 교제임을 강조했다. 이러한 교회의 특성 속에 나타나는 것은 바로 평신도 사역이다.

첫째, 교회는 하나님의 백성이다.

교회는 하나님의 백성이다. 교회가 하나님을 선택하고 하나님께 무슨 임무를 맡긴 것이 아니라 하나님이 먼저 교회를 선택하시고 교회에 특별한 임무를 맡기셨다. 하나님의 백성은 바로 하나님의 조건 없고 일방적인 은혜로 인하여 이 땅에 세움을 받았다. 하나님의 백성은 이 세상 중심에서, 세상 사람들의 한가운데를 지나가면서 하나님의 도성, 하나님의 나라를 찾아가는 백성, 유랑하고 순례하는 백성이다. 물론 그 나라는 이미 '우리 가운데' 있다.

직분을 맡은 교역자만 하나님의 백성이 아니다. 교회에 소속된 모든 사람, 즉 남녀노소, 신분과 계급, 직분과 은사의 차이가 없이 모두 하나님의 백성이다. 평신도(laity)를 가리키는 헬라어 라오스(laos)는 '하나님의 백성'을 뜻한다. 사실 성직자와 일반성도 모두가 하나님의 평신도이다. 그래서 실천신학의 대가인 폴 스티븐스는 "성직 평신도와 비성직 평신도는 싫든 좋든 서로 의존하고 있다"라고 강조한다.

물론 하나님의 백성 안에는 기능과 역할의 차이는 있다. 목회자는 하나님의 모든 백성을 구비시키는 기능을 감당한다. '구비시킨다'라는 뜻은 성도가 사역을 감당할 수 있도록 훈련한다는 의미이다. 그러나 이들이 갖는 차이는 차별이 아니다. 모두가 다 똑같이 하나님의 선택된 믿음의 조상 아브라함의 후손이며, 하나님 나라의 유업을 물려받을 거룩한 나라, 제사장 같은 백성이다.

하나님의 백성 안에는 성직자와 평신도의 구분이 무의미하다. 모두가 다 제사장이다. 그래서 종교개혁자 마틴 루터는 만인제사장직을 회복하면서 교황과 감독, 사제를 중심으로 계급적 질서를 이루고 있는 가톨릭교회에 대항한 것이다.

둘째, 교회는 그리스도의 몸이다.

예수님은 옛 하나님의 백성인 이스라엘이 병들고 흩어져서 자신의 사명을 다하지 못하고 있는 것을 보시고, 이 백성들을 치유하고 갱신해서 다시금 하나님 나라를 위해 온전히 봉사할 수 있게 하려고 새로운 무리를 모으셨다. 열두 명의 제자를 택하신 것은 바로 상실된 이스라엘의 사명을 회복하시겠다는 예수님의 의지를 보여주신 것이다. 예수님은 온몸을 다하여 제자들을 부르고 섬겼으며, 끝내는 그 몸을 십자가에서 깨뜨려 피와 물을 아낌없이 쏟아부으시면서 인류의 구원과 교회의 소집을 위해 헌신하셨다. 그리고 성령을 보내주셔서 교회를 새롭게 소집하셨다.

바울은 이렇게 형성된 교회를 '그리스도의 몸'이라고 불렀다. 예수님은 자신의 몸을 아낌없이 내주셔서 죄인들을 구원하시고, 그 구원받은 자들을 모아 자신의 몸으로 삼으시며, 그 몸 된 교회의 머리가 되셔서 교회를 통치하시고, 성령을 통하여 온갖 은사를 주셔서 교회 안에서 은혜가 충만하게 하시며 교회를 새롭게 세우셨다.

교회의 창설자는 예수 그리스도이시다. 교회의 주인도 예수 그리스도이시며, 교회를 유지, 갱신, 확장하시는 분도 바로 예수 그리스도이시다. 그리스도의 몸 안에는 그리스도 외에 다른 주인, 머리, 통치자가 없다. 교황이나 목사도, 힘 있는 장로나 민주적인 다수의 성도도 교회의 머리가 될 수 없으며, 누구도 자신만이 그리스도의 몸이라고 우길 수 없다. 그리스도인은 모두가 다 그리스도를 머리로 하는 그분의 지체이자 그분의 일부이다.

물론 모든 지체가 다 똑같은 일을 하는 것은 아니다. 또 한 지체가 모든 일을 할 수도 없다. 그러므로 교회의 임무를 획일화할 수도 없고, 또 어떤 직분이 독주하거나 일방적으로 통치할 수도 없다. 가톨릭교회에서 교황이 교회를 지배하려고 한다든지, 개신교회에서 목사나 장로가 교회를 마음대로 주장하려는 것은 잘못된 일이다.

그리스도의 몸은 서로 유기적으로 연결되어 성장해야 한다. 이 관계에서 이탈하게 되면 생명력을 상실하게 된다. 이들은 서로 협력하고 연합해야 한다. 모든 직분과 지체가 그리스도 안에서 서로 협력하고 섬기고 봉사하여 그리스도의 몸이 이 세상과 우주 안에서 충만해지도록 해야 한다.

모든 직분은 섬김의 직분이지 지배의 직분이 아니다. 지배의 정신은 그리스도의 영에서 나온 것이 아니라 세상의 영, 사탄의 영에서 나온 것이다. 오히려 교회 안에서는 섬기는 자가 큰 자이며 작은 자가 위대한 자이다. 모두가 그리스도의 형제, 자매로서 그리스도의 몸 안에서 분쟁이나 분열이 없도록 해야 한다. 어떤 이유에서건 이런저런 파당을

지어 교회의 하나 됨을 깨뜨리는 것은 악한 사탄의 꾐에 말려드는 일이다.

셋째, 교회는 성령의 교제이다.

교회는 성령께서 창조하시고 새롭게 하시는 성령의 공동체, 성령 안의 사귐, 성령의 코이노니아이다. 성령의 도우심이 없는 교회는 온전한 교회라고 말할 수 없다. 구약시대에 성부 하나님이 '하나님의 백성'을 모으시고, 신약시대에 성자 예수님이 '그리스도의 몸'을 이루셨지만 성령께서 오심으로써 비로소 교회는 이 세상에서 구체적인 능력을 얻고 구체적인 모습, 즉 '성령의 교제'라는 모습을 띠기 시작했다.

성령은 교회 안에 풍성한 성령의 은사를 선물로 주셨다. 성령의 은사를 통하여 교회에 힘이 넘치고 생기가 가득하며 능력 있게 하시고, 이 세상의 어두운 거짓 영들의 한복판에서 참 증인, 세상의 빛과 소금, 변화의 누룩으로 만드신다.

성령의 은사는 교회의 모든 지체에게 주어진다. 그러므로 은사들 간에 아무런 차이나 구별이 없다. 은사를 가지고 우월감이나 열등감을 느끼지 말아야 한다. 주님이 부르신 자에게는 모두 은혜의 분량대로 은사가 나누어져 있다. 그러므로 은사의 독점이나 획일화, 횡포나 지배가 있을 수 없다. 모두가 각자에게 주어진 대로, 서로를 위하여, 그리스도의 몸을 세우기 위해, 그리스도를 경외함으로써 피차 복종해야 한다.

교회는 성령의 인도하심을 받고 다양한 은사들이 서로 조화를 이루는 곳이 되어야 한다. 그렇다면 교회는 민주적 결정이나 목회자의 판단 이전에 성령의 도우심을 간구하는 곳이 되어야 한다. 목회자가 다른 성도들의 은사를 억압해서는 안 된다. 장로나 성도들이 목회자의 은사를 억압해서도 안 되며, 목사가 교인보다 더 막강한 은사를 독점하려 해서도 안 된다. 성도들이 자신의 은사나 견해만을 내세워 목회자의 독특한 은사를 억압하려 들거나, 교회의 은사나 직분이 반드시 의회적-민주주의적 결정으로 다 된다고 생각해서 다수의 힘으로 밀어붙이려 해서도 안 된다.

교회는 '세상으로부터 부름받은 하나님 백성들의 모임'이다. 동시에 교회는 '세상으로 보냄받은 그리스도 제자들의 모임'이다. 교회는 부름받은 특권에만 매여서는 안 된다. 오히려 보냄받은 소명에 충실해야 한다. 교회를 예배드리는 곳으로만 착각해서는 안 된다. 신앙생활을 잘 하려면 되도록 세상을 멀리해야 한다는 이원론적인 신앙관을 벗어버려야 한다. 우리는 모두 소명받은 사역자이다.

하나님은 분명히 모든 성도를 사역자로 불러주셨다. 그런데 현실은 어떤가? 이에 대해 옥한흠 목사는 신랄하게 비판했다. "불행하게도 많은 교회에서 평신도가 잠을 자고 있다. 엄청난 저력을 가진 거인이 힘을 쓰지 못하고 있는 것이다. 물론 어느 교회나 열심히 헌신하는 약간의 평신도 그룹이 있다. 그러나 지금 문제가 되는 부분은 그와 같은 탁월한 평신도의 대부분이 교회 조직의 기능을 유지하는 데 필요한, 소위 통상적인 봉사활동의 범주를 벗어나지 못하고 있다는 것이다. 그중에서 교회의 본질적인 사역에 직접 참여하고 있는 소수의 모범적인 평신도마저 교역자의 옷자락을 받들어주는 소극적인 시녀 역에서 더 발전하지 못하고 있다는 것이다. 이것만이 아니다. 더 심각한 문제가 있다.

그것은 그와 같은 평신도의 역할마저도 극히 소수의 독점물이 되고 있고, 나머지 성도들은 그런 현상마저 아주 당연한 것으로 받아들이고 있다는 점이다."

교회 안에 평신도는 98% 이상이다. 이들이 잠자고 있는 한 교회는 희망이 없다. 교회의 희망은 병신도가 아닌 건강한 평신도에게 있다. 2%도 채 되지 않는 교역자에 비해 평신도는 무한한 자원과 능력을 갖고 있다. 그렇기에 교회의 과제는 평신도의 정신과 특권을 회복하는 것이다. 그래서 누군가 이렇게 선언했다. "우리는 지금 제2의 종교개혁이 이루어지는 가운데 있다. 첫 번째 개혁을 통해 성경이 평신도의 손에 주어졌다면 이제는 복음사역이 평신도의 손에 주어져야 할 것이다."

예수님은 교회를 선교사로 세우셨다. 그렇기에 전 교회가 세상에 파송하신 주님의 지상명령을 충실하게 수행해야 한다. 성도는 바로 증인이자 서명자다. 교회는 '모이는 교회' 로서의 사명을 다해야 할 뿐만 아니라 '흩어지는 교회' 의 기능을 잘 수행해야 한다. 흩어지는 데 필요한 것은 바로 '훈련받는 공동체' 로서의 교회이다. 충만한 에너지도 없이, 훈련되지도 않은 채 세상으로 나간다면 그는 패배자가 될 수밖에 없다. 그래서 성도는 말씀 사역자로부터 강한 군사로 훈련받아야 한다.

그렇다면 집사는 부름받은 하나님의 백성으로서 '교회'를 위해 할 수 있는 일이 무엇인지를 찾아야 하고, 아울러 보냄받은 그리스도의 제자로서 '세상' 을 위해 할 수 있는 일이 무엇인지 찾아야 한다. 이에 대해 평신도 사역자인 월터 헨릭슨과 윌리엄 개리슨은 「평신도 사역자를 계발하라」는 책에서 이렇게 강조한다. "그리스도를 향한 열정에 불타는 평신도에게 필요한 것은 그 열정을 올바른 방향에 맞추는 것이다. 그렇

게 되면 그리스도의 다른 제자들과 더불어 이 사회에 하나님께 영광이
되는 영향을 끼칠 수 있게 될 것이다."

복음을 위해 건강한 교회관을 정립하라

사도 바울은 우주적인 교회가 건축되고 있음에 대해서 이
렇게 말했다. "너희는 사도들과 선지자들의 터 위에 세우심을 입은 자
라. 그리스도 예수께서 친히 모퉁잇돌이 되셨느니라. 그의 안에서 건물
마다 서로 연결하여 주 안에서 성전이 되어 가고 너희도 성령 안에서
하나님이 거하실 처소가 되기 위하여 그리스도 예수 안에서 함께 지어
져 가느니라"(엡 2:20-22).

성도 한 사람 한 사람이 영광스럽고 거룩한 교회이다. 그러나 이 교
회는 현재진행형이다. 아직 완성되지 않았다. 계속해서 공사가 진행되
고 있다. 그렇기에 교회는 불완전하다. 불완전한 인간이 모여 형성하는
공동체는 언제나 불완전할 수밖에 없다. 유명한 작가 괴테는 "태초에
갈등이 있었다"라고 말한다. 갈등을 피할 수는 없다. 그렇다면 우리는
갈등과 더불어 사는 법을 배워야 한다. 문제는 이 갈등을 어떻게 극복
하느냐의 문제이다.

어느 날, 영국의 유명한 스펄전 목사에게 한 젊은 청년이 찾아와서
상담했다.

"목사님, 저는 지금 나가는 교회에서 상처를 너무 많이 받았습니다.

저에게 완벽한 교회 한 곳을 소개해 주십시오."

그러자 스펄전 목사는 웃으면서 대답했다.

"형제여, 형제가 만약 그런 완벽한 교회를 찾거든 나에게 꼭 일러주시오. 나도 그 교회의 교인이 되고 싶소. 그러나 당신은 절대로 그 교회의 구성원이 되지 마시오."

청년은 깜짝 놀라서 물었다.

"그게 무슨 말씀입니까?"

그러자 스펄전 목사는 이렇게 대답했다.

"당신이 그 교회에 출석하면 그날부터 그 교회의 완전은 깨어질 것입니다. 당신은 갈등을 만드는 사람이기 때문이지요."

이 세상에서 교회가 완전할 것이라고 기대하지는 말아야 한다. 그렇다고 교회의 거룩성과 그 영광을 포기하라는 뜻은 아니다. 교회는 성결을 향해 나아가야 한다. 그렇지 않으면 교회가 복음 전파의 걸림돌이 될 것이다. 오늘날 우리는 교회의 역기능 때문에 사회적인 영향력을 상실한 현상을 보고 한탄하고 있다. 그래서 성장하는 교회보다 건강한 교회에 관심을 집중하고 있다. 건강한 교회는 교회에 주어진 사명에 집중하는 교회이다.

그렇다면 교회가 세상에서 반드시 감당해야 하는 사명은 무엇인가?

첫째, 하나님을 향해 예배하는 공동체이다.

하나님이 이 세상에서 교회를 불러내신 것은 그 자신의 이름을 위하고 그의 이름에 합당한 영광을 돌리도록 하기 위함이다(행 15:14). 그렇다면 교회의 첫 번째 목적은 하나님을 예배하는 것이다. 하나님의 백성이 가장 먼저 배워야 할 일은 자기들을 성별하신 하나님께 경배하는 것이며, 그들이 가장 먼저 초대받은 영광의 자리는 하나님을 예배하는 거룩한 존전이다. 교회로서 하나님의 백성은 다 같이 한몸을 이루어 머리 되신 그리스도를 통해 그들 자신을 하나님이 기쁘게 받으실 신령한 제사로 드리는 거룩한 제사장이 된 것이다.

둘째, 세상을 위해 증거가 되는 공동체이다.

교회는 세상을 구원하기 위해 존재한다. 교회는 그리스도의 증인으로 부름받아 다시 세상으로 보냄받은 성도의 모임이다. 땅끝까지 복음을 전하는 것은 세상을 위해 교회가 해야 할 가장 중요한 사명이다. 평신도가 부름받은 가장 큰 봉사사역은 복음을 전하는 전도, 즉 그리스도의 증인이 되는 것이다.

믿는 자는 누구나 다 "왕 같은 제사장"(벧전 2:9)이다. 제사장은 적어도 네 가지 영광스러운 특권을 가지고 있다. 하나, 하나님께 직접 나아가는 특권이다. 성도는 누구나 은혜의 보좌 앞으로 직접 나아가서 예배하고 기도할 수 있다. 둘, 영적 제사를 드리는 특권이다. 성도는 교회 안에서 드리는 예배뿐만 아니라 일상에서 삶으로 하나님 앞에 예배드리는 존재이다. 셋, 말씀을 증거하는 특권이다. 교회의 사도성은 모든 성도가 말씀 전하는 자임을 대변한다. 넷, 중보하는 특권이다. 성도는 자신이 하나님 앞으로 나가는 데서 머무는 것이 아니라 교회 안에 있는 다른 형제들과 세상에 있는 이웃을 위해 봉사하는 데까지 발전해야 한다.

셋째, 성도를 향해 훈련하는 공동체이다.

교회는 성도를 양육하고 훈련하기 위해서 존재한다. 그런 측면에서 교회는 성도를 양육하는 어머니와 같다. 옥한흠 목사는 평신도를 가르치고 훈련하는 사역에 대해 이렇게 말했다. "서신서를 보면 성도를 온전하게 하는 제자 삼는 사역을 위해 교회의 머리 되신 주님께서 세 가지를 주신 것이 있다. 가르치는 교사로서 교역자를 주셨고(엡 4:11), 가르치는 내용으로 성경 말씀을 주셨고(딤후 3:16-17), 가르치는 방법으로 탁월한 모델을 주셨다(골 1:28-29)." 그렇다면 목사는 무엇보다 평신도를 철저히 가르쳐서 예수님의 제자로 만드는 사역을 주력해야 한다. 반대로 말하면 성도는 세상을 향해 흩어지기 전에 먼저 훈련받은 군사로 강하게 세움을 받아야 한다.

그렇다면 이 세상에서 교회의 사명을 감당하는 건강한 교회는 어떤 모습인가? 교회성장학자 리드 앤더슨 박사가 말하는 건강한 교회의 특징에 대해서 정리하면 다음과 같다.

첫째, 하나님을 영화롭게 하는 것이다.

사람의 제일 되는 목적은 하나님을 영화롭게 하고 그를 영원토록 즐거워하는 것이다. '하나님을 영화롭게 한다' 라는 것은 '하나님의 평판을 넓히는 것' 을 말한다. 어느 사람도 하나님의 존재를 향상할 수는 없다. 그러나 하나님에 대한 평판은 사람들에 따라 다르게 나타난다. 즉 하나님의 평판이 바르게 평가되지 않는다는 것이다. 그리스도인들이 경건한 삶을 살 때, 하나님을 잘 대변해줄 때 하나님의 평판이 향상되고 하나님이 영화롭게 된다. 그러므로 건강한 교회는 하나님의 평판을 그 지역이나 전 세계의 신자나 불신자에게서 높여준다. 건강한 교회는 조직을 보존하고 교단을 대변하며 사회적 관계를 유지하는 것보다 하나님을 영화롭게 하는 데 관심을 둔다.

둘째, 제자를 배출하는 것이다.

교회에 나오는 사람들의 수로써 나타내려고 하는 교회는 '크기가 질보다 중요하다' 라고 생각한다. 그러나 건강한 교회는 훈련된 사람이 되려 노력하고 훈련된 사람을 배출하려 계속 애쓴다. 건강한 교회는 같은 교회에 그 교인을 계속 머무르게 하는 것이 아니라 그 교인의 훈련에 더욱 많은 관심을 둔다. 유능한 의사는 환자를 다른 의사에게 의뢰하듯이 건강한 교회는 그 성도에게 하나님의 최선이 나타날 수 있다면 다른 교회로 가도록 배려해준다. 건강한 교회는 항상 제자 지향적인 결과를 얻기 위해서 교회의 프로그램과 형태를 바라본다.

셋째, 영적 은사를 최대한 활용하게 한다.

가능한 한 조직은 축소하고 많은 사람이 직접 사역에 참여할 수 있도록 해야 한다. 하나님이 주신 은사는 고유한 성령의 선물이다. 서로 비교해서도 안 되고, 더구나 시기하고 불평해서도 안 된다. 은사에는 우월과 열등이 없다. 모두가 소중하고 그리스도의 몸인 교회를 세우는 데 없어서는 안 된다. 하나님이 주신 은사를 발견하고, 그것을 더욱 유용하게 사용될 수 있도록 계발해야 한다.

넷째, 건강한 교회는 주변 환경과 적극적으로 관계를 맺는다.

건강한 사람은 고립되어 살지 않는다. 예수님은 자신을 죄악 된 세상 환경에 참여시키셨다. 예수님은 죄인들과 관계를 맺는 것이 죄를 짓는 것이 아님을 입증해주셨다. 오히려 도성인신(道成人身) 사역을 통해서 하나님의 평판을 넓혀 가셨다. 건강한 교회는 항상 세상 속에서 잘 열려 있고 좋은 관계를 맺는다. 교회는 주변 사람들에게 다가가야 한다. 그들의 프로그램에 참여해야 하고 교회 건물도 그들을 위해 개방해야 한다. 건강한 교회는 위험할 때 모래 속에 머리를 처박는 타조와 같지 않다. 세상에 무슨 일이 일어나고 있는지 알고 적극적으로 세상과 관계를 맺는다.

다섯째, 건강한 교회는 재생산한다.

동물이나 사람이 건강하다는 것은 재생산 능력을 갖췄다는 것이다. 건강한 교회는 복음 전도를 통해 재생산한다. 그러나 많은 교회가 복음 전도에 있어서 비효율적이다. 대부분의 교회 성장이 기존 성도들의 이동으로 이루어진다. 교회는 모든 성도가 직접적인 전도에 참여하지 못할지라도 기능적으로 참여할 수 있도록 만들어야 한다. 건강한 교회는 재생산하기 위한 욕구로 가득 차 있다.

여섯째, 새신자들이 교회에 동화되고 있어야 한다.

건강한 교회는 새로운 사람들을 교회생활에 적절히 동화시킨다. 많은 그리스도인이 "그 교회의 교제 속으로 들어가기가 너무 힘들다"라고 비난한다. 몇 년을 다녔는데도 이방인처럼 만드는 교회 분위기를 청산해야 한다. 그러기 위해서는 기존 교인들이 끼리끼리 무리 짓는 일을 삼가야 한다. 새로운 가족에게 다가가서 바나바와 같은 좋은 친구가 되어주어야 한다.

교회는 처음에는 친절한 것 같다. 그런데 더 깊은 곳으로 들어가는 것을 가로막는 벽을 갖고 있다. 그렇기에 건강한 교회는 새신자들 간의 그룹을 만들어준다. 많은 새신자를 주일의 기존 모임에 집어넣기보다 그들만의 새로운 모임을 만들어준다. 새로운 그룹, 새로운 사역, 새로운 예배, 새로운 모임을 만들어주어야 한다. 새신자들이 우리 교회, 나의 교회라고 표현할 수 있도록 해야 한다. 건강한 교회는 새로운 사람들이 좌절하거나 그 밖에 다른 곳으로 가지 않고, 충분히 짧은 시간에 그 교회의 기존 교인들과 같은 교인이 되게 해야 한다.

집사는 교회의 기둥으로서 최소한 성경적인 교회관을 가지고 있어야 한다. 단순히 예배드리는 장소로서의 교회가 아니라 모이고 흩어지는 복음 전파의 사명을 감당하는 교회로서의 올바른 교회관을 정립해야 한다. 또한 현대 사회에서 교회의 사명과 성장하는 교회가 아닌 건강한 교회로의 변화 속에서 집사가 담당해야 할 역할이 무엇인지 바르게 이해해야 한다.

>>> PART_1

03
직분 이해

올바른 청지기
정신으로 섬기라

예수님은 이 땅에서 많은 가르침을 통해 교훈을 주셨다. 그런데 예수님이 하신 모든 말씀 중에 돈과 물질에 대한 가르침이 15%나 차지한다. 이것은 천국과 지옥에 관한 가르침을 합한 비율보다 그 양이 더 많다. 그만큼 물질은 인간의 일상뿐만 아니라 믿음생활에 있어서도 중요한 의미가 있다는 방증이다.

한국교회의 산증인이라 할 수 있는 높은뜻숭의교회의 김동호 목사는 이런 설교를 한 적이 있다. "어느 교인으로부터 요즘 제가 너무 헌금에 대한 설교를 많이 해서 부담스럽다는 이야기를 들었습니다. 인간적으로 충분히 이해가 가면서도 조금 섭섭했습니다. 그것은 제가 느끼는 섭섭함이 아니라 하나님이 느끼실 섭섭함이었습니다."

목사의 설교를 통해 은혜를 잘 받고 있던 성도가 헌금에 관한 설교가 나옴과 동시에 인상을 찌푸리고 받았던 은혜도 다 쏟는다고 한다. 그 정도로 돈은 인간의 마음과 감정에 밀접하게 연결되어 있다. 그래서 예수님은 재물과 마음을 연결하고 계신다. "네 보물 있는 그곳에는 네 마음도 있느니라"(마 6:21).

어디 그뿐인가? 돈은 인격과 영성을 대변해준다. 돈 버는 것을 보고 돈 쓰는 것을 보면 그 사람의 인격과 신앙을 가늠할 수 있다. 사실 재물은 신앙의 문제이다. 하나님을 선택하느냐, 아니면 재물을 선택하느냐? 재물을 사랑하는 사람은 맘몬 신을 섬기는 자이다. 그러나 믿음이 있는 사람은 맘몬 신을 주인으로 섬기기를 거부한다.

한 사람이 두 주인을 섬기는 일이 불가능한 것처럼 한 사람이 하나님과 맘몬 신을 동시에 섬기는 것 또한 불가능하다. 그래서 예수님은 이렇게 말씀하셨다. "한 사람이 두 주인을 섬기지 못할 것이니 혹 이를 미워하고 저를 사랑하거나 혹 이를 중히 여기고 저를 경히 여김이라. 너희가 하나님과 재물을 겸하여 섬기지 못하느니라"(마 6:24).

어느 목사님은 헌금에 대해서 이렇게 말씀한다. "불꽃처럼 살고 싶어 하는 사람들은 헌금도 불꽃처럼 드려야 합니다. 하나님이 확인하고 싶어 하시는 것은 우리가 이 세상을 살아갈 때 우리의 재물을 의지하거나 우리의 물질을 의탁해서가 아니라 하나님만을 의지하며 살아간다는 사실을 보고 싶어 하시는 것입니다. 하나님의 자녀들은 이렇게 마음 중심에 담겨 있는 헌금을 하나님 앞에 바치는 삶을 살아야 합니다."

집사는 선한 청지기여야 한다. 청지기는 주인의 재물이나 일을 맡아서 관리하는 자이다. 그렇다면 집사는 하나님이 맡겨주신 것을 주인의 뜻대로 관리하는 지혜를 가져야 한다. 두 달란트받은 자와 다섯 달란트

받은 자처럼 이익을 남겨야 한다. 부정한 방법으로 이윤을 창출해서도 안 되지만 유익한 일에 사용하는 지혜도 가져야 한다.

칭찬받는 선한 청지기로 살아가라

베드로는 "각각 은사를 받은 대로 하나님의 여러 가지 은혜를 맡은 선한 청지기같이 서로 봉사하라"(벧전 4:10)고 말한다. 청지기란 주인의 재산을 관리하고 가정의 잡다한 일을 처리하는 사람을 가리킨다. 우리는 하나님이 주신 재물과 은사를 관리하는 청지기이다.

그런데 세상에는 불의한 청지기도 있다. "어떤 부자에게 청지기가 있는데 그가 주인의 소유를 낭비한다는 말이 그 주인에게 들린지라"(눅 16:1). 주인을 노하게 만드는 악한 청지기이다. 그러나 요셉은 선한 청지기였다. 그는 주인을 유익하게 하고 하나님 축복의 통로가 되었다.

우리 주 하나님은 인간에게 재물을 얻을 수 있는 능력을 주신다. "네 하나님 여호와를 기억하라. 그가 네게 재물 얻을 능력을 주셨음이라"(신 8:18). 그런데 어떤 사람들은 자기가 열심히 일하고 벌어서 그렇게 된 것으로 착각한다. 그래서 재물을 사용하는 데도 자기 마음대로 사용한다. 그러나 선한 청지기는 비록 부정한 방법으로 돈을 많이 벌 수 있다고 할지라도 그것을 포기하고, 정당한 방법으로 번다. 그뿐만 아니라 자신이 가진 재물을 바른 일에 사용한다.

바울은 고린도 교인들에게 권면한다. "각각 그 마음에 정한 대로 할 것이요 인색함으로나 억지로 하지 말지니 하나님은 즐겨 내는 자를 사랑하시느니라"(고후 9:7). 성경은 하나님께 즐거이 드리라고 말씀하지만 돈의 노예가 된 인간은 실제로 그렇게 살기가 어렵다.

어느 날, 한국 돈 천 원짜리와 만 원짜리가 만났다. 천 원짜리가 만 원짜리에게 물었다.

"그동안 잘 지냈어?"

그러자 만 원짜리가 의기양양하게 대답했다.

"그럼! 나는 여행도 가고 극장과 스포츠 경기도 즐기며 좋은 데는 다 갔어! 너는 어땠니?"

그러자 천 원짜리가 풀이 죽어 말했다.

"나야 뭐, 늘 그렇지! 매일 교회, 교회, 또 교회에서만 있었어!"

만 원짜리는 세상 곳곳을 활개 치고 다니는데 천 원짜리는 교회 헌금함에만 돌아다닌다.

어느 성도가 이런 고백을 했다. "교회에 갔을 때 헌금시간 때마다 '내게 있는 모든 것을 아낌없이 드리네'라는 찬송을 하면서 헌금을 합니다. 저는 그 찬송가가 너무 부담되었습니다. 아낌없이 드리기에는 너무 믿음이 없었습니다. 천 원짜리 지폐를 헌금하면서 만 원짜리 지폐를 꽉 잡고 있었습니다. 모든 것이 아까워서 '찬송 따로, 신앙 따로'였습니다." 하나님의 백성들이 세상 것에 집착하여 있다가 없어질 것, 변할 수밖에 없는 것, 그리고 생명을 줄 수 없는 복을 추구하는 것은 어리석은 일이다.

현대 기독교 지성을 대표하는 복음주의자 존 스토트 박사는 '제자는 돈과 소유에 대한 전적인 단순함이라는 삶의 특징을 가져야 함'을 강조하면서 그리스도인들이 가져야 할 청지기직에 대해서 이렇게 말했다. "하나님은 자신의 형상대로 사람을 남자와 여자로 창조하시고, 이들에게 이 땅에 대한 통치권을 주셨다(창 1:26-27 참조). 그들을 이 땅의 자원을 관리하는 청지기로 삼으셨다. 그러므로 그들은 창조주이신 그분에 대해, 그들이 개발해야 하는 땅에 대해, 그리고 이 땅의 풍요함을 함께 나누는 동료 인간들에 대해 책임을 지게 되었다. 이 땅의 유한한 자원을 아껴 쓰지 못하고, 그 자원을 충분히 개발하지도 못하고, 그것을 공정하게 분배하지도 못함으로써 청지기직을 신실하게 수행하지 못한다면 그것은 하나님께 불순종하는 것이며, 그들을 향한 그분의 뜻에서 사람들을 멀어지게 하는 일이다. 그러므로 우리는 만물의 주인 되시는 하나님을 영화롭게 하기로, 우리는 청지기이지 우리가 지닌 땅이나 재산의 소유자가 아님을 기억하기로, 그것들을 다른 사람을 섬기는 데 사용하기로, 또 착취당하는 가난한 이들과 자신을 지키지 못하는 힘없는 이들의 정의를 추구하기로 결단한다."

그리스도인들 가운데 '꿩 잡는 게 매'라는 사고를 지닌 사람들이 있다. 그들은 어떤 방법을 동원해서라도 돈을 긁어모아 큰 부자가 되고, 그래서 헌금을 많이 드리면 그것이 곧 하나님께 영광을 돌리는 일이라고 생각하는 사람들이다. 과연 그런가? 하나님이 가난뱅이여서 아무렇게나 모은 돈을 좋아하실까?

선한 청지기는 돈을 정직하고 깨끗하게 벌어야 한다. 돈을 잘 번다고 다 좋은 것은 아니다. 돈을 벌더라도 하나님의 방식과 법대로 벌어야 한다. 수단과 방법을 가리지 않고 돈을 번다고 해서 하나님이 다 받으시는 것은 아니다. 그렇게 번 돈은 복이 아니라 오히려 화가 된다.

하늘에 쌓을 수 없는 보물이 있다. 첫째는 도둑질한 돈, 둘째는 정당하지 못한 직업으로 벌어들인 돈, 셋째는 불로소득으로 벌어들인 돈, 즉 도박과 투기, 복권 등으로 벌어들인 불로소득, 넷째는 공정하지 않은 방법으로 벌어들인 돈이다. 하나님은 이런 방법으로 벌어들인 돈은 기뻐하지 않으신다.

어느 목사님 한 분의 고민을 들은 적이 있다. "우리 교회에는 교회에 나온 지 얼마 안 되는 초신자가 한 분 계십니다. 그분은 호프집을 운영하는데 매월 십일조를 무려 100만 원씩이나 냅니다. 개척교회로서는 상당한 금액의 헌금이지요. 그뿐만 아니라 어려운 농촌교회나 동남아의 선교지에 관해서 이야기하면 스스럼없이 선교헌금을 100만 원씩 내곤 합니다. 성품도 얼마나 좋은지 모릅니다. 그런데 고민이 됩니다. 사업을 바꾸라고 해야 할지, 지켜보고만 있어야 할지 모르겠습니다. 교회 재정도 문제이지만 초신자가 시험에 들까 그게 두렵습니다."

세상적인 사람들은 소유하는 것 자체에 관심을 둔다. 그래서 돈이 우상화되고 돈이면 뭐든지 다 된다는 가치관을 가지고 살아간다. 그러나 그리스도인은 소유의 크기보다 복을 주시는 분과의 '관계'를 소중하게 생각한다. 그 관계가 좋으면 가진 것에 상관없이 자유로운 삶을 살게 된다.

김동호 목사는 「깨끗한 부자」라는 책에서 이렇게 강조한다. "돈이 많은 사람을 부자라고 부를 수는 있어도 그를 '잘 사는 사람'이라고 불러서는 안 된다. 돈이 없는 것은 못사는 것이 아니라 그냥 가난한 것이다. 돈이 많은 사람은 부자이고, 돈이 없는 사람은 가난한 사람일 뿐이다. 절대로 부자를 잘사는 사람, 가난한 사람을 못사는 사람이라고 생각하거나 그렇게 말해서는 안 된다."

집사는 돈을 지나치게 사랑해서는 안 된다. "돈을 사랑함이 일만 악의 뿌리가 되나니"(딤전 6:10). 돈은 사랑의 대상이 아니라 누림의 대상이다. 돈의 노예가 아닌 돈을 다스리는 사람이 되어야 한다.

어느 교회 재정부에서 있었던 일이다. 주일에 헌금을 계수하는데 여직원이 볼펜을 땅에 떨어뜨렸다. 볼펜을 줍기 위해 책상 밑으로 고개를 숙였는데 보지 말아야 할 광경을 보았다. 재정부 집사 한 사람이 양말에 돈을 집어넣는 것을 본 것이다. 그것이 문제가 되어 조사하게 되었다. 나중에 그 집사는 집 한 채에 해당하는 돈을 내놓고 교회를 떠나야 했다. 그러니 그동안 얼마나 많은 교회 헌금을 도적질한 셈인가?

하나님의 돈을 도둑질하다니 두렵지도 않다는 말인가! 그래서 최근에는 재정부실에 카메라를 설치하는 것이 일반화되고 있다. 재정부원을 의심한다고 화내기 이전에 하나님의 영광을 가리지 않고, 재정부원을 시험에 들지 않도록 보호하려는 의도를 인정해야 한다.

돈은 선하고 유익한 것이지만 사람을 시험에 들게 하기도 한다. 넘어지고 깨어져서 하나님으로부터 멀어지게 만든다. 사탄은 인간의 가장 약한 부분을 건드려서 우리를 지옥으로 끌고 가려고 한다. 그렇게 되지 않기 위해서 선한 청지기는 교회 돈을 정직하고 깨끗하게 다뤄야 한다.

재지 말고 십일조를 하나님께 드리라

십일조는 부담이 아니라 축복의 통로이며 형통함의 근원이다. 말라기 선지자가 하는 말을 들어보라. "만군의 여호와가 이르노

라. 너희의 온전한 십일조를 창고에 들여 나의 집에 양식이 있게 하고 그것으로 나를 시험하여 내가 하늘 문을 열고 너희에게 복을 쌓을 곳이 없도록 붓지 아니하나 보라"(말 3:10).

십일조는 하나님이 복을 주시겠다고 약속한 하나님의 말씀이다. 물론 복을 받기 위해 순종하는 것이 아니라 하나님의 명령이기에 순종해야 한다. 이것은 "모든 것이 하나님의 소유입니다!"라고 하는 믿음의 표현이다.

어느 교인은 신약시대에는 율법이 폐해졌기 때문에 십일조를 강요해서는 안 된다고 말한다. 율법이 완성된 것은 맞다. 예수님은 율법의 완성자이시다. 그러나 율법이 폐지된 것은 아니다. 예수님은 율법의 문자적인 조항을 넘어 율법의 근본정신을 회복시켜 주셨다. 그렇다면 십일조에 대한 율법의 정신은 무엇인가? "나의 모든 것이 하나님의 것입니다"라고 하는 신앙고백이다. 열 가운데 하나를 드림으로써 이 고백을 실천하는 것이다. 그렇다면 우리는 열의 열을 모두 하나님 앞에 드리면서 "십일조에 대한 율법은 완성되었다"라고 말해야 정직한 그리스도인이 아닌가?

과연 신약성경은 십일조를 드리지 말라고 가르치는가? 예수님의 말씀을 자세히 주목해보라. "화 있을진저 외식하는 서기관들과 바리새인들이여 너희가 박하와 회향과 근채의 십일조는 드리되 율법의 더 중한 바 정의와 긍휼과 믿음은 버렸도다. 그러나 이것도 행하고 저것도 버리지 말아야 할지니라"(마 23:23).

예수님은 바리세인들을 책망하시면서 너희가 십일조는 잘 드리면서 더 중한 믿음은 버렸다고 하셨다. 그러나 덧붙여서 "이것도 행하고 저

것도 버리지 말라"고 하셨다. 예수님은 믿음도 행하고 십일조도 버리지 말아야 한다고 하셨다. 그렇다면 신약시대에도 역시 성경에서 명한 대로 십일조를 드려야 된다.

어느 집사님은 "돈을 잘 벌게 해주시면 십일조를 드리겠습니다"라고 약속했다. 그런데 막상 돈이 생기니까 마음이 변했다. 그래서 이런 기도를 드렸다. "하나님, 제게 100만 원만 주십시오. 반드시 십일조를 하겠습니다. 정 못 믿겠거든 십일조 떼고 90만 원이라도 주십시오." 그만큼 십일조 문제는 성도에게 시험거리가 분명하다. 그러나 하나님은 십일조를 부담과 시험거리로 주신 것이 아니라 축복의 통로로 주신 것이다.

미국인이 많이 쓰는 치약 중에 콜게이트라는 치약이 있다. 이 회사를 창립한 윌리엄 콜게이트에 관한 일화가 있다. 그는 1806년에 태어난 영국 사람이다. 하지만 그는 일찍이 어머니를 여의고 가난한 가정 형편으로 16세에 집에서 독립해야 했다. 이곳저곳을 돌아다녔지만 일자리를 얻기 힘들었던 콜게이트는 미국으로 건너갈 결심을 했다.

그는 우여곡절 끝에 뉴욕으로 가는 배를 탔다. 그는 배에서 나이 지긋한 선장 할아버지를 만났는데, 그의 사정을 들은 선장 할아버지는 그를 위해 기도해주면서 이렇게 말했다.

"얘야, 인생을 살아갈 때 세 가지만 반드시 기억하거라. 첫째는 네가 어디를 가든지 무엇을 하든지 하나님 중심으로 살아라. 보이지 않지만 하나님은 너를 보고 계신단다. 둘째는 열의 하나, 십일조는 하나님의 것이니 반드시 하나님께 드려야 한다. 셋째는 네가 어디를 가든지 정직하고 성실하게 살아주었으면 좋겠구나."

소년은 이 할아버지 선장의 말을 일평생 간직했다.

하지만 이 시골 소년은 대도시 뉴욕에 도착해서도 일자리를 얻지 못하고 길거리에 떠돌아다니는 처지가 되었다. 이때 그는 화물선에서 만난 선장 할아버지의 믿음의 조언이 생각났다. 결국 그는 젊음을 하나님께 바치겠다고, 또한 벌어들인 모든 돈의 십일조를 하나님께 바치겠다는 소중한 결심을 하게 된다.

이 결심이 있고 난 뒤, 그는 뉴욕에서 비누장사를 시작했다. 그는 비누장사를 통해 첫 번째 1달러를 벌었을 때 약속대로 10센트를 하나님께 드렸다. 그 후에 돈을 벌어들일 때마다 어김없이 하나님께 십 분의 일을 드렸다.

그의 사업은 대성공을 거두었다. 하지만 그는 십일조를 그치지 않았다. 오히려 그는 비서에게 하나님께 드리는 계좌를 개설하라고 지시하고, 그의 모든 수입의 십 분의 일을 그 계좌로 보낼 것을 지시했다. 또한 사업이 기적적으로 더욱 번창할 때마다 수입의 십 분의 이를, 십 분의 삼을, 십 분의 사를, 마지막에는 십 분의 오까지 하나님께 드렸다. 콜게이트는 하나님께 드리면 드릴수록 더 많은 축복을 받은 것이다. 지금도 그의 이름을 딴 '콜게이트 치약'은 미국에서 가장 많이 팔리는 치약이다.

하나님은 십일조를 통해 우리 믿음의 분량을 시험하신다. 하나님을 신뢰하는 자, 나의 모든 것이 하나님의 것인 줄 인정하는 자는 하나님께 십일조를 드리기를 주저하지 않는다. 우리는 때때로 수입의 십일조인가, 세금을 공제한 금액에 대한 십일조를 드려야 하는가를 고민하지만 믿음을 가지고 주님께 질문해보면 해답은 의외로 간단할 것이다.

어느 날, 무디에게 한 청년이 찾아왔다.

"목사님, 사업을 시작하려고 하는데 저의 사업이 잘될 수 있도록 기도해주세요."

무디는 땀이 나도록 정성껏 기도해주었다. 청년은 열심히 노력했다. 그러면서도 하나님께 예배드리고 기도하는 일을 게을리하지 않았다. 정말 사업이 잘되었다.

그런데 어느 날부터 청년의 얼굴이 한 주, 두 주 보이지 않기 시작했다. 그러더니 어느 순간부터 아예 교회에 나오지 않았다. 무디는 안 되겠다는 생각이 들어 그 청년을 찾아갔다. 그리고 그 청년을 위해 기도했다.

"하나님, 하나님 앞에 십일조를 드리는 것이 부담스러워서 교회에 나오지 못하니 차라리 이 청년의 사업이 망하게 해주세요."

십일조를 드리는 것이 아깝다는 생각이 들 때가 있다. 더구나 적은 돈일 때는 그렇지 않을지라도 돈의 액수가 점점 더 커지면 유혹이 다가오기 마련이다. 월급쟁이가 십일조를 드리는 것은 그다지 어렵지 않을 수 있다. 그러나 자영업을 하거나 회사를 경영하는 사람은 십일조를 드리는 데 반드시 유혹이 다가온다. 그래서 이런 사람은 아예 주 단위로 십일조를 드리는 것이 훨씬 좋다.

성도들이 온전한 십일조 생활만 해도 교회 재정은 어렵지 않다. 그러나 많은 그리스도인이 십일조를 정직하게 드리지 않는다. 자기 계산법으로 하나님께 적선하다시피 한다. 수입이 300만 원이라면 15만 원을 십일조로 드리고, 3만 원은 선교헌금, 2만 원은 감사헌금, 10만 원은 건축헌금 형식으로 드린다. 하나님은 인간에게 적선을 받아야 할 분이 아니다. 하나님은 "내 것이니 나에게 돌리라"고 명령하실 뿐이다.

그런데 문제는 그리스도인들이 돈에 대한 가치관을 바로 정립하지 못하고 있다는 데 있다. 이에 대해 김동호 목사는 이렇게 말한다. "돈에는 나름대로 하나님이 정해주신 몫이 있다. 그것은 크게 셋으로 나누어볼 수 있는데, 첫째는 하나님의 몫이고, 둘째는 다른 사람의 몫이고, 셋째는 내 몫이다. 내게 들어온 돈이라고 다 내 몫이 아니라는 것을 알아야 한다. 돈에 대해 깨끗하고 반듯한 사람이 되려면 몫에 대해 깨끗하고 정직한 사람이 되어야만 한다." 하나님의 몫은 하나님께 드려야 한다. 그런데 그것을 욕심을 낸다면 하나님의 것을 도둑질하는 것이다.

십일조는 돈에 대한 문제가 아니다. 믿음에 대한 문제이다. 하나님의 약속에 대한 신뢰의 문제이다. 그래서 김동호 목사는 이렇게 말한다. "십일조 생활이란 돈에 대한 지나친 욕심을 버리게 하려고 하나님이 정해놓으신 훈련이다. 정직한 십일조를 통해 우리는 돈에 대한 욕심을 버리고 돈을 지배하고 다스릴 힘을 얻게 되는 일이다. 온전한 십일조 생활을 하지 못하는 사람은 절대로 돈에 대해 자유로운 사람이 될 수 없다. 돈은 힘이 없다. 믿음에 힘이 있다. 십일조는 돈이 아니라 믿음이다. 온전한 십일조라면 백만 원이든 십만 원이든 그것은 하나님 앞에서 똑같은 힘이 있다는 것을 알아야 한다." 돈에 매인 그리스도인은 돈의 노예로 살 것이다. 그러나 하나님은 돈에서 벗어나 하나님의 종으로 살 것을 촉구하고 계신다.

미국 전체 석유의 95%를 독점하면서 세계 최고의 부자가 된 록펠러는 어려서 일주일 동안 일해서 번 돈을 처음으로 십일조를 드렸다. 그

것이 그의 십일조 생활의 출발이었다. 이에 대해 록펠러는 이런 말을
했다. "그 1달러 50센트의 십 분의 일을 드리지 않았더라면 제가 처음
으로 백만 달러를 벌었을 때 십일조를 드릴 수 있었다고는 생각하지 않
습니다." 그가 벌어들인 돈은 현재 가치로 따져서 빌 게이츠의 3배에
달한다고 한다.

하늘나라를 위해 올바르게 투자하라

이 땅에 재물을 쌓기에 급급한 사람이 있다. "내 곳간을
헐고 더 크게 짓고 내 모든 곡식과 물건을 거기 쌓아 두리라. …영혼아
여러 해 쓸 물건을 많이 쌓아 두었으니 평안히 쉬고 먹고 마시고 즐거
워하자"(눅 12:18-19). 미래를 위한 야무진 인생 설계처럼 느껴진다.
그러나 하나님은 그런 사람에게 말씀하신다. "어리석은 자여 오늘 밤
에 네 영혼을 도로 찾으리니 그러면 네 준비한 것이 누구의 것이 되겠
느냐 하셨으니 자기를 위하여 재물을 쌓아 두고 하나님께 대하여 부요
하지 못한 자가 이와 같으니라"(눅 12:20-21).

우리는 자신의 생명도, 자신이 쌓는 재물도 보장받을 수 없는 나약한
존재이다. 내일을 위한 철저한 준비도 필요하지만 하나님을 위해 쓸 줄
아는 영적인 부자가 되어야 한다. 자기를 위해 재물을 쌓는 것은 지혜
로운 인생이 아니다.

예수님도 이렇게 말씀하시지 않았던가! "너희를 위하여 보물을 땅에
쌓아 두지 말라. 거기는 좀과 동록이 해하며 도둑이 구멍을 뚫고 도둑

질하느니라. 오직 너희를 위하여 보물을 하늘에 쌓아 두라. …네 보물 있는 그곳에는 네 마음도 있느니라"(마 6:19-21). 선한 청지기는 보물을 땅에 쌓으면 안 된다. 땅에는 동록이 슬고 좀이 먹고, 또 도적이 구멍을 뚫기 때문이다. 동록이나 좀이 먹는다는 것은 가만히 두어도 부패하거나 낡아지는 현상을 말한다. 그뿐만 아니라 세상에는 도적이 들끓는다. 예수님 당시 팔레스타인의 집들은 흙과 짚을 섞어서 벽을 만들었다. 문을 잠가도 도적이 벽을 뚫고 들어와 물건을 훔쳐 가는 일이 많았다. 그래서 예수님은 하늘에 보물을 쌓아두라고 말씀하셨다.

그렇다면 하늘에 보물을 쌓는 것은 무엇을 가리키는가? 우리가 가진 보물을 하나님의 이름을 거룩히 하고 그 나라가 임하게 하는 데 사용하는 것을 말한다. 하나님이 우리에게 물질을 주신 이유는 하나님을 위하여 사용하라고 주신 것이다. 그래서 바울은 하늘에 쌓는 일을 이렇게 말한다. "네가 이 세대에서 부한 자들을 명하여 마음을 높이지 말고 정함이 없는 재물에 소망을 두지 말고 오직 우리에게 모든 것을 후히 주사 누리게 하시는 하나님께 두며 선을 행하고 선한 사업을 많이 하고 나누어주기를 좋아하며 너그러운 자가 되게 하라. 이것이 장래에 자기를 위하여 좋은 터를 쌓아 참된 생명을 취하는 것이니라"(딤전 6:17-19).

소망을 하나님께 둔 자는 재물을 땅에 쌓으려 안간힘을 쓰지 않고, 오히려 가진 재물을 누리며 살아간다. 가진 재물을 누리는 삶이란 무엇인가? 선한 일에 사용하고 나눠주기를 좋아하는 삶이다. 그래서 초대 기독교인들은 순회전도자들이나 박해로 인해 나그네 삶을 살아가는 그리스도인을 위해 '손님 대접' 하기를 힘썼던 것이다(히 13:1-3).

지갑이 회개할 때 진정한 회개가 일어난다. 지갑이 회개하지 않은 사람의 회개는 믿을 수 없다. 그래서 요한 웨슬레는 "당신의 지갑이 회개하기 전까지 당신은 진정으로 회개한 것이 아닙니다"라고 말했다. 당신의 지갑을 점검해보라. 지갑이 회개하였는가?

어느 날, 바리새인이 예수님께 찾아와서 물었다.

"어떻게 하면 영생을 얻을 수 있습니까?"

그러자 예수님은 그에게 "나를 믿으라. 그리고 아버지의 뜻대로 살아라"고 하지 않으셨다. "네 소유를 팔아 가난한 자들에게 주고 나를 좇으라"고 하셨다. 예수님은 영생을 얻는 것을 '지갑의 회개'와 연결하셨다.

어느 날, 세례를 받은 사람들이 세례 요한에게 물었다.

"회개의 열매를 맺으려면 무엇을 해야 합니까?"

이때 세례 요한이 무엇이라고 대답하는가?

"가난한 자들에게 먹을 것과 입을 옷을 주어라. 세리들은 정한 세 외에는 늑징치 말고 군병들은 자신의 수입에 만족하고 돈을 강제로 탈취하지 말라."

세례 요한 역시 '지갑의 회개'를 요구했다.

하나님을 만난 성도들은 지갑을 열어 하나님께 드리며 하나님이 사용하시게 한다. 하나님이 주신 재물은 하나님의 영광을 위해 사용해야 한다. 하나님의 일을 하는 데 사용하고 가난한 자와 고아와 과부처럼 사회적인 약자를 위해 나눠주는 데 힘써야 한다. 사회학자들은 "철학 없는 부자는 세상에서 가장 미련하고 불쌍한 사람이다"라고 말한다. 신앙적으로 보면 깊은 믿음이 없는 부자는 불쌍한 신앙인이다.

다른 사람들을 위해 자신의 재물을 아낌없이 사용한다는 것은 쉬운 일이 아니다. 그러나 하나님이 기뻐하시고 영광을 받으시는 일이다. 열방을 주께로 돌아오게 하는 선교를 후원하는 일에 뒤처지지 않아야 한다. 의지할 곳 없는 사회적 약자를 위해 우리가 가진 물질을 나누어주는 것은 제사를 드리는 것처럼 하나님이 기뻐하신다. "오직 선을 행함과 서로 나누어주기를 잊지 말라. 하나님은 이 같은 제사를 기뻐하시느니라"(히 13:16).

「하나님이 내 사업을 소유하시다」라는 책을 쓴 스탠리 탬은 교회의 장로이자 미국 굴지의 US플라스틱주식회사를 이끄는 세계적으로 성공한 기업인이다. 그가 보내온 선교헌금으로 우리나라에서도 300여 개의 교회가 세워졌다.

그가 처음 플라스틱회사를 인수했을 때였다. 회사에 이런저런 어려움이 생기더니 결국은 부도가 나서 회사문을 닫을 수밖에 없었다. 그는 한동안 깊은 좌절 속에서 허우적거렸다.

그러던 어느 날, 그는 새벽에 교회를 찾아갔다. 그는 하나님께 간절한 마음으로 매달려 기도했다. 기도하는 가운데 물에 빠져서 허우적거리고 있는 베드로의 모습을 보게 되었다. 그는 자신의 처지를 생각하면서 서럽게 울었다.

그는 하나님의 도우심을 구하면서 뜨거운 마음으로 더욱더 기도했다. 그러자 이번에는 예수님의 손을 붙들고 물 위를 걸어가는 베드로의 모습이 보였다. 그때 그는 뜨거운 눈물을 흘리면서 이렇게 기도했다.

"그렇습니다. 주님께서 제 손을 붙들어주시면 저도 얼마든지 다시 일어설 수 있습니다."

그리고 그는 하나님께 이렇게 약속했다.

"이제부터 제 기업의 주인은 하나님이십니다. 하나님께서 명령만 내리십시오. 저는 절대적으로 순복하겠습니다. 이제부터 우리 회사 주식의 51%는 하나님의 것입니다. 회사 수익금 중 51%는 무조건 하나님께 바치겠습니다."

그렇게 기도하고 나니까 마음이 편안해졌다.

그 후 그는 모든 것을 하나님께 맡겼다. 그러자 기적적으로 회사는 다시 일어섰다. 그는 하나님께 약속한 대로 회사 수익금의 51%를 어김없이 하나님께 바쳤다. 후에는 회사 수익의 100%를 바쳤고, 자신도 회장이지만 회사에서 월급을 받았다. 그리고 회사의 모든 제품설명서에는 전도지를 첨부했다. 나아가 그는 자신이 하나님께 했던 약속을 법적으로 뒷받침하기 위해서 아예 회사의 정관과 유언장에 그대로 명시해 놓았다.

그는 회사에서 나오는 수익금 전액을 아시아 복음화를 위해서 아낌없이 사용하고 있다. 그리고 자기 자신도 1년에 천 명 이상은 전도한다고 한다. 하루에 세 명 이상 전도한다는 말이다.

그의 회사 정문에는 큰 간판이 하나 걸려 있다. 회사 이름보다 더 큰 간판이다. 거기에는 이렇게 적혀 있다.

"Christ is the Answer(그리스도가 해답이십니다)."

이 간판을 보고 회사에 들어와 상담을 받고 예수 그리스도를 믿기로 작정한 사람도 많다고 한다.

더럽게 번 돈으로 하나님의 일을 하려고 해서는 안 된다. 하나님은 그런 돈을 기뻐하지 않으신다. 깨끗하게 번 돈으로 하나님의 일을 해야 한다. 삭개오가 예수님을 만나고 회개했을 때 그는 즉시 자신의 경제활동을 점검했다. "내 소유의 절반을 가난한 자들에게 주겠사오며 만일 뉘 것을 토색한 일이 있으면 네 배나 갚겠나이다."

마태복음 25장에 나오는 양과 염소의 비유는 마지막 날 있을 심판을 보여준다. 주님의 오른편에 앉아 칭찬받고 인정받은 사람이 누구인가? 양과 같은 사람이다. 그가 칭찬받고 인정받은 이유가 무엇인가? 안식일을 잘 지키고 성경을 많이 읽었기 때문인가? 그렇지 않다. 그는 지극히 작은 자 하나에게 냉수 한 그릇을 대접했기 때문이다.

자신의 지갑을 열어 도움이 필요한 사람들에게 선한 일을 행하라. 선한 일을 위해 물질을 나누어주는 것이야말로 단순한 선행이 아니라 믿음의 행위이다. 지갑을 열어 이웃을 돌보지 않고 모른 체하는 그리스도인은 입으로만 "주여, 주여" 하는 외식하는 자와 다를 것이 없다.

"너희는 사도들과 선지자들의 터 위에
세우심을 입은 자라. 그리스도 예수께서
친히 모퉁잇돌이 되셨느니라.
그의 안에서 건물마다 서로 연결하여
주 안에서 성전이 되어 가고
너희도 성령 안에서 하나님이 거하실
처소가 되기 위하여 그리스도 예수 안에서
함께 지어져 가느니라"
(엡 2:20-22).

집사는 _____ 교회의 기둥이자 교회 부흥의 핵심이다

집사는
교회 부흥의
핵심 역량이
되어야 한다

아름다운 목회 협력자가 되라

덕스러운 언어로 공동체를 세우라

교인들과의 관계 영성을 점검하라

04
핵심 역량

아름다운
목회 협력자가 되라

우리 속담에 "백지장도 맞들면 낫다"라는 말이 있다. 서로 협력해서 일하면 쉽게 해결된다는 뜻이다. 인생에 있어서 협력자를 얻는 것은 그 무엇보다도 좋은 일이다. 혼자 고독하게 일하는 것보다 누군가 도와줄 협력자가 있다는 것은 천군만마를 얻는 기쁨일 것이다.

세상일도 그러할진대 영적인 일에는 더더욱 좋은 협력자가 필요하다. 혼자 기도하는 것보다 두 사람이 함께 기도하면 더 큰 능력을 발휘할 수 있는데, 그러려면 먼저 화해를 통해서 한마음이 되어야 한다. "진실로 다시 너희에게 이르노니 너희 중의 두 사람이 땅에서 합심하여 무엇이든지 구하면 하늘에 계신 내 아버지께서 그들을 위하여 이루게 하시리라"(마 18:19).

잘되는 집안은 부부가 서로 협력한다. 서로 등을 돌리고 외면하면 가정이 잘될 리 없다. 하나님은 아담의 갈빗대를 취하여 평생의 반려자인 하와를 만들어주셨다. 하와는 아담의 훌륭한 협력자이다. 하와는 남편인 아담과 잘 협력함으로 자신의 존재 가치와 목적을 발견할 수 있다. 아담은 하와를 통해서 존재의 의미를 찾고 부족한 것을 보충받으면 더 성장할 수 있다. 부부는 한 팀이 되어 하나님이 주신 비전과 사명을 성취해야 한다. 부부는 힘겨루기하는 '적'이 아니다. 부부는 사랑으로 서로 성장하도록 도와주는 협력자이자 동지이다.

마찬가지로 하나님은 그리스도의 몸을 세우기 위해 목회자와 장로, 권사, 집사를 세워주셨다. 이들은 같은 비전을 품고 있다. 각자가 받은 은사를 최대한 활용해서 그리스도의 몸인 교회를 세워야 한다. 한마음을 품고 하나 되어 주님이 주신 하나님 나라의 비전을 성취해야 한다. 이들은 한 팀이지, 서로를 향해 비난의 화살을 겨누는 적이 아니다.

하나님이 교회에 주신 비전과 사명은 목회자 혼자의 힘으로 이룰 수 없다. 온 교인의 협력이 필요하다. 한국교회의 98%에 해당하는 평신도가 목회 협력자로서 우뚝 서고 살아 움직일 때만이 교회가 성장하고 한국교회의 부흥을 기대할 수 있다. 평신도를 살아 움직이게 만드는 것, 그것이 바로 훈련이다. 좋은 군사는 훈련을 통해 질적으로 성장하며 기둥으로 우뚝 설 수 있게 된다.

자발적인 협력자는 행복을 얻는다

협력의 즐거움에 대하여 솔로몬 왕은 이렇게 말한다. "두

사람이 한 사람보다 나음은 그들이 수고함으로 좋은 상을 얻을 것임이라. 혹시 그들이 넘어지면 하나가 그 동무를 붙들어 일으키려니와 홀로 있어 넘어지고 붙들어 일으킬 자가 없는 자에게는 화가 있으리라. 또 두 사람이 함께 누우면 따뜻하거니와 한 사람이면 어찌 따뜻하랴. 한 사람이면 패하겠거니와 두 사람이면 맞설 수 있나니 세 겹 줄은 쉽게 끊어지지 아니하느니라"(전 4:9-12).

솔로(solo)가 편하다. 서로 갈등하는 고통도 필요 없다. 그러다 보니 요즘 '나 홀로'가 하나의 트렌드를 이룬다. 그러나 솔로는 외롭다. 춥고 고독하다. 힘들고 어려울 때 서로 격려하고 부축할 수도 없다. 혼자 노력하는 것보다 두 사람이 함께 손잡고 노력하면 더 효과적이고 생산적이다. 두 사람이 함께 누우면 불편할지 모른다. 그러나 함께 누우면 따뜻하다. 한 사람이 싸우는 것보다 두 사람이 함께 힘을 합쳐서 싸우면 이길 승산이 더 크다. 한 겹줄은 약하다. 그러나 세 겹줄은 튼튼하고 강하다.

바울은 브리스길라와 아굴라를 "나의 동역자"(롬 16:3)라고 자랑스럽게 말한다. 브리스길라는 아굴라의 아내이다. 아마 아내인 브리스길라가 더 헌신적인 협력자였던 것 같다. 교회 안에는 각기 다른 직분자들이 있다. 목회와 복음에 방해꾼이 있는가 하면, 구경하듯 무관심한 방관자도 있고, 목회자와 복음에 대적하는 대적자도 있다. 그러나 복음의 협력자들이 있었기에 복음은 멈추지 않고 달려왔다.

어떤 사람은 인생에 방해자가 되는가 하면 어떤 사람은 협력자가 된다. 어떤 사람은 해를 끼치는가 하면 어떤 사람은 도움을 준다. 바울에게는 많은 적이 있었다. 그러나 용기를 주고 힘을 실어주는 협력자들도 있었기에 그는 행복한 목회자이자 선교사였다.

그 가운데 잊을 수 없는 사람이 바로 브리스길라와 아굴라 부부였다. 브리스길라와 아굴라는 바울의 생명을 위하여 자기의 목숨까지 내놓은 사람들이었다. 그뿐만 아니라 이방인 교회들을 세우기 위하여 지원을 아끼지 않은 사람들이었으며, 게다가 자신의 집에 가정교회를 세운 평신도 선교사이기도 했다.

그들은 남들보다 많은 재산을 가진 게 아니었다. 사람들이 알아줄 권력을 잡은 것도 아니었다. 사실 인간적으로 보면 남을 도울 만한 여력이 없었다. 그러나 그들에게는 하나님의 종을 사랑하는 마음이 있었다. 그들은 복음을 위해 헌신할 준비가 되어 있었다. 그들은 아낌없이 내줄 봉사심을 가졌다. 그렇다. 봉사는 가진 것으로 하는 게 아니다. 마음으로 하는 것이다. "돈이 없어서 봉사하지 못한다"라고 말하지 말라. 헌신 된 마음, 사랑에서 나오는 충성심이 없어서 못 하는 것이다.

그들은 이탈리아의 본도라는 곳에서 태어난 유대인이었다. 그 선조부터 오랫동안 이탈리아에 살았다. 비록 유대인이기는 하지만 그들의 고향은 로마였다. 그런데 로마인들로부터 추방을 당하는 서러움을 겪었다(행 18:2). 추방당해 온 신세이니 넉넉하게 살지는 못했을 것이다. 그러나 넉넉하지 못함이 복음 협력자의 길을 가로막지는 못했다. "나는 가진 게 없어서"라는 말은 사실 헌신하지 않을 핑계에 불과한지도 모른다.

그들은 유대인이면서 예수님을 믿었고 바울을 만나면서 주님을 위하여 헌신하는 삶을 살게 되었다. 이들은 천막 만드는 일을 했다. 바울은 이들 부부와 함께 거하면서 동업했다. 경쟁자가 아니라 같은 직업을 갖고 복음을 위해 함께 일하는 동역자로 섬겼다.

한 사람의 인생에 인맥은 소중하다. 인맥에는 지도자, 협력자, 추종자가 있다. 인맥 가운데 가장 필요한 인맥은 지도자, 즉 스승이라고 한다. 훌륭한 스승을 만나는 것은 인생에 있어 절반을 성공한 것이나 다름없다. 그러나 협력자를 만들지 못한 사람은 고립되게 된다. 고립된 인생은 결국 실패자로 전락할 수밖에 없다.

집사는 목회자에게 좋은 협력자가 되어야 한다. 복음을 위해 협력하면 하나님이 사랑하시고 복을 내려주실 것이다. 이것은 기복신앙을 말하려는 게 아니다. 영적인 원리를 말하는 것이다. 목회자의 사역에 협력하니 목회자의 마음이 기쁠 수밖에 없다. 그러니 그 사람을 위해 기도할 수밖에 없다. 목회자에게 마음을 주니 설교를 들어도 은혜로울 수밖에 없다. 설교에 은혜를 받으니 영혼이 살아나기 마련이다. 영혼이 살아나면 하는 일도 효율적으로 잘될 수밖에 없다.

사역하다 보면 일을 시키기가 부담스러운 집사가 있다. 어쩔 수 없이 시키기는 하지만 시키기도 어렵고, 시키고 나면 이런저런 부작용이 일어난다. 그러니 차라리 일을 시키지 않는 편이 낫다는 생각이 든다. 그런데 어떤 일을 시켜도 마음 편한 집사가 있다. 일을 시키면 늘 "예스"다. 때때로 좀 과분한 일이고 부담스러운 일인데도 "목사님이 말씀하시니 순종하겠습니다"라고 하면서 최선을 다한다.

사실 집사로서 사역을 잘하는 것도 중요하다. 일을 능숙하게 잘 처리해주면 목회가 얼마나 효율적인지 모른다. 그런데 일을 능숙하게 잘하는 것보다 더 중요한 것은 바로 협력하려는 자발적인 마음과 태도이다. 교회 일은 자발성이 있어야지 시켜서 억지로 해서는 안 된다. 마지못해서 하다 보면 불편한 마음에서 움직이게 되고, 그러다 보면 불평과 불만을 하면서 사역을 하게 된다. 불평과 불만은 다른 지체들에게도 전염되고 좋지 않은 영향을 끼친다. 결국 교회에는 큰 유익이 없다.

교회에서 집사는 행정과 실무를 담당하는 성도들이다. 이들이 협력하지 않고 어떻게 교회가 든든히 설 수 있겠는가? 어떤 이는 예배의 조력자로 섬길 것이다. 어떤 이는 가르치는 사역으로 섬길 것이다. 또 다른 이는 재정부나 주차장에서 섬길 것이다. 이들이 어떤 영역에서 어떤 사역을 하던 목회자에게는 소중한 동역자이다. 귀천이 있을 수 없다. 서로 존중하는 가운데 알아주고 인정해주면서 자기 역할을 충실히 감당해야 한다.

집사는 목회자의 협력자인 동시에 다른 지체들의 협력자이기도 하다. 집사는 보수도 받지 않는다. 그저 하나님으로부터 받은 은혜가 감사해서 헌신하고 충성한다. 그렇다면 주의 일을 섬기면서 행복해야 하지 않겠는가? 어떻게 행복하게 섬길 수 있는가? 그것은 협력하는 태도를 가질 때 가능하다. 다른 지체들의 필요를 알고 채워주며, 함께 사역하는 지체들을 존중해주고 칭찬해주면 된다. 그러면 그들은 적극적으로 당신의 협력자가 될 것이다.

다른 사람들의 협력을 끌어내고 싶은가? 그렇다면 사람들에게 매력을 주라. 사람들에게 매력을 주려면 보통 세 가지가 필요하다고 한다. 첫째, 보상과 이익을 준다. 둘째, 소속감을 충족시켜준다. 셋째, 자기 존재감을 높여준다. 이런 것을 충족시켜 줄 때 사람들은 그에게서 매력을 느끼게 되고 그 매력에 반해서 협력자로 남게 된다. 이 세상에 독불장군은 없다. 서로 협력할 때 나와 너, 그리고 우리가 모두 행복한 웃음 속에서 봉사할 수 있다.

심판자가 되지 말고 협력자가 되라

예수님은 팔복산에서 많은 무리와 제자들이 모인 가운데 천국 시민이 살아갈 윤리를 선포하셨다. "비판을 받지 아니하려거든 비판하지 말라. 너희가 비판하는 그 비판으로 너희가 비판을 받을 것이요 너희가 헤아리는 그 헤아림으로 너희가 헤아림을 받을 것이니라. 어찌하여 형제의 눈 속에 있는 티는 보고 네 눈 속에 있는 들보는 깨닫지 못하느냐. 보라. 네 눈 속에 들보가 있는데 어찌하여 형제에게 말하기를 나로 네 눈 속에 있는 티를 빼게 하라 하겠느냐. 외식하는 자여 먼저 네 눈 속에서 들보를 빼어라. 그 후에야 밝히 보고 형제의 눈 속에서 티를 빼리라"(마 7:1-5).

비판받지 않을 정도로 완벽한 사람은 없다. 사실 인간은 누구나 비판받을 수 있는 존재이다. 그러나 비판의 손가락이 난무할 때 개인이나 공동체는 존재할 수 없다. 누구나 비판하기는 쉽다. 그러나 비판받지 않을 정도로 완벽한 삶을 살아갈 수 있는 사람은 아무도 없다. 어떤 목사가 흠 없이 살 수 있겠는가? 어떤 집사가 비판받지 않을 정도로 온전한 삶을 살 수 있겠는가? 비판받지 않을 정도로 온전한 삶을 추구하는 것도 중요하지만 비판할 자격이 없는 자신의 불완전함을 보는 것도 중요하다.

비판도 습관이다. 비판하는 사람들을 보면 매사가 부정적이고 비판적이다. 그러한 사람은 좋았던 관계도 깨뜨리고 공동체를 파괴한다. 습관적으로 비판하는 데 익숙한 사람이 기억할 사실이 있다. 우리가 비판하는 손가락이 하나라면 그 비판으로 돌아오는 손가락은 서너 개라는 사실이다. 내가 다른 사람들을 비판하는데 다른 사람들은 나를 비판할 것이 없겠는가? 비판은 정직한 부메랑이다.

사실 비판하는 사람이 남의 눈에 있는 자그마한 티를 발견한다면 자기 안에 있는 커다란 들보를 먼저 발견해야 한다. 자신 안에 있는 들보를 발견하는 사람은 결코 다른 사람 안에 있는 하찮은 티를 비판할 수 없다. 그것은 자신을 속이는 것이고 다른 사람들이 그 비판에 대해서 공감해 줄 리 없기 때문이다. 비판하려면 먼저 자신부터 돌아보아야 한다. 다른 사람에게 비판받을 그 어떤 행동도 없어야 한다. 그러나 그렇게 살 수 있는 사람은 아무도 없다.

공동체는 건설적인 비판도 필요하다. 건설적인 비판을 하려면 먼저 자신부터 돌아보아야 한다. 자신 안에 거리낌을 가지고 있으면서 다른 사람을 비판하는 사람은 역겨울 뿐이다. 더 악한 사람이 다른 사람이 행한 작은 무례함을 규탄할 수 있겠는가? 그것은 모순이다. 다른 사람이나 공동체를 비판하기 전에 자신부터 철저하게 비판해야 한다. 그런데 일반적으로 남의 흠을 잡는 데는 두 눈을 부라리지만 자신의 흠을 볼 때는 아예 두 눈을 감아버리는 경향이 있다. 더구나 건설적인 비판이라고 하지만 사실은 감정적으로 하는 반대를 위한 반대일 가능성이 더 클 수 있음도 잊지 말아야 한다.

때때로 비판의 손가락과 목소리 때문에 목회자의 에너지가 다 소진되고 용기가 꺾이는 경우가 많다. 한 사람의 목사에게 요구하는 성도들의 소리는 너무 많고 크다. 더구나 그들의 요구가 서로 어긋나 목회자가 이렇게 할 수도, 저렇게 할 수도 없게 만드는 경우가 얼마나 잦은지 모른다.

혹시 목회자에게 꼭 건의해야 할 사안이 있다면 아주 조심스럽게 해야 한다. 하나님이 제시하시는 영적인 질서가 있기 때문이다. 만약 무례하게 비판하면 비판받는 자나 비판하는 자 모두가 엄청난 손실을 보게 된다. 건설적인 비판을 하려면 먼저 자기 이권 때문에 가하는 비판이 아닌지 점검해야 한다. 상대방의 자존심을 건드리는 태도가 되지 않아야 한다. 공적인 장소에서 공격적으로 말하지 말아야 한다. 표현하는 말도 잘 선택해야 한다. 표정과 행동이 겸손하고 온유해야 한다. 상대방을 배려하면서 말해야 한다.

건설적인 비판일지라도 자신이 심판자의 자리에 앉을 수 있음을 조심해야 한다. 주변 사람들을 향해 "이게 다 너 때문이야!"라고 불평하는 말을 하나님은 기뻐하지 않으신다. 심판자로 살면 자신도 피곤하다. 어디 그뿐인가? 자신을 자꾸 판단하고 평가하는 사람을 좋아할 사람은 아무도 없다. 결국 그의 주변에는 사람들이 모이지 않게 된다. 심판자의 자리를 버리고 협력자가 될 때 나도 행복한 집사가 될 수 있고 공동체도 행복해진다.

교회는 하나님의 가족이다. 가족은 친밀한 사랑의 공동체를 이뤄야 한다. 그런데 교회 안에서 흔히 다툼과 파당 짓는 것을 본다. 목회자의 처지에서 교인들끼리 싸우는 것만큼 가슴 아픈 일은 없다. 서로 싸우는 에너지를 선한 일을 하는데 쏟아붓는다면 얼마나 목회에 큰 탄력을 받겠는가!

독일의 한 수도원에는 뿔이 서로 얽혀 있는 두 마리 사슴뿔을 전시해 놓고 있다. 이 사슴들은 서로 영역싸움을 하다가 뿔이 서로 얽혀서 결국 둘 다 굶어 죽은 것이다. 수도원에서는 그것을 교훈하기 위해서 이 사슴뿔을 전시하고 있다고 한다.

같은 편끼리 서로 싸우고 다투지 말자. 남편과 아내가 서로 군림하려고 싸우다 보면 둘 다 죽는다. 목사와 장로가 서로 군림하려고 싸우다 보면 둘 다 교인들에게 외면당한다. 집사들끼리 서로 잘났다고 싸우면 서로 파멸에 이르게 된다. 우리는 서로 협력해야 할 동역자이다.

좋은 협력자는 어떤 사람인가? 우리가 모두 연약한 존재임을 인정하고 상대방을 긍휼히 여기는 마음을 갖는 사람이다. 예수님의 마음으로 남을 나보다 낮게 여기는 사람이다. 교만한 사람은 남을 나보다 낮게 여긴다. 겸손함으로 자신을 낮추고 오히려 상대방을 높여야 한다. 상대방의 약점을 감추고 덮어주고 상대방의 장점을 세워주는 사람이다. 어떤 상황 속에서도 불평하거나 불만을 토로하지 않는 사람이다. 악조건 속에서도 늘 인내하고 상대방이 일어날 수 있도록 기회를 주는 사람이다. 상대방이 가진 부족이 자신의 부족임을 깨닫고 힘을 보태주려고 애쓰는 사람이다. 혹독하게 비난하기보다는 힘을 얻을 수 있도록 위로와 격려를 많이 해주는 사람이다.

목회자는 외롭다. 마음에 있는 아픔을 누구에게도 털어놓을 수 없다. 가까운 사이라고 가슴 속에 있는 아픈 마음을 털어놓았다가 오히려 배신당하는 경우가 비일비재하다. 그래서 오늘의 적이 내일의 친구가 되고, 오늘의 친구가 내일의 적이 될 수 있다는 생각을 버릴 수 없다. 그러다 보니 마음에 있는 깊은 속사정을 아무에게도 털어놓지 못한다. 이런 목회자의 아픔을 알아주어야 한다.

좋은 목회 협력자가 되고 싶은가? 그렇다면 목회자를 향해 뜨거운 응원의 손뼉을 쳐주라. 목회자는 수없이 많은 비난의 화살 속에서 살아간다. 그렇기에 응원의 박수가 너무나 필요하다. 목회자도 때때로 낙심될 때가 있다. 그때 응원의 문자 한 통이 얼마나 힘이 되는지 아는가?

어떤 건물에 불이 났다. 소방관이 불을 끄려고 했지만 불길이 너무세서 도저히 감당할 수가 없었다. 소방관은 포기할 수밖에 없었다. 그래서 내려오려고 하는 순간, 밑에서 사람들이 고함을 질렀다.

"우리 소방관을 위해 손뼉을 쳐줍시다."

그들은 이내 힘껏 소방관을 향해 손뼉을 쳐주었다. 포기하고 내려오려고 하던 소방관은 주춤했다. 그리고 용기를 내 건물 안으로 들어가서공포에 질린 소녀를 무사히 구출해냈다. 소방관은 일약 영웅이 되었다.밑에서 지켜보던 시민들의 박수가 포기하려던 소방관을 영웅으로 만든것이다.

한 사람을 나무 꼭대기에 세워서 흔들어보라. 그는 아무것도 할 수없다. 두려움과 공포 속에서 결국 포기하고 내려올 수밖에 없다. 나무꼭대기에 올라간 사람이 힘을 낼 수 있도록 응원의 함성을 지르라. 우레와 같은 박수를 보내라. 그는 영웅으로 탄생할 것이다. 겁쟁이를 만들 것인가, 영웅으로 만들 것인가는 당신의 응원의 함성과 박수에 달렸다.

사랑하는 사람, 존경하는 사람들끼리 서로 선물을 주고받는다. 선물은 애정의 표현이자 감사와 존경의 표현이다. 바울은 갈라디아 교인들에게 당부한다. "가르침을 받는 자는 말씀을 가르치는 자와 모든 좋은것을 함께하라"(갈 6:6). 목회자는 신령한 것을 공급하는 자이다. 그렇다면 집사는 좋은 것으로 목회자와 함께 나누어야 한다. 선물의 종류나돈의 액수보다 더 중요한 것은 그 선물을 전달해주는 사랑의 마음이다.

어느 날, 집사님 한 분이 목양실 문을 두들겼다. 목양실 문을 열면서 생글생글 웃는 얼굴을 빠끔히 내밀었다. "목사님, 책상에 앉아만 있지 말고 가끔 스트레칭도 하세요"라고 하면서 자그마한 줄넘기 같은 것을 건네주었다. 스트레칭을 할 수 있는 운동도구였다. 값비싼 선물은 아니지만 그 마음이 얼마나 예쁘고 아름다운지. 그래서 나는 행복한 웃음을 보내주었다. 아름다운 인생을 살기 원하는가? 악한 일에 협력자가 되지 말고 선한 일에 협력자가 되라.

집사여, 이렇게 목회에 협력하라

요한은 예수님을 따르지 않는 어떤 자가 주의 이름으로 귀신을 내쫓는 것을 허용할 수가 없었다. 그래서 "우리를 따르지 아니하므로 금하였나이다"(막 9:38)라고 예수님께 보고했다. 그러자 예수님은 자신의 이름으로 귀신을 내쫓는 것을 금하지 말라고 말씀하셨다. 왜냐하면 예수님을 의탁하여 귀신을 쫓아내는 자라면 그는 예수님을 비방하지 않을 것이며, 언젠가 예수님을 따르는 제자가 될 것이기 때문이다. 그래서 예수님은 "우리를 반대하지 않는 자는 우리를 위하는 자니라"(막 9:40)고 말씀하신다.

주님이 하시는 일을 반대하는 인생은 불행하다. 가시채를 발길질하는 것과 같고 바위에 머리를 박는 것과 같다. 주님의 일을 반대하지 않는 정도의 일꾼도 있다. 그러나 주님이 원하시는 것은 주님의 일을 적극적으로 협력하는 일꾼이다.

목회 협력자는 목사의 비전을 적극적으로 도와야 한다. 매사에 목사 편이 되는 집사가 있는가 하면 매사에 반대편에 서는 집사도 있다. 목사 편에서 주의 일을 하는 집사가 있는가 하면 장로 편에서 하나님의 일을 하는 집사도 있다. 하나님은 그리스도의 몸인 교회를 위해 목회자를 세우고 하나님의 비전을 이루어가신다. 집사는 그 일에 하나가 되어야 한다. 목회자가 진리를 벗어나지 않는다면 목회자가 하는 일에 적극적으로 협조해야 한다. 자기 이권이나 감정 때문에 의도적으로 목사가 하는 일을 반대하지 말아야 한다. 어떤 일을 추진하려고 할 때 자기주장에 충실하지 말고 목회자의 비전에 협력해야 한다.

사공이 많으면 배가 산으로 가는 법! 어떻게 목회자가 교인들의 입맛을 다 맞출 수 있겠는가? 죄와 악이 아니라면 목사의 편이 되어 주의 일을 해야 한다. 왜냐하면 하나님이 목사를 세워서 교회를 이끌어가시기 때문이다. 어떤 집사는 의도적으로 목회자의 비전에 문제를 제기한다. 목회자를 통해 하나님이 일하시는데 자꾸 방해자가 되면 하나님이 축복하실 리가 없다. 집사가 목회자를 반대하는 것은 심각하다. 장로와 권사도 되지 않았는데 목회를 반대하는 사람은 나중에 감당하기 힘든 직분자가 될 것이기 때문에.

교회에서 목사를 헐뜯는 말을 흔히 들을 수 있다. 그때 목회 협력자는 흔들리지 않는다. 근거 없는 소문에 이렇게 저렇게 흔들리는 자는 목회 협력자가 될 수 없다. 나쁜 소문을 듣더라도 목사의 편에서 대변한다. 그런데 어떤 집사는 뜬소문에 귀를 기울여 목회자가 하려는 일에 문제를 제기한다. 이런 집사는 하나님이 세운 목회자를 대적하는 것이 아니라 하나님을 대적하는 일임을 명심해야 한다.

목회 협력자는 독선을 내려놓아야 한다. 매사에 자기주장이 강한 집사가 있다. 제직회만 하면 손을 번쩍 들고 "의장!"이라고 부르면서 일어나 이런저런 문제를 제기한다. 같은 값이면 하나님이 세운 목회자나 교인들에게 예쁜 집사가 되어야 한다. 자기 고집을 피우는 집사는 결코 예쁜 집사라 할 수 없다.

목회 협력자는 유능한 사역자여야 한다. 목사가 신뢰하고 어떤 일을 마음껏 맡길 수 있는 집사가 되어야 한다. 어떤 일을 맡기려는데 불안하다면 어떻게 되겠는가? 주의 일을 맡은 자는 유능한 일꾼이어야 한다. 물론 유능하게 일하되 목회철학과 비전에 맞추어서 일해야 한다. 유능한 일꾼은 자신에게 주어진 업무를 잘 파악해야 하고 기도하면서 계획하고 믿음으로 실행해야 한다. 어떤 일이나 행사를 하고 난 후에는 평가하고 다음에 참고할 수 있는 자료를 문서로 남겨야 한다. 유능한 사역자는 목사가 목회에 전념할 수 있도록 솔선수범해서 일한다. 목회자가 잡다한 일이나 행정에 신경을 쓰면 기도하고 설교하는 일에 전념할 수 없기 때문이다.

좋은 목회 협력자는 목회 중심적인 태도를 보인다. 엉뚱한 방향으로 열심을 내면 오히려 목회에 해가 된다. 릭 워렌 목사는 「목적이 이끄는 삶」에서 이렇게 말한다. "초점을 맞추는 것의 힘은 빛을 통해서 알 수 있다. 넓게 흩어진 빛은 힘이나 영향력이 거의 없다. 하지만 빛의 초점을 맞추면 에너지를 모을 수 있다. 돋보기를 통해서 태양빛을 모아 잔디나 종이를 태울 수 있다. 레이저 광선처럼 빛이 더 강하게 한 초점으로 모아지면 강철도 뚫을 수 있다." 빛이 한군데로 모여야 강력한 힘을 발휘하는 것처럼 목회도 마찬가지다. 모든 교인이 목회에 집중할 때 부흥을 이룰 수 있다. 목회자가 사역하는 데 빛을 분산시키면 결코 부흥을 이룰 수가 없다.

목회자에게 설교를 준비하는 것만큼 중요한 일은 없다. 그런데 어떤 집사는 가정의 심방이나 행사를 위해 토요일까지 목사의 시간을 빼앗는다. 그것은 너무나 이기적인 행동이다. 목사는 전교인을 위해 토요일이면 설교에 집중한다. 그런데 한 사람 때문에 수십 명, 혹은 수백 명을 위해 투자해야 할 시간을 빼앗긴다면 결코 바람직하지 않다. 토요일은 목사가 기도와 설교에 집중할 수 있도록 배려해야 교인들이 더 살찐 꼴을 먹을 수 있다.

거룩한 집사는 결정적일 때 목회자에게 도움을 준다. 목회하다 보면 특별히 어렵고 곤란한 상황이 있다. 그때 목회자에게 힘이 되어야 한다. 미국의 작가 멜빌이 지은 해양 소설 「모비딕」에 이런 이야기가 나온다.

사람들은 포경선을 타고 고래를 쫓고 있었다. 선원들은 세찬 바다를 이기기 위해 안간힘을 다해 노를 힘껏 저었다. 그런데 아무 일도 하지 않는 한 사람이 있었다. 그는 마냥 갑판에 앉아서 미동도 하지 않았다. 그는 바로 작살잡이였다. 그는 마냥 노는 것처럼 생각된다. 그러나 고래가 나타나면 결정적인 순간에 작살을 내리꽂는다. 작살잡이는 아무 쓸모 없이 놀기만 하는 비생산적인 사람으로 생각이 든다. 그러나 그는 결정적일 때 아주 중요한 일을 하는 사람이다.

목회자에게도 바로 이런 사람이 필요하다. 평소에는 그렇게 두드러지지 않지만 어떤 위기의 순간이 되면, 또 어떤 큰일을 앞두고 꼭 필요한 일을 하는 사람 말이다.

목회하다 보면 가끔 선물을 주면서 "목사님, 사모님 선물이에요. 목사님 선물은 준비 못 했어요"라고 말하는 교인이 있다. 목사의 기분이 어떨까?

나는 웃으며 말한다.

"집사님, 내가 선물을 받는 것보다 기분이 더 좋아요. 감사해요."

정말 그렇다. 목사는 대접받고 선물을 받을 기회가 많다. 그러나 사모는 그렇지 못하다. "목사는 만인의 애인"이라고 한다. 그런 남편을 교인들에게 빼앗긴 사모는 외로운 법이다. 그런 사모를 생각해주는 교인이 참 감사하다.

노회 여전도회연합 회장이 함께 사역하는 우리 교회 여집사님에게 한 말이 잊히지 않는다.

"집사님, 사모님에게 잘 해드려. 사모님을 기쁘게 하면 목사님이 행복해져. 목사님이 행복하면 우리 영혼이 살찌게 되지 않겠어?"

좋은 목회 협력자는 무슨 일에든지 목회자의 이름을 빛내고 자랑한다. 어떤 교인은 이웃 사람들에게 김치를 담가주고 선물을 주면서 꼭 이렇게 말한다.

"우리 교회 목사님이 선물을 갖다 드리라고 해서 가지고 왔어요."

불신자들은 "교회가 도와주는 거예요"라고 하면 감동하지 않는다. 그런데 "목사님이 갖다 드리라고 했어요"라고 하면 감동한다. 이웃 사람들에게 목사의 이미지를 좋게 만들어야 한다.

우리 교회에는 노회에서 임원으로 섬기는 집사님이 있다. 노회에 가면 목사인 내 자랑을 하느라 정신없다. 여전도회 임원들을 만나면 이런 인사를 자주 듣는다.

"목사님 말씀 많이 들었어요. 성천교회는 행복하겠어요."

그분들은 내 설교를 들어본 적이 없다. 더구나 내가 어떻게 사역하는지도 모른다. 나에 대해서 아무것도 모르면서 그저 우리 교회 집사님이 하는 목사 자랑과 칭찬을 듣고 그렇게 알 뿐이다.

그런데 어떤 집사가 노회에 가서 담임목사를 마구 헐뜯는다고 해보자. 노회의 다른 목사나 장로들은 그 담임목사에 대해서 잘 모른다. 그런데 그 집사가 하는 비난과 험담을 듣고 '나쁜 목사'로 낙인을 찍고 만다. 누워서 침 뱉기가 아닌가? 이런 교인을 둔 목사가 행복하고 신날 리가 없다. 주변 사람들에게 목사의 좋은 점을 자랑하고 소문내야 한다. 하나님도 그걸 기뻐하실 것이다.

05
핵심 역량

>>> PART_2

덕스러운 언어로
공동체를 세우라

말하기는 쉽다. 아무 말이나 이렇게 저렇게 할 수 있다. 말하는 것은 자유이다. 그러나 말은 무서운 것이다. 말 한마디로 한 사람을 살릴 수도 있고 죽일 수도 있다. 말 한마디로 천 냥 빚을 갚는다고 하지 않았던가!

목양실 액자에 이런 글귀가 있다.

부주의한 말 한마디가 싸움의 불씨가 되고
잔인한 말 한마디가 삶을 파괴합니다.
쓰디쓴 말 한마디가 증오의 씨를 뿌리고
무례한 말 한마디가 사랑의 불을 끕니다.
은혜스러운 말 한마디가 길을 평탄하게 하고

즐거운 말 한마디가 하루를 빛나게 합니다.
때에 맞는 말 한마디가 긴장을 풀어주고
사랑의 말 한마디가 병을 낫게 하고 축복을 줍니다.

심리학자 J. 레이는 "말은 마음의 초상이다"라고 말한다. 한 사람이 말하는 것을 보면 그 사람의 마음을 엿볼 수 있다. 마음에 있는 것이 말로 나타나기 때문이다. 말은 그 사람의 인격이며 영성을 대변해준다. 집사의 말 한마디가 목회자나 다른 교인들의 가슴에 응어리져 있는 아픔과 상처를 한꺼번에 씻어 내릴 수도 있다. 집사가 던지는 한마디 격려의 말에 목회자는 날개를 달게 된다.

말이 왜 이렇게 중요한가? 인간은 말의 열매를 먹는다. 어떤 말을 하느냐에 따라 인생이 달라진다. 어리석은 말은 손해 보는 삶을 가져온다. 지혜로운 말은 덕을 보는 인생을 낳는다. 그래서 솔로몬은 언어생활에 대해서 이렇게 충고한다. "사람은 입에서 나오는 열매로 말미암아 배부르게 되나니 곧 그의 입술에서 나는 것으로 말미암아 만족하게 되느니라. 죽고 사는 것이 혀의 힘에 달렸나니 혀를 쓰기 좋아하는 자는 혀의 열매를 먹으리라"(잠 18:20-21). 거미는 뒤에서 나오는 거미줄로 집을 짓고 산다. 하지만 사람은 입에서 나오는 말로 집을 짓고 산다. 지금 우리는 내가 살 집을 짓고 있다. 입에서 나오는 말로.

그뿐만 아니라 예수님은 말의 심각성에 대해서 이렇게 말씀하셨다. "사람이 무슨 무익한 말을 하든지 심판 날에 이에 대하여 심문을 받으리니 네 말로 의롭다 함을 받고 네 말로 정죄함을 받으리라"(마 12:36-37). 말은 한 번 내뱉으면 사라지지 않는다. 우리가 하는 그 말은 하나님의 심판대까지 유효하다. 하나님의 심판대 앞에서 정죄받지 않으려면 입단속을 잘해야 한다.

꿈에서라도 부정적인 말을 하지 말라

지혜의 왕 솔로몬은 "선한 말은 꿀송이 같아서 마음에 달고 뼈에 양약이 되느니라"(잠 16:24)고 말한다. 마음을 달콤하게 하고 온몸에 생명력을 불어넣을 수 있는 말이 있다. 우리가 하는 말 한마디 때문에 누군가 울 수도 있고 웃을 수도 있다. 기분 좋게 하는 말이 있고 기분 나쁘게 만드는 말이 있다. 말 한마디가 사람을 죽일 수도 있고 살릴 수도 있다. 공동체에 덕이 되는 말이 있는가 하면 해를 주는 말도 있다. 같은 말이어도 예쁘고 덕스럽게 하는 사람이 있는가 하면 표독스럽고 아프게 하는 사람도 있다.

미국의 언론인 나이트는 "불평과 잔소리의 한마디 한마디는 당신 집 안에 무덤을 한 삽씩 한 삽씩 파고들어 가는 것이다"라고 말한다. 우리가 쏟아놓는 부정적이고 비판적인 말은 남을 해치기 전에 자신을 망친다. 자신도 모르는 사이에 마음과 영혼이 병들게 되고 관계가 파괴된다. 내게 찾아온 축복도 도망치고 만다. 그뿐만 아니라 부정적인 말은 다른 사람과 공동체에 큰 해악을 가져다준다. 미꾸라지 한 마리가 온 웅덩이를 흐려놓듯이 부정적인 말을 하는 한두 사람이 공동체를 어지럽게 만든다.

가나안 땅을 정탐한 열 사람은 부정적인 말을 함으로써 이스라엘 백성들에게 악영향을 끼쳤다. 그래서 백성들은 밤이 새도록 원망하고 불평을 쏟아놓았다. 사실 그들은 공동체를 위해서 한다고 한 말이다. 하지만 공동체를 해치는 말이 되고 말았다. 우리가 하는 부정적인 말은 될 일도 안 되게 하고 좋았던 관계도 파괴하고 만다. 그래서 믿음의 사람은 부정적이고 비판적인 말을 칭찬하고 자랑하고 격려하는 긍정적인 말로 바꾸는 지혜를 발휘해야 한다.

습관적으로 부정적인 생각이나 말에 익숙한 집사들이 있다. 부정적인 말은 불행을 낳는다. 그렇기에 불행한 인생을 원치 않는 자는 부정적인 말을 삼가야 한다. 부정적인 말보다는 격려하고 칭찬해야 한다. 리더십 전문가이자 성공학 대가인 존 맥스웰은 "격려는 영혼의 산소"라고 말한다. 그만큼 격려는 우리에게 꼭 필요하다. 사람들은 격려를 받는 만큼 더 강해진다. 「달과 6펜스」를 쓴 서머셋 모옴은 "사람들은 당신에게 비판해달라고 하는데 사실상 그들이 원하는 것은 칭찬이다"라고 말했다. 막상 충고나 비판을 해달라고 부탁하면서도 정작 비판이나 충고를 듣는 것이 그리 쉬운 일이 아니다. 사실 부정적인 비판의 화살 앞에 휘청거리지 않을 정도로 강한 사람은 없다. 한두 번은 거뜬히 버틸지 모른다. 그러나 머지않아 주저앉고 말 것이다.

가능하면 목회자나 함께 일하는 동역자들에게 긍정적인 생각이나 희망을 불어넣어주는 말을 해야 한다. 주변 사람들을 세워주고 그들의 인생을 바꿀 정도로 큰 영향을 끼치는 일은 예상외로 쉽다. 그들이 해낼 가능성을 보면서 칭찬해주면 된다. 칭찬과 격려는 인생의 씨앗이다. 칭찬과 격려를 먹고 자란 사람은 언젠가 아름다운 열매를 맺는다. 주변 사람들의 어깨를 축 늘어지게 만들려면 부정적인 말을 쏟아놓으라. 그러나 처진 어깨를 세워주고 싶으면 격려하고 칭찬하라.

말은 씨가 된다. 말은 생명력이 있다. 그래서 말은 꽃보다 아름다울 수 있다. 축복의 말, 감사의 말, 기쁨과 사랑의 말을 하게 되면 감사와 기쁨과 사랑이 넘쳐난다. 다른 사람들이 하는 말을 긍정적으로 들으라. 인생이 아름답게 엮어진다. 매사에 낙관적으로 말하는 사람은 아름답고 건강한 인간관계를 맺을 수 있다. 우리는 생산적이고 창의적인 언어로 말하는 사람들을 만나면 마음이 편안해지고 안정된다. 칭찬과 격려, 사랑의 말은 사람을 행복하게 만든다. 사랑의 언어, 축복의 언어, 개방적인 언어, 생명의 언어를 많이 쓸 때 아름다운 교회가 된다.

그러나 부정적이고 비판적인 말을 들으면 기분이 상하고 기운이 빠지고 우울해진다. 하고 싶은 의욕도 상실하게 만든다. 어떤 프로젝트를 내놓았는데 주변에서 자꾸 부정적인 말로 하고 싶은 의욕을 빼앗아보라. 나중에는 어떤 시도조차 하지 않을 것이다. 그렇기에 목회자가 제시하는 프로젝트에 트집을 잡고 반대하는 부정적인 말을 조심해야 한다. 목회자의 기운과 용기를 다 빠지게 만든다. 주변 사람들이 의욕을 갖고 무엇인가 하려 할 때 웬만하면 격려하고 낙관적으로 말해주라. 그리고 우려되는 부분이 있으면 그 부분을 협력하고 도와주라. 하나님이나 사람들 역시 그런 사람을 좋아한다.

사람들이 보지 않는다고 나쁜 말을 함부로 내뱉어서는 안 된다. 사람들이 보지 못해도 하나님은 다 보고 알고 계신다. 집사는 혹여 꿈에서라도 좋지 않은 말, 덕이 되지 않는 말, 악의가 담긴 부정적인 말을 하지 말아야 한다. 그 말은 불과 같아서 자신과 다른 사람뿐만 아니라 공동체 전체를 태우고 말 것이다. 작은 말의 불씨도 조심해야 한다.

이탈리아의 사회학자 프란체스코 알베로니가 쓴 「실패한 사람들은 말의 8할이 부정이다」라는 책이 있다. 이 책은 제목만 보아도 무슨 내용인지 짐작하고 남을 것이다. 실패하고 싶은가? 매사를 부정적인 눈으로 보라. 그리고 어떻게 해서든지 트집을 잡아 부정적인 말만 골라서 해보라. 성공적인 인생을 살고 싶은가? 그렇다면 "못 한다" "안 된다"라고 말하는 사람들을 주의하라. 일을 추진하다 보면 당신이 하는 일에 대해서 항상 부정적인 말을 늘어놓는 사람들을 만나게 된다. 하지만 그것에 에너지를 낭비하지 않고 오직 당신이 하고자 하는 일에 집중하라. 그래야 성공이라는 수확물을 거둘 수 있게 된다.

거룩한 집사가 되고 싶은가? 미네소타대학 리캔 교수의 연구에 의하면 행복은 50%가 후천적이다. 행복은 우리의 경험으로 얼마든지 바뀔 수 있다. 재산, 가족, 일 등이 10%의 영향을 주고, 나머지 40%는 습관적인 생각이나 기분, 쓰는 말, 행동 등에 의해 결정된다. 무심코 내뱉는 부정적인 말이 나도 몰래 불행으로 몰고 간다. 심리학자 이시형 박사는 "늘어진 어깨, 힘없는 걸음, 부정적인 생각, 쓸데없는 걱정 등 무심코 하는 이런 것들이 모여 행복 세트를 설정한다. 그리고 그게 우리 운명을 좌우한다"라고 강조한다.

내가 무심코 내뱉는 말이 자신의 행복과 불행, 심지어 자신의 운명을 결정한다. 더 중요한 것은 내가 하는 부정적인 말은 많은 사람에게 부정적인 영향을 미치게 된다는 사실이다. 내가 하는 말에 의해서 될 일도 안 되고, 안 될 일도 될 수가 있다. 부정적인 말은 사람들의 단합을 깨뜨린다. 부정적인 말에 집중하다 보면 일을 성취하기 위해 쏟아야 할 에너지를 낭비하게 된다. 거룩한 집사는 부정적인 말을 하지 않는다.

인간은 본래 긍정적인 말보다 부정적인 말에 더 친근하고 익숙하다. 부패한 인간의 마음에서 나오는 말은 파괴적이고 악한 말이다. 그래서 말은 항상 통제되어야 한다. 아름답고 은혜로운 말을 하려는가? 그렇다면 성령께서 거친 마음을 통제하도록 해야 한다. "입에서 나오는 것들은 마음에서 나오나니 이것이야말로 사람을 더럽게 하느니라. 마음에서 나오는 것은 악한 생각과 살인과 간음과 음란과 도둑질과 거짓 증언과 비방이니"(마 15:18-19). 말은 마음에서 나온다. 어떤 마음 밭이냐에 따라 그 사람이 하는 말이 달라진다. 그러므로 성령님에 따라 마음이 통제되어야 한다.

이와 관련해서 예수님은 바리새인들을 혹독하게 책망하셨다. "독사의 자식들아 너희는 악하니 어떻게 선한 말을 할 수 있느냐. 이는 마음에 가득한 것을 입으로 말함이라. 선한 사람은 그 쌓은 선에서 선한 것을 내고 악한 사람은 그 쌓은 악에서 악한 것을 내느니라"(마 12:34-35).

변화된 마음, 치유되고 회복된 마음, 은혜가 가득한 마음에서는 좋은 말, 긍정적인 말이 나오기 마련이다. 악한 마음 밭을 가진 집사는 허무는 말, 거치는 말, 비판적인 말을 잘한다. 불평과 원망, 이간질과 모함, 악한 소문을 퍼뜨리는 집사는 그 마음 밭이 더럽기 때문이다. 그러나 아름다운 마음 밭을 가진 집사는 격려하고 위로하며 감사하고 칭찬하는 말을 한다. 그래서 우리의 마음을 은혜로 채워야 하고 하나님의 말씀으로 가득하게 해야 한다.

집사는 함부로 말하지 말아야 한다. 꿈에서라도 부정적인 말은 하지 말아야 한다. 그러기 위해서는 말할 때 좀 더 신중해야 한다. 같은 말을 하더라도 좋은 말만 골라서 해야 한다. "명철한 사람의 입의 말은 깊은 물과 같고 지혜의 샘은 솟구쳐 흐르는 내와 같으니라"(잠 18:4). 지혜로운 사람의 입에서 나오는 말은 뭔가 다르다. 참신하고 심오한 말들이 쏟아져 나온다. '깊은 물'이나 '흐르는 내'는 지혜로운 자의 말이 나오는 근원을 말한다. 지혜로운 자는 신중하여서 말하기 전에 먼저 생각하고 필요한 적절한 말만 하게 된다.

함부로 뒤끝 없다고 장담하지 말라

바울은 에베소 교인들에게 더러운 말을 하지 말고 덕을 세우는 말이나 선한 말을 하라고 교훈한다. "더러운 말은 너희 입 밖에도 내지 말고 오직 덕을 세우는 데 소용되는 대로 선한 말을 하여 듣는 자들에게 은혜를 끼치게 하라"(엡 4:29). 교회에서 입에 담지 말아야 할 말을 버젓이 하고 다니는 집사들이 있다. 치명적인 해를 줄 수 있는 말도 서슴지 않는 집사는 직분을 맡을 자격이 없다.

집사는 자신이 하는 말이 공동체나 다른 지체들에 어떤 영향을 미칠 것인가를 먼저 생각해야 한다. 어리석은 집사는 입술을 자기 멋대로 연다. 아무 생각 없이 무책임한 말을 함부로 내뱉는다면 어떤 결과를 초래하겠는가? 남을 비방하고 중상모략하고 험담을 쏟아냄으로써 공동체를 뒤흔들어 놓는다. 거룩한 집사는 모함하는 말을 하지 않는다. 모함하는 사람은 어떤 목적을 가지고 의도적으로 나쁜 말을 퍼뜨린다. 그 사람에 대한 악감정이 쌓여 있어서 그를 해하기 위해 말을 만들어내는 것이다.

어느 교회에서 한 집사가 담임목사를 찾아가서 말했다.

"목사님, 아무개 장로가 담배를 피우는데 목사님께서 알고 계십니까?"

담임목사는 "금시초문인데요"라고 대답했다.

그러자 집사가 말했다.

"목사님, 장로가 교인들 보는 데서 담배를 피우면 교회에 덕이 못되지요. 그러므로 다음 주일에는 이 문제를 다뤄주세요."

왜 이런 말을 하는 것일까? '내게 이런 말을 하는 것은 그 장로에게 이 말을 하라'는 것인지, 아니면 '이 문제를 어떻게 처리하나 보자'라는 속셈이 깔린 것인지?

그래서 담임목사는 그 집사에게 말했다.

"알겠습니다. 다음 주일에 정식으로 당회를 소집하여 이 문제를 다루겠습니다. 단, 부탁이 있습니다. 그때 집사님이 참석해서 증인이 되어주셔야 합니다."

그러자 집사는 정색하면서 말했다.

"목사님, 제가 본 것은 아닙니다. 어느 집사가 내게 말해줘서 들은 것입니다."

그는 계속해서 말했다.

"목사님, 이 일은 없었던 것으로 하겠습니다."

돌아간 집사는 그때부터 교회에 나오지 않았다. 집사는 남을 모함하는 말을 함부로 하지 말아야 한다.

지혜자 솔로몬은 "유순한 대답은 분노를 쉬게 하여도 과격한 말은 노를 격동하느니라"(잠 15:1)고 말한다. 상대방이 감정 상해서 언성이 높아질 때 어떻게 대응하는가? 성숙하지 못한 사람은 맞대응해서 목소리를 높인다. 그러나 지혜자는 과격하게 반응하지 않고 유순하게 대응한다. 그래야 싸움이 그치기 때문이다. 말은 기분 내키는 대로 함부로 해서는 안 된다. 감정의 흐름이 입의 흐름을 결정하지 않도록 주의해야 한다.

어느 가정에서 논쟁이 붙었다. 이제는 성인이 된 아들이 아버지에게 말했다.

"사실 아버지 때문에 스트레스 많이 받았어요. 아버지는 화내고 큰 소리치시면 그것으로 끝나 버릴지 모르지만, 그것을 받아들여야 하는 가족들은 엄청난 스트레스 때문에 며칠을 헤매야 하는지 모르시죠?"

아들이 하는 말에 아버지는 큰 충격을 받았다. 아버지는 눈에 거슬리는 것은 곧이곧대로 말해야 직성이 풀리는 사람이었다. 그렇다고 꽁하고 오래가지는 않았다. 쏟아 내놓고 나면 언제 그랬냐는 듯이 금방 풀려서 좋은 아버지로 변신하곤 했다. 자신은 항상 '뒤끝 없는 사람'이라고 자랑스럽게 말하곤 했다.

그런데 "웃느라 한 말에 초상난다"라는 속담이 있지 않은가? 비록 웃자고 하는 말이라도 그 말에 엄청난 상처를 받고 죽을 고통을 치를 수도 있다. 어린아이가 무심코 던진 돌에 개구리가 맞아 죽을 수도 있음을 잊어서는 안 된다.

"함부로 말하는 사람의 말은 비수 같아도 지혜로운 사람의 말은 아픈 곳을 낫게 하는 약이다"라는 말이 있다. 기분 나쁘다고 아무렇게나 말해서는 안 된다. 화난다고 즉흥적으로 반응해서도 안 된다. 언어폭력은 누구에게도 유익하지 않다. 육체적 폭력도 나쁜 일이지만 언어폭력은 '칼 없는 살인'과 마찬가지다.

뒤끝이 없다는 말은 너무 이기적인 태도이다. 본인은 아무렇지 않을지 모른다. 오히려 자신은 스트레스를 해소하고 마음고생을 줄일 수 있을지 모른다. 그러나 그 말을 들은 상대방은 이미 죽고 말았다. 아니면 수십 년 동안 상처를 안고 살아야 한다. 나만 뒤끝 없으면 된다는 생각처럼 이기적인 것은 없다. 내가 뒤끝이 없기에 상대방도 당연히 뒤끝이 없을 것으로 여긴다면 그 역시 대단한 언어폭력이다. 뒤끝 때문에 축적된 가슴의 진한 앙금은 성인이 되어서도 쉽게 낫지 않는다.

거룩한 집사는 상대방의 마음에 상처를 주지 않으면서도 하고자 하는 말을 다 전할 수 있는 기술을 훈련해야 한다. 가정에서의 언어폭력, 직장에서의 갑질 언어가 얼마나 끔찍한 해를 가져오는가? 가끔 직장에서 아랫사람이나 동료들에게 뒤끝이 없다는 핑계로 자기가 하고 싶은 말을 마구 퍼붓는 사람이 있다. 그 사람으로부터 스트레스를 받은 사람은 또 다른 사람에게 뒤끝 없는 말을 쏟아부어서 가슴에 응어리를 만들지도 모른다. 이른바 뒤끝의 악순환이 반복되는 것이다. 뒤끝 없는 말일지라도 거칠고 모진 말로 남을 해친다면 그 입을 단속해야 한다.

집사는 모름지기 입술 관리를 잘해야 한다. "입술의 30초가 가슴의 30년이 된다"라는 말을 가슴 깊이 새기자. 말은 그만큼 무섭고 위력이 있기 때문이다. 나쁜 말은 입 밖에 내지도 말고 덕을 세우는 데 필요한 말이 있으면 적절한 때에 듣는 사람에게 은혜를 끼치게 하자. 그것이 행복을 만드는 첩경이다.

교회 공동체를 힘들게 하는 집사가 있다. 이리저리 돌아다니면서 다른 사람을 비방하고 중상모략을 하는 사람이다. "두루 다니며 한담하는 자는 남의 비밀을 누설하나 마음이 신실한 자는 그런 것을 숨기느니라"(잠 11:13). 한가한 사람은 차라리 기도하고 하나님의 말씀을 묵상하는 게 유익하다. 시간이 남으니까 교인들을 찾아다니면서 말거리를 만드는 집사가 많다. 다른 사람의 비밀을 누설하고 험담하며 중상모략까지 일삼는다. 습관적으로 남을 흉보고 헐뜯는 집사는 스스로 절벽에서 뛰어내림과 같다.

어느 교회 목사님은 속상해서 성토한다.

어느 집사가 목회자에게 상처를 받았다. 불만을 가진 집사는 전도회실을 돌아다니면서 목회자의 험담을 늘어놓았다. 식당에서 밥을 먹으면서도 주변 성도들을 개의치 않고 목회자를 헐뜯었다. 교역자에게도 험담을 늘어놓으면서 이간질했다. 심지어 전도회에서 기도원을 가는 버스 안에서도 공개적으로 목회자를 비난했다. 그 집사가 하는 험담에 동의하는 사람은 거의 없었지만, 그래도 경건해야 할 버스 분위기가 그 집사의 말에 휩쓸리고 말았다. 상처받은 한 사람이 자신의 감정을 통제하지 못함으로써 너무나 많은 성도를 전염시켰고 목회에 막대한 지장을 주었다.

교인들이나 공동체에 해를 끼치는 말을 하는 집사가 있을 때 어떻게 해야 하는가? 다른 사람을 비난하고 험담하는 말을 들을 때 대부분 '저 집사가 도대체 왜 저러지?'라는 생각을 한다. 그런데 말리는 사람은 거의 없다. 그러면 그 사람은 거기에 있는 사람들이 자기 말에 동의하는 것으로 착각하고 자랑스럽게 그러한 행동을 계속한다. 하지 말아야 할 말을 들었을 때 "그만!"이라고 말할 수 있는 용기를 가져야 한다. 그래야 더는 전염되지 않는다.

물론 다른 사람에게 상처받을 수도 있다. 그렇다고 아무렇게 말해서는 안 된다. 해야 할 말이 있고 어떤 일이 있어도 해서는 안 되는 말이 있다. 집사에게는 상처를 다스리는 성숙함이 필요하다. 상처받아서 함부로 다른 사람을 욕하고 비난하는 사람이 기억해야 할 브라질 격언이 있다. "우리는 남의 실수는 검사의 관점에서, 자신의 실수는 변호사의 처지에서 판단한다." 자신이 저지르는 실수에 대해서는 왜 그렇게 너그러운가? 그렇다면 다른 사람의 실수에 대해서도 같이 너그러워야 하지 않겠는가? 그런데 오히려 다른 사람의 실수에 대해서는 검사처럼 두 눈을 부릅뜨고 감찰한다. 너무나 불합리한 태도이다. 상처가 되는 상황에서 변호사의 심정을 가지라. 그러면 마음속에 끓어오르는 감정이 조금은 다스려지고 말도 달라질 것이다.

사려 깊고 성숙한 집사는 말을 하기 전에 한 번 더 깊이 생각하는 습관이 있다. "의인의 마음은 대답할 말을 깊이 생각하여도 악인의 입은 악을 쏟느니라"(잠 15:28). 사람은 화가 나면 자기 성질을 다스리지 못하고 말을 참지 못한다. 그러다 보면 상처를 주는 말, 목회에 방해되는 말이 튀어나온다. 거룩한 집사는 말하기 전에 '이 말이 우리의 관계에 어떤 영향을 미칠까?' '저 사람이 이 말을 듣고 기분이 어떨까?'를 한 번 더 생각해보고 말한다. 그러면 말의 실수를 줄일 수 있을 뿐만 아니라 상처 주는 말을 피할 수 있다.

입소문의 덫에 걸려들지 말라

솔로몬은 우리가 허물을 덮어주는 삶을 살기 원했다. "허물을 덮어주는 자는 사랑을 구하는 자요 그것을 거듭 말하는 자는 친한 벗을 이간하는 자니라"(잠 17:9). 세상에는 사랑을 구하는 사람이 있는가 하면 이간질하는 사람도 있다. 사랑을 구하는 사람은 다른 사람의 잘못을 덮어준다. 그러나 이간질하는 사람은 허물을 자꾸 들춰내고 거듭 말한다.

불완전한 인간은 누구나 실수와 허물을 갖기 마련이다. 중요한 것은 인간이 허물을 가졌느냐 그렇지 않으냐가 아니다. 타인의 실수와 허물을 어떻게 받아들이느냐의 문제이다. 함은 아버지 노아의 허물을 들춰냈다. 그 결과, 저주를 불러왔다. 그러나 셈과 야벳은 아버지의 흠을 덮어주었다. 그들은 축복을 누렸다.

"나쁜 소문은 날아가고 좋은 소문은 기어간다"라는 말이 있다. 교회가 소문 때문에 멍들어가고 있다. 변호사이자 저술가인 미하엘 셸레는 소문을 "나를 파괴하는 정체불명의 괴물"로 정의한다. 소문이 미치는 영향력이 얼마나 크고 파괴적인지 잘 보여주는 말이다. 소문쟁이 집사는 교회와 목회자에게 치명타를 날리는 격이다.

어느 교회가 소문으로 인해 큰 갈등을 겪었다. 문제는 한 성도의 기도로부터 출발했다. 교회의 어느 집사가 꿈을 꾸었다. 그런데 담임목사가 이성과 가까이 있는 게 아닌가! 걱정된 집사는 새벽기도회에 나와서 눈물로 기도했다.

"하나님, 우리 담임목사님을 여성의 유혹으로부터 지켜주옵소서!"

옆에서 기도하던 다른 집사가 그 기도 소리를 얼핏 들었다. 그리고 장로에게 달려가서 알렸다.

"혹시 목사님에게 이성 문제가 있는 것은 아니지요? 한 집사가 새벽 기도 시간에 눈물로 기도하던데…."

이 말을 들은 장로는 친하게 지내는 장로 몇 명을 불러서 의논했다. 이들은 조용히 해결하기 위해 담임목사와 면담을 요청했다. 그 말을 들은 목사는 황당하기 그지없었다. 그런데 아뿔싸! 그 소문은 금방 온 교회 안에 독버섯처럼 퍼지고 말았다.

그때부터 교인들은 술렁이기 시작했다. "여성 문제로 목사와 당회가 갈등한다며…." 목사는 "말도 안 되는 이성 문제로 모함해서 목사를 몰아내려고 한다"라고 섭섭해했다. 그러나 장로 측에서는 "소문의 진위를 알아보는 과정에서 다소 실수는 있었지만 그것을 빌미로 당회원들의 편을 가르려고 한다"라며 도리어 흥분했다.

꿈꾼 내용을 기도로 쏟아놓는 어리석은 집사는 되지 말아야 한다. 기도 중에 하는 말이어도 그것이 해를 가져올 수 있음을 명심해야 한다. 다른 사람이 하는 기도 소리를 듣고 말을 옮기는 일도 없어야 한다. 정확하게 확인되지 않은 말은 꺼내지도 말아야 한다.

온누리교회 이재훈 목사는 뉴저지 초대교회에서 이민목회를 하던 시절, 소문의 위력을 절실히 느꼈다고 한다. 하루는 운전 중에 뒤쪽 차에 살짝 부딪혔다. 그래서 사고처리를 하고 병원에서 가벼운 건강 체크를 하고 돌아왔는데, 교회에는 벌써 "목사님이 사고가 나서 중환자실에 누워계신다"라는 소문이 나돌았다. 가벼운 접촉사고가 너무 엉뚱한 소문으로 둔갑한 것이다.

그래서 한국에서 목회하면서 '소문실명제'라는 것을 시작했다고 한다. 소문실명제의 시작은 이렇다. "당회나 회의에서 의견을 나눌 때 누가 말한 것인지에 대한 정확한 정보가 없는 이야기는 하지 말자! 누가 말한 것인지 밝히지 않는 소문이나 의견은 믿지도 말고 듣지도 말자!"

담임목사와 사모의 관계는 신뢰가 있어서 사모의 입을 통해 소문을 듣게 되면 소문의 진위와는 상관없이 전적으로 신뢰하게 된다. 그러나 그 소문의 진위를 직접 확인해보면 사실이 아니거나 과장되었거나, 아니면 소문을 전하는 사람의 감정이 들어가 있는 경우가 대부분이다.

예를 들어 당회에서 어느 장로가 담임목사에게 이런 말을 한다고 하자.

"A라는 일의 처리 때문에 성도들이 힘들어합니다. 성도들이 별로 좋지 않게 얘기합니다."

그러면 담임목사가 물어볼 것이다.

"누가 그런 말씀을 하십니까?"

그러면 장로는 말한다.

"그것은 말씀드릴 수 없습니다. 그 사람의 프라이버시를 지켜줘야 하기 때문입니다."

소문을 퍼뜨린 사람의 이름을 댈 수 없는 일이면 말하지 말아야 한다. 이름을 밝혀서 덕이 되지 않는 말이라면 말하지 않는 것이 오히려 덕이 된다. 공개적으로 이름을 밝힐 수 없는 말이라면 좋은 이야기는 아닌 게 뻔하다. 그런 말은 좋은 감정을 가지고 퍼뜨리지 않았을 것이다. 악한 감정이 있어서 의도적으로 한 말이다. 그렇지 않으면 어떤 성도를 빌어서 자신의 이야기를 한다고 볼 수도 있다. 만약 이름을 밝힐 수 없는 말이라면 차라리 꺼내지 않는 것이 훨씬 더 유익하다.

소문에는 나쁜 소문도 있고 좋은 소문도 있다. 그런데 소문은 성격상 좋은 소문이든지 나쁜 소문이든지 '과장' 되기 마련이다. 좋은 소문은 실제보다 더 좋게 만들어지고 나쁜 소문은 실제보다 더 악화된다. 그뿐만 아니라 소문에는 대부분 말하는 사람의 '감정' 이 들어가 있다. 나쁜 소문을 말하는 사람은 그 사람에 대해 좋지 않은 감정을 품고 있어서 그 사람을 해롭게 하려는 목적으로 소문을 퍼뜨린다. 그런데 심각한 문제는 좋은 소문은 잘 퍼지지 않지만 나쁜 소문은 누룩처럼 전염성이 강하다는 것이다.

어느 교회에서 일어난 일이다. 새벽 예배를 마친 후에 담임목사가 운동복 차림으로 운동을 하려고 나갔다. 우연히 모텔 앞에서 새벽 장을 보려고 나가는 여집사를 만났다. 이들은 서로 인사를 나누었다. 그때 지나가던 어느 여집사가 그 광경을 목격했다.

이 광경을 목격한 여집사는 친한 집사를 찾아가서 어렵사리 입을 열었다.

"자기한테만 하는 말인데 절대 다른 사람에게 말하면 안 돼. 약속해야 돼? 우리 둘만 알고 기도하자."

듣고 있던 여집사는 호기심이 발동했다.

"무슨 일인데 그래? 절대로 다른 사람에게 누설하지 않을 테니까 빨리 말해 봐."

방문한 여집사는 한숨을 내쉬면서 말했다.

"이 일을 어떻게 하면 좋은지 모르겠어. 내가 모텔 앞을 지나가는데 모텔 앞에서 목사님과 어느 여집사가 서 있더라."

이 말을 들은 여집사는 자기가 친한 여집사를 찾아가서 말했다.

"우리 교회에 큰일 났어. 누가 그러는데 우리 목사님하고 어느 여집사하고 새벽에 어느 모텔에서 나왔다는데, 이 일을 어떻게 하지?"

이렇게 번져간 유언비어는 목사에게 치명타를 입혔고, 급기야 교인들을 교회에서 하나둘씩 쫓아내는 사탄의 노리갯감이 되고 말았다.

무심코 던진 돌에 연못의 개구리가 맞아 죽는 격이다. 사실무근의 유언비어를 퍼뜨려 목회를 어렵게 만들고, 교회를 어지럽게 만드는 것은 사탄이 하는 짓이다.

어느 교회 목사가 주일에 안수집사가 보이지 않아서 알아보았다. 나중에 안 사실이지만 주일을 지키지 않고 바다낚시를 간 것이다. 그 목사는 마음이 너무 아팠다. 그래서 어느 여집사 앞에서 그만 속상한 소리를 했다.

"주일을 지키지 않고 낚시하러 간 그 안수집사 다리나 부러졌으면 좋겠어요."

그런데 그 말을 내뱉은 순간부터 걱정이 되었다. '이 말을 들은 여집사가 낚시하러 간 안수집사에게 어떻게 말을 전할까?' 만약 들은 대로 전해준다면 이는 보통 문제가 아니다. 목사의 입에서 그와 같은 저주의 말이 나왔다는 것 자체가 있을 수 없는 일이기 때문이다.

목사는 후회하고 또 후회했다. 그러나 이미 물은 엎질러졌고, 다시 주워 담을 수 없는 형편이었다. 어쩔 수 없이 근심하고 걱정만 하고 있는데 전화가 걸려왔다. 그 낚시를 갔던 안수집사의 흥분된 목소리였다.

"목사님, 제가 지금 목사님을 찾아뵙겠습니다. 그렇게 해도 되겠습니까?"

그 말을 듣는 순간 목사의 가슴은 철렁 내려앉았다. '틀림없이 내가 한 말을 일러주었구나!' 이게 보통 문제가 아니다. 목사는 너무 걱정되어 안수집사에게 말했다.

"집사님, 내가 지금 피곤해서 쉬고 있는데 내일 아침에 만나면 안 되겠습니까?"

결국 다음 날 아침이 되었다. 이른 아침부터 고민이 되었다. '오늘 안수집사를 만나서 어떻게 할까?' 태산 같은 걱정을 하고 있는데 안수집사가 찾아왔다. 그런데 목사 앞에 무릎을 꿇고 이렇게 말했다.

"목사님, 죄송합니다. 안수집사가 되어서 어제 주일을 지키지 않고 낚시하러 갔습니다. 그런데 목사님이 저에 대해 어느 집사에게 하신 말씀이 혹시 다치지나 않을까 많은 걱정을 하시며 무사히 돌아왔으면 하고 기도해 주셨다는 말을 들었습니다. 감사합니다. 다시는 이런 일이 없을 겁니다."

그 말을 듣는 순간 목사는 날아갈 듯 기분이 좋았다. 그래서 그 여집사를 만나서 말했다.

"집사님, 고맙습니다. 어제 그 안수집사에게 말을 잘해주어서 나에게 찾아와 다시는 주일에 낚시하러 가지 않겠다고 약속했어요. 이 모든 일이 집사님의 역할 덕분입니다."

목사는 그 여집사를 입에 침이 마르도록 아낌없이 칭찬했다.

만약 그 여집사가 목사에게 들은 그대로 일러주었다면 어떤 결과가 닥쳤을까? 보나 마나 교회는 상당히 시끄러워졌을 것이다. 집사는 모름지기 문제가 확대될 수 있는 말을 듣고도 지혜롭게 말할 수 있어야 한다. 아무것도 아닌 문제를 더 크게 만드는 말쟁이 집사보다 얼마나 멋진 집사인가? 이런 덕스러운 집사가 교회 공동체를 세울 수 있다.

06
핵심 역량

교인들과의
관계 영성을 점검하라

톨스토이의 저서 「전쟁과 평화」 중에 이런 말이 나온다. "내 생활이 나만을 위해 흘러가는 것은 옳지 않다. 다른 사람의 삶이 나와 아무 관계도 없는 것처럼 살아서는 안 된다." 세상에 홀로 살아갈 수 있는 사람은 아무도 없다. 하나님은 인간을 더불어 살아가는 존재로 만드셨다. 서로에게 영향을 주고받으면서 살아가게 창조하신 것이다.

인간은 관계적인 존재이다. 관계가 좋으면 행복하고 관계가 나쁘면 불행하다. 관계를 잘 맺으면 성공하고 관계를 잘못 맺으면 실패한다. 관계를 잘 맺지 못하는 사람은 부부생활도 어렵고 가정도 든든히 세울 수 없다. 어디 그뿐인가? 직장생활도 어렵고 교회 공동체 안에서도 서로 어울려 하나 됨을 이루기 힘들다.

카네기기술연구소에서 이런 조사결과를 발표했다. "엔지니어링과 같은 기술분야에서도 재정적으로 성공을 거둔 사람 중 15%는 자신의 기술적 지식에 의한 것이고, 85% 정도는 인간 조종술, 즉 사람을 움직이는 능력이 있어서 성공을 거두었다." 많은 연구자료에 의하면 "사람의 성공 요인에는 두뇌나 기술의 훈련보다 대인관계가 절대적인 영향을 끼친다"라고 한다. 우리가 실패하는 데는 직무수행의 실패보다 오히려 대인관계의 실패로 어려움을 겪는 경우가 더 많다.

그래서 "성공적인 삶을 살아가는데 다른 사람들과 어떤 관계를 맺어가느냐?"는 매우 중요한 문제이다. 관계는 영성이다. 관계를 통해 영적 성숙이 이루어진다. 관계는 영적 성숙의 정도를 반영해준다. 영적으로 성숙한 집사는 관계를 소중히 여기고 관계를 잘 맺게 된다. 그러나 영적으로 미숙한 집사는 관계를 중요하게 여기지 않는다. 좋은 관계를 맺기 위해 영적인 삶을 통제하지도 않는다. 하나님의 마음을 품고 관계를 맺을 때 주님이 기뻐하시는 좋은 관계를 통해 영적인 유익을 누리게 된다.

아름다운 관계를 맺기 위해 투자하라

한 사람이 가지고 있는 관계의 색깔을 보면 밝은 부분도 있지만 어두운 부분도 있다. 어떤 부분은 좋은 관계이지만 어떤 부분은 좋지 못한 관계도 있다. 만약 나로 인해 어떤 사람이 상처를 받고 고통을 받게 된다면 그것은 불행한 일이다. 예수님은 제자들에게 말씀하신다. "실족하게 하는 것이 없을 수는 없으나 그렇게 하게 하는 자에게는 화로다"(눅 17:1). 우리는 늘 자신에게 질문해야 한다. "혹시 나 때문에 실족하는 사람은 없는가?"

"실족하게 한다"라는 것은 "타인을 넘어지게 한다"라는 뜻이다. 본문에서는 다른 사람에 대하여 믿음에서 떠나게 하거나 믿지 못하도록 방해하는 것을 말한다. 살아가면서 다른 사람을 실족하게 만들지 않은 사람은 한 사람도 없을 것이다. 때때로 내가 원하지도 않고 의도하지도 않았지만 상대방이 실족하게 되는 때도 있다. 이런 경우는 참으로 가슴 아프다. 무심코 던진 말에 상대방이 상처받을 수 있다. 나쁜 의도를 갖지 않고 한 행동이나 태도임에도 상대방이 상처를 받을 수 있다. 내가 조심해도 잘되지 않는다. 그래서 늘 주의해서 말하고 행동해야 한다.

그런데 정말로 나쁜 사람이 있다. 의도적으로 상대방을 실족하게 하는 사람이다. 집사는 의도적으로 상대방을 가슴 아프게 하거나, 상대방의 자존심을 건드리고 화를 돋우는 말을 하지 않도록 노력해야 한다. 다른 사람을 시험에 들게 하는 일을 하지 말아야 한다. 다른 사람을 실족하게 만드는 사람에게는 '화'가 임할 것이기 때문이다.

때때로 사람들은 무시하고 상처 주어도 괜찮은 사람이 있는 것처럼 생각한다. 그러나 그 어떤 사람도 무시당하거나 상처받아도 괜찮은 사람은 없다. 그래서 예수님은 이렇게 말씀하신다. "그가 이 작은 자 중의 하나를 실족하게 할진대 차라리 연자맷돌이 그 목에 매여 바다에 던져지는 것이 나으리라"(눅 17:2).

여기서 '작은 자'는 믿는 자 가운데 가장 미약하고 세상적으로 연약한 자를 가리킨다. 마가의 기록에 의하면 이 작은 자는 예수님을 믿는 성도이다. "나를 믿는 이 작은 자들 중 하나라도 실족하게 하면 차라리 연자맷돌이 그 목에 매여 바다에 던져지는 것이 나으리라"(막 9:42). 연자맷돌은 사람이 손으로 돌리는 작은 맷돌을 가리키는 것이 아니다. 말이나 소에게 멍에를 메어 곡식을 찧는 커다란 맷돌이다. 이것은 많은 곡식을 한 번에 빻기 위해 사용되었다.

그런데 그런 '연자맷돌을 목에 달아 깊은 바다에 빠뜨리는 것'은 다시는 그 존재가 이 땅에서 보이지 않도록 영원히 수장시키는 것을 말한다. 이것은 매우 가혹한 형벌, 가혹한 죽음을 뜻한다. 이런 형벌이 유대 사회에서는 없었지만 그리스나 로마 사회에서는 흔히 있었던 형벌로 전해진다. 특히 부모를 살해한 자나 사회를 어지럽혔던 자들에게 실제로 내려졌던 형벌이다.

주님은 믿는 사람을 실족하게 하는 것은 그런 끔찍한 형벌을 가하는 것보다 더 가혹한 일이라고 경고하셨다. 다른 사람의 믿음을 실족하게 하는 것은 연자맷돌을 매달아 바다에 빠뜨리는 것보다 더 악한 짓이다. 가혹한 형벌로 육신의 목숨을 끊어버리는 것보다 믿는 사람을 방해하고 실족하게 하는 일이 더 나쁘고 참혹한 일이다. 그만큼 진리를 왜곡시켜 믿음을 방해하거나, 믿는 자를 유혹하여 실족하게 하는 것은 죄 가운데서도 큰 죄이다. 다시 한번 기억하자. 연자맷돌을 목에 달아 바다에 빠뜨려 죽이는 것보다 믿음을 실족하게 하는 것이 더 악한 일이라는 사실을.

그렇다면 우리는 어떻게 해서 다른 사람을 실족시키는가? 첫째, '말'로 다른 사람을 실족시킨다. 그래서 집사는 말을 함부로 해서는 안 된다. 둘째, '행동'으로 다른 사람을 실족시킨다. 우리가 하는 무례한 행동이나 이중적인 모습을 보면서 다른 사람들은 상처받고 실족하게 된다. 셋째, '거짓 진리'를 퍼뜨리는 것이다. 이단들이 퍼뜨리는 거짓과 비진리는 남을 속이고 사람들이 진리를 떠나게 한다.

집사는 관계를 통해 다른 사람에게 상처를 주거나 실족하게 하지 말아야 한다. 이에 대해서 존 D. 록펠러는 "사람을 다루는 능력은 설탕이나 커피와 같은 공산품처럼 구입 가능한 것이다. 따라서 나는 세상의 다른 어떤 것보다 그러한 능력에 대해 더 많이 지불하겠다"라고 말했다. 그렇다면 우리는 좋은 관계를 맺기 위해 관심을 가져야 하고 시간과 에너지를 집중해야 한다. 설령 관계가 악화되었을지라도 절친한 관계로 회복하기 위해 노력해야 한다.

영국의 신학자 존 스토트 박사는 제자는 '불순응'이라는 특징을 가져야 함에 대해 이렇게 말한다. "교회는 주변 세상에 대해 이중적인 책임을 진다. 한편으로 우리는 세상 속에 살고, 세상을 섬기며, 세상에서 증인의 역할을 감당해야 한다. 하지만 다른 한편 우리는 세상에 오염되지 말아야 한다. 세상에서 도피하여 거룩함을 보존하려 해서도 안 되고, 세상에 순응하여 거룩함을 희생시켜서도 안 된다." 그리스도인은 도피주의와 순응주의 둘 다 피해야 한다. 세상 속에 살면서도 결코 세상에 오염되지 말아야 한다. 도피자의 삶도 아니다. 그러나 세상에 순응할 수도 없다. 그리스도인은 세상을 변혁해야 할 존재이다.

우리가 '누구와 함께 있는가?' 하는 것은 매우 중요하다. 왜냐하면 그로부터 영향을 받기 때문이다. 당신 주변에 어떤 사람이 있는가? 그 사람들로부터 어떤 영향을 받고 있는가?

페르시아에 이런 이야기가 있다. 어느 날, 한 사람이 여행하고 있었다. 가는 도중에 점토를 발견했다. 그런데 이상하게도 그 흙덩이에서는 아주 향기로운 냄새가 풍기고 있었다. 여행객이 이상해서 물었다. "아니, 흙에서 어떻게 이런 좋은 냄새가 날 수 있지요?" 흙덩이가 대답했다. "내가 장미꽃과 함께 있었기 때문이지요."

남을 비방하고 부정적인 생각을 하는 사람과 친한 사람은 자기도 모르는 사이에 그렇게 병들어간다. 목회자에게 좋은 감정을 가진 집사와 함께하면 자신도 모르는 사이에 목회자를 좋아하게 된다. 그런데 목회자에게 불편한 마음을 갖고 비난하는 사람과 함께하다 보면 어느새 자신도 목회자에게 부정적인 태도를 보이게 되는 것을 발견하게 된다. 아름답게 물들일 사람과 가까이하라. 더럽게 물들일 사람과 함께하는 것은 어리석은 짓이다.

관계를 파괴해 놓고 멋지게 일하려는 생각을 버리라. 관계가 깨어지면 일을 그르친다. 교회 안에서 일 지향적인 사람이 있는가 하면 관계 지향적인 사람이 있다. 일 지향적인 사람은 일을 추진하는 힘을 갖고 있다. 강하게 밀어붙이는 에너지로 어떤 일이든 잘 수행한다. 그러나 그로 인하여 상처받는 사람이 많다. 그래서 관계를 깨지 않도록 조심하지 않으면 안 된다.

일도 중요하지만 관계를 소중히 여겨야 한다. 관계를 중요하게 생각하는 사람은 일을 추진하는 것이 늦은 감이 있다. 그러나 오히려 일을 잘되게 만든다. 반대로 관계를 훼손시키고 나면 일시적으로는 일을 빨리 성취했을지 모르지만 결국 잃는 것이 더 많다. 더구나 그리스도인은 일보다 관계에 더 신경 써야 하는 이유가 있다. 사람을 실족시키는 일은 주님으로부터 '화'가 임하기 때문이다.

사람들은 자기는 죄가 없는 사람처럼 착각하며 살아간다. 그러나 사도 바울은 로마교회 성도들에게 선언한다. "기록된 바 의인은 없나니 하나도 없으며 깨닫는 자도 없고 하나님을 찾는 자도 없고 다 치우쳐 함께 무익하게 되고 선을 행하는 자는 없나니 하나도 없도다"(롬 3:10-12).

세상에 실수하지 않고 죄짓지 않을 정도로 완벽한 사람은 아무도 없다. 실수하지 않고 죄를 짓지 않는 것은 매우 중요하다. 그러나 아무리 노력해도 인간의 한계가 있다. 그렇다면 정말로 중요한 것은 무엇인가? 형제의 실수와 죄를 눈감아주고 덮어주는 마음이다. 죄 자체를 허용하고 즐기라는 뜻은 아니다. 예수님도 간음한 여인을 용서해 주시면서 "다시는 죄를 짓지 말라!"고 경계하셨다. 그러나 죄를 지은 사람을 품어야 한다. "너희는 스스로 조심하라. 만일 네 형제가 죄를 범하거든 경고하고 회개하거든 용서하라. 만일 하루에 일곱 번이라도 네게 죄를 짓고 일곱 번 네게 돌아와 내가 회개하노라 하거든 너는 용서하라"(눅 17:3-4).

공동체생활을 하다 보면 죄를 짓는 자가 있다. 세상에서도 일어나지 않을 음행 죄가 고린도교회 안에서 일어나고 있었다. 그런데 죄지은 사람을 징계도 하지 않고 그대로 내버려두었다. 그렇게 되면 죄의 전염성은 감당할 수 없을 정도로 번져나간다. 또 세상 사람들이 교회를 보면서 뭐라고 손가락질하겠는가?

죄지은 자를 방치해서는 안 된다. 죄를 두려워하도록 경고해야 한다.

그러나 죄지은 자가 진심으로 회개한다면 그를 이해하고 용납하고 용서해야 한다. 이것도 교회가 가진 영적 힘이다. 처지를 바꾸어놓고 생각하는 역지사지의 마음을 가져보라. 한결 세상이 편해질 것이다. 이처럼 상대방의 처지에서 생각하는 게 바로 이해(under+stand)이다. 모든 일을 상대방의 관점에서 다시 한번 생각해보라. 그러면 하루에 일곱 번 죄를 짓고 용서를 구하더라도 용서해주는 미덕을 가질 수 있다. 인간에게는 다른 사람을 정죄할 자격이 없다. 용서할 의무만 있을 뿐이다.

때때로 인간이 저지르는 실수와 죄는 눈감아주어야 할 몫이다. 두 눈을 부릅뜨고 남의 허물을 찾는 사람과는 함께 있기 싫다. 그러나 때때로 다 알면서도 한쪽 눈을 지그시 감아주는 사람에게는 다가가고 싶다. 만약 인간 세계에 용납과 용서가 없다면 세상은 곧 무너지고 말 것이다. 그래서 예수님은 인간관계에 있어서 용서에 대해 강조하셨다. 일흔 번씩 일곱 번이라도 용서해야 한다.

사도 바울은 그리스도 안에서 새롭게 창조된 에베소 교인들에게 용서의 당위성에 대해서 강조했다. "서로 친절하게 하며 불쌍히 여기며 서로 용서하기를 하나님이 그리스도 안에서 너희를 용서하심과 같이 하라"(엡 4:32). 우리는 그리스도 안에서 엄청난 하나님의 용서를 경험한 자들이다. 그렇기에 마땅히 용서하는 삶을 살아야 한다. 만약 용서하면서 엄격한 잣대를 들이댄다면 하나님의 높은 기준에 용서받을 사람은 아무도 없을 것이다.

하나님의 용서를 경험한 자라면 용서를 거부해서는 안 된다. 용서를 거부한다면 나도 다른 사람들로부터 용서받기를 기대하지 말아야 한다. 다른 사람들에게 용서받지 않고 살아갈 사람이 과연 있겠는가?

어느 교회의 중직자 두 사람이 수년간 갈등을 겪고 있었다. 담임목사가 두 사람을 화해시키기 위해서 백방으로 노력해봤지만 아무 소용이 없었다. 어느 저녁예배 시간에 전 교인이 모인 자리에서 찬송과 기도를 드린 담임목사는 이런 말을 했다.

"이제 우리 서로 하나 됩시다. 서로 하나 되는 것을 시험하기 위해서 우리 일어나서 주기도문을 외웁시다."

다 같이 주기도문을 외우다가 "우리가 우리에게 죄지은 자를 사하여 준 것같이" 하는 부분에서 더는 외우지 못하고 막혔다. 두 중직자가 그 부분에서 주기도문 외우는 것을 포기했기 때문이다.

그들이 당혹해하는 것을 본 담임목사는 이렇게 제의했다.

"아니, 무슨 일입니까? 주기도문도 다 외우지 못하십니까? 이제 우리 마음을 기울여 다시 한번 외워봅시다."

그들은 다시 주기도문을 외웠다. 그러나 이번에도 조금 전 바로 그 부분에서 막혔다. 그러자 중직자 두 사람은 서로 눈을 마주쳤다. 그들은 용기 내 서로에게 다가가서 포옹했다. 그리고 계속해서 "우리가 우리에게 죄지은 자를 사하여 준 것같이 우리 죄를 사하여 주옵시고…" 하고 끝까지 주기도문을 다 외웠다. 너무도 감동적인 장면이라 눈물과 감격 속에 수년간의 전쟁은 종지부를 찍었고, 교회에 평화가 돌아왔다.

살다 보면 서로에게 불평불만이 생길 수 있다. 그때 사람들은 일반적으로 비난의 손가락을 치켜세운다. 그렇게 되면 머지않아 관계가 깨지는 경험을 하게 될 것이다. 그럴 때일수록 오히려 용서가 해답이다. "누가 누구에게 불만이 있거든 서로 용납하여 피차 용서하되 주께서 너희를 용서하신 것같이 너희도 그리하고 이 모든 것 위에 사랑을 더하라. 이는 온전하게 매는 띠니라"(골 3:13-14).

세상에서 가장 고상한 단어는 사랑이다. 사랑은 갈라설 것도 붙이고 돌린 얼굴도 마주 보게 만든다. 사랑의 띠만큼 강한 끈도 없다. 세상은 비난과 비판으로 세워지는 것이 아니라 사랑으로 용납할 때 세워진다.

어느 시골에 농부가 있었다. 농부는 닭을 길렀는데 여우란 놈이 밤마다 내려와 닭장에서 닭을 잡아먹는 것이었다. 그래서 농부는 여우를 잡기 위해 사방으로 덫을 놓았다. 다행히 여우가 잡혔다. 그래도 농부는 분통이 풀리지 않았다.

"이 교활한 녀석! 넌 빨리 죽이기도 아까운 놈이야. 그동안 내가 너한테 당한 걸 생각하면 말이야."

농부는 분이 풀릴 정도로 골탕 먹여서 여우를 죽이고 싶었다. 좋은 방법을 생각했다. 농부는 헝겊에다 석유를 흠뻑 적셔서 여우의 꼬리에 단단히 묶었다. 그리고 헝겊에 불을 붙였다. 농부는 여우가 원맨쇼 하는 광경을 즐기고 싶었다.

불이 타들어가자 여우는 꼬리에 붙은 불을 끄기 위해 꼬리를 흔들면서 이리저리 날뛰었다. 그런데 이놈의 여우가 추수 직전의 잘 익은 자기 밀밭으로 뛰어드는 것이 아닌가! 불은 삽시간에 농부가 여름 내내 땀 흘려 지은 밭을 태워버렸다. 농부는 밀밭이 코앞에서 한 줌의 재로 변하는 광경을 쳐다보고만 있어야 했다.

용서하지 못하고 잔인하게 보복하려고 하면 상대방뿐만 아니라 자신도 파멸하고 공동체에 엄청난 손해를 끼치게 된다. 미움과 증오로 불태우는 사람은 자신을 먼저 불태우고 만다. 남을 미워하면서 사는 것만큼 고통스럽고 불행한 일은 없다. 용서하는 것이 훨씬 더 쉽게 사는 법이다.

어느 날, 존 웨슬리가 길을 가고 있었다. 그때 한 친구를 만났다. 웨슬리는 그 친구가 오랫동안 어떤 사람과 원수로 지내고 있다는 사실을 알고 있었다. 그래서 그에게 물었다.

"아직도 그 사람을 미워하고 있는가?"

그 친구는 당연하다는 듯이 대답했다.

"그럼!"

웨슬리는 그 친구에게 당부했다.

"이제 다 잊어버리고 용서하고 화해하지, 그래."

그러나 친구는 "죽어도 그렇게 할 수 없다"라고 한마디로 잘라 말했다. 그러자 웨슬리는 말했다.

"그렇다면 좋네. 계속해서 그 사람을 미워하게. 하지만 자네가 알아두어야 할 것이 있네. 앞으로 자네는 절대로 다른 사람에게 미움받을 짓을 해서는 안 되네. 혹시 그 상대가 자네처럼 용서할 줄 모르는 사람일 줄 누가 알겠는가?"

상대방이 나를 용납하고 용서해주지 않는다면 과연 나는 어떻게 될까? 다른 사람이 나를 용서해주기를 원한다면 나도 다른 사람을 용서해주어야 한다. 용서는 아껴야 할 것이 아니다. 후하면 후할수록 좋은 것이 용납이자 용서이다.

영국의 소설가 C. S. 루이스는 "그리스도인이 된다고 하는 것은 용서할 수 없는 죄를 용서하는 것이다"라고 말했다. 그리스도인은 용서받을 수 없는 죄를 사함받은 경험이 있다. 그렇기에 용서할 수 없는 죄를 용서하는 것이 그리스도인의 특징이다. 예수님도 말씀하시지 않았는가? "너희가 사람의 잘못을 용서하면 너희 하늘 아버지께서도 너희 잘못을 용서하시려니와 너희가 사람의 잘못을 용서하지 아니하면 너희 아버지께서도 너희 잘못을 용서하지 아니하시리라"(마 6:14-15). 물론 우리가 용서해야만 하나님이 용서하신다는 뜻은 아니다. 하나님의 용서를 경험한 사람이라면 당연히 용서하는 삶을 살아갈 것을 말씀하신 것이다.

때때로 용서했다고 말하는데 용서한 것처럼 느껴지지 않는 경우가 있다. 그래서 예수님은 마음으로 용서할 것을 강조하신다. "너희가 각각 마음으로부터 형제를 용서하지 아니하면 나의 하늘 아버지께서도 너희에게 이와 같이 하시리라"(마 18:35). 진심으로 형제를 용서하라. 하나님도 우리를 진심으로 용서해주시지 않았는가? 형식적인 용서는 치유와 회복을 가져올 수 없다. 그러나 진정한 용서는 치유와 회복을 가져온다. 감동은 바로 용납과 용서에 있다.

좋은 관계를 맺기 위한 기술을 배우라

예수 그리스도께서는 "그러므로 무엇이든지 남에게 대접을 받고자 하는 대로 너희도 남을 대접하라. 이것이 율법이요 선지자니

라"(마 7:12)고 말씀하셨다. 이 말씀은 그리스도인의 황금률(黃金律, Golden Rule)이라고 부른다. 짧은 기간에 괄목할 만한 성장을 주도한 워싱턴 인더스트리사를 창립한 존 맥코넬은 "자신의 성공비결은 황금률을 실천한 데 있다"라고 말한다. 다른 사람이 나에게 어떻게 해주기를 원하는가? 다른 사람에게 기대하는 대로 다른 사람에게 해보라. 그러면 좋은 관계를 유지할 수 있을 것이다.

관계는 그냥 좋아지지 않는다. 그만한 노력과 기술이 필요하다. 상대방을 존중해주어야 한다. 하나님이 귀히 여기는 사람을 내가 하찮게 여길 수 없다. 하나님이 사용하시는 사람을 내가 함부로 대할 수는 없다. 그 사람만이 해야 할 일이 있다. 아무리 하찮은 사람으로 생각되어도 존중받아야 할 특권을 갖고 있다. 하나님이 그 사람을 향해 품고 계신 마음을 가져야 한다. 그러면 나보다 남을 더 낫게 여기게 될 것이다.

다른 사람의 삶에 쓸데없이 딴지를 걸어서는 안 된다. 다른 사람이 하는 일에 자꾸 문제를 제기하는 사람이 있다. 사실 이렇게 하나 저렇게 하나 별로 큰 문제가 되지 않는다. 단지 자기 생각과 다를 뿐인데 사람들은 자꾸 제동을 건다. 회의 시에 자꾸 문제를 제기하는 사람들이 있다. 자기 방법과 생각이 다 옳은 줄 알고 문제를 제기하지만 방법은 다양하다.

또한 관계를 훼손하는 행동을 해서는 안 된다. 자기만 잘난 것처럼 상대방을 무시하지 말아야 한다. 상대방에게 무시당하고 기분 좋은 사람은 없다. 쓸데없이 감정을 표출해서 상대방의 감정을 자극하지 말아야 한다. 기분 좋게 웃으면서 말해도 되는데 인상을 쓰면서 고함지를 때 누가 좋아하겠는가? 평상시처럼 대화를 나누는데 싸우듯이 말하는 사람들이 있다. "경상도 사람이어서 어쩔 수 없다"라고 핑계 대지 말라. 훈련하면 얼마든지 부드러운 소리, 조용한 톤으로 말할 수 있다.

다른 사람을 존중하는 사람은 다른 사람의 말을 경청해준다. 경청은 상대방을 존중해주고 인정하는 것이다. 경청은 마음을 열고 신뢰관계를 쌓아가도록 돕는 열쇠이다. 경청은 상대방에게 신뢰를 쌓을 수 있는 가장 큰 저축이다. 그래서 솔로몬은 "사연을 듣기 전에 대답하는 자는 미련하여 욕을 당하느니라"(잠 18:13)고 충고한다. 의사가 진단도 하기 전에 처방하면 어떻게 되겠는가?

베스트셀러 작가이자 「경청」이란 책을 쓴 조이스 허기트는 경청의 힘을 이렇게 말한다. "'누군가 당신의 말을 사랑의 마음으로 주의 깊고 정중하게 들어줄 때 어떤 기분이 듭니까?' 이것은 내가 기도나 결혼, 일반적 관계에 관한 세미나를 인도할 때마다 던지는 질문이다. 그에 대한 반응들은 대개 이렇다. '내가 소중한 존재라고 느껴집니다.' '위안을 얻습니다.' '힘든 상황 속에서도 꿋꿋이 살아갈 수 있는 자신감이 생깁니다.' '내가 사랑받고 있다는 느낌을 받습니다.' 이 얼마나 놀라운 반응인가! 누군가가 우리의 말에 귀 기울여주고 경청하며 관심을 보이면 우리는 깊이 사랑받고 있음을 느낀다. 스위스의 정신과의사인 폴 트루니에가 말했듯이 '이해받고 있다고 느끼는 사람은 사랑받고 있다고 느끼고, 사랑받고 있다고 느끼는 사람은 이해받고 있다고 확신한다.' 이 말은 다른 사람의 말에 귀를 기울인다는 것은 그 사람에게 천만금을 주고도 바꿀 수 없는 선물을 줄 수 있다는 뜻이다. 그러나 그런 선물을 주기란 생각만큼 쉽지 않다. 남의 말을 들어주는 것은 쉬운 일이 아니기 때문이다. 그러므로 듣는 것은 배우고 또 배우며 계속 발전시켜야 하는 일종의 기술이다."

다른 사람의 말을 들어주는 경청은 관계를 맺는 데 있어서 너무 중요하다. 그렇다면 경청이란 무엇인가? 성공회 신부인 존 파웰은 진정한 경청을 이렇게 정의한다. "진정한 경청은 언어의 이면을 꿰뚫어 언어 속에 숨은 뜻을 이해하고, 그 언어를 통해 자신을 드러내는 상대방을 발견하는 것이다." 상대방이 하는 말 이면에 있는 생각과 감정을 읽어야 한다. 상대방이 거친 말을 하거나 화를 내면 왜 그런 태도를 취하는지 그 마음을 읽을 수 있어야 한다.

남의 말은 듣지 않고 자기 말만 하는 사람은 청각장애인이나 다름없다. 남의 이야기는 들어주지도 않고 자기 이야기를 하기에 급급한 사람과 함께하는 것은 따분하고 무시당하는 느낌을 받는다. 당신은 남의 이야기에 대해 어떤 태도를 보이는가? 무시하는가, 경청하는 것처럼 가장하는가, 선택적으로 경청하는가, 그렇지 않으면 주의 깊게 경청하는가? 가장 좋은 것은 적극적이고 공감적인 경청을 하는 것이다.

다른 사람을 존중하는 사람은 배려하는 마음을 갖는다. 거룩한 집사는 상대방을 배려하는 태도로 살아간다. 여러 명이 식당에서 음식을 함께 먹고 있었다. 음식을 먹는 중에 옆에 있는 집사가 기침했다. 손으로 입을 막고 기침을 했지만 입에 있던 음식물이 주변으로 조금 튀어나왔다. 이때 당신은 어떻게 하는가? 한 사람은 빨리 휴지를 가져다가 건네주면서 등을 토닥토닥 두들기며 "괜찮아요?"라고 염려해준다. 다른 한 사람은 눈살을 찌푸리면서 "기침을 하려면 고개를 돌려서 하지"라고 불쾌하게 중얼거린다. 세상은 서로를 배려하는 마음으로 아름답게 장식된다.

좋은 관계는 자기중심적 생각에서 탈피해야 한다. 자기가 원하는 대로 살려고 하는 사람이 있다. 그러나 거룩한 집사는 남의 유익을 생각하며 살아간다. 빌립보교회에는 자기 일을 구하는 자가 있었다. 그러나 디모데나 에바브로디도와 같은 이는 그리스도 예수의 일을 먼저 구했다. 다른 사람의 유익을 위해 자신을 절제하고 헌신하며 살아가는 사람이다. 집사는 모름지기 자신의 관심에만 집중하는 것이 아니라 다른 사람의 관심에도 신경을 써야 한다.

행동요법의 창시자이자 심리학자인 조셉 월프는 이런 말을 했다. "대인관계 방식에는 세 가지가 있다. 첫 번째는 자신만을 생각하면서 남은 전혀 생각하지 않고 함부로 구는 것이고, 두 번째는 남을 항상 앞에 세우는 것이고, 가장 이상적인 세 번째는 각자 자신이 앞에 서되 항상 남을 배려하는 것이다." 남을 생각하고 배려하는 마음의 여유는 좋은 관계를 맺는 열쇠이다.

"고객이 원하는 것에 지속해서 관심을 기울이고, 그들에게 의미가 있으며, 월등한 가치를 전해주는 제품과 서비스를 제공하는 한 우리는 계속 번창할 것이다." 성공적인 기업에는 비법이 따로 있었다. 사우스웨스트 항공사 사보에 성공한 기업가 중 한 사람이자 컴퓨터 업계의 거물인 마이클 델에 관한 기사가 실렸다. 그 기사에서 델은 "자신과 직원들이 고객들과 돈독한 관계를 맺고 있는 것이 바로 회사의 성공 요인이며, 그로 인해 자신의 회사는 앞으로도 계속 번창할 것이다"라고 말했다.

은퇴 후 조용히 살려고 시골로 내려 온 집사가 있다. 그런데 집 근처에 초등학교가 있는 것이 문제였다. 아이들이 다니면서 깡통을 두드리는 소리가 너무나 시끄러웠다. 타이르고 꾸짖어봐도 아무 소용이 없었다. 그래서 협상하기로 마음먹었다.

"얘들아, 너희들 그 깡통 두들기는 것 말이야. 내일부터 매일 오천 원씩 줄 테니까 우리 집 앞을 지날 때마다 꼭 크게 두들겨줘야 해? 알았지?"

아이들은 "웬 횡재냐?"며 좋아했다.

다음 날엔 깡통을 더 신나게 두들기며 찾아왔다. 그러자 그 집사가 말했다.

"얘들아, 생각해보니 오천 원은 좀 비싼 것 같구나. 천 원으론 안 되겠니?"

아이들은 다소 실망했지만 "천 원도 어디냐"며 받아 갔다.

다음 날, 다시 깡통을 두들기며 돈을 받으러 온 아이들에게 이번엔 더욱 매정하게 말했다.

"얘들아, 천 원이 좀 아까운 생각이 든다. 그냥 무료로 쳐주면 좋겠구나."

그러자 기분이 상한 아이들이 말했다.

"그럼 우리도 공짜로는 쳐줄 수가 없어요."

결국 집사는 아이들로 인한 소음문제를 충돌 없이 잘 해결했다.

다른 사람의 감정을 건드리지 않고 자신의 필요를 채우는 방법도 있다. 그런데 많은 사람이 다른 사람을 해치면서까지 자기 필요를 충족시키려 자기주장을 고집한다. 그러다 보면 관계는 훼손되고, 깨진 관계 때문에 일을 그르치는 결과를 가져온다.

인간관계를 좋게 하는 데는 겸손한 성품과 같은 자질도 필요하다. 그런데 더 중요한 요소가 있다. 바로 갈등이나 이해 상충의 상황에서 승-승(Win-Win)의 해결책을 찾아내는 능력이다. 이때 가장 좋은 방법이 '나도 만족하고 당신도 만족하는 것'이다. 갈등 해결의 유형은 승-패, 패-승, 패-패, 승-승의 4가지로 구분한다. 승-패 협상은 '나는 만족하고 상대는 불만'인 경우를, 패-승의 협상은 '나는 불만이고 상대는 만족'인 경우를, 패-패 협상은 '둘 다 불만'인 경우를, 승-승 협상은 '둘 다 만족'인 경우를 의미한다.

4가지의 유형 중에서 승-승 협상이 가장 좋다는 것은 두말할 필요가 없다. 교회에서 섬길 때 다양한 갈등을 겪게 된다. 그때 서로 상생할 수 있는 원원전략, 즉 승-승 협상을 모색해야 한다. 다른 사람을 억누르고 짓밟으려 해서는 안 된다. 다른 사람을 높이고 살려주는 것이 바로 자기가 높아지고 사는 길이다.

집사는 _____ 교회의 기둥이자 교회 부흥의 핵심이다

집사는
성경적 사고로
거룩한 성품을
갖춰야 한다

건전한 성경적인 사고력을 기르라

성경적인 거룩한 기질을 계발하라

참신앙의 아름다운 인격 관리자가 되라

가정을 천국의 모델 하우스로 만들라

건전한 성경적인
사고력을 기르라

거룩한 성품

07

다른 생각을 지닌 교인들을 신앙공동체의 유익과 복음의 영광을 위해 조율하는 일은 결코 쉬운 일은 아니다. 같은 상황이라도, 같은 사실이라도 해석하고 접근하는 양식이 다 다르며, 같은 사람이라도 바라보는 시선이 다르다. 그래서 논쟁이 되고, 갈등을 겪으며, 심각하게 다투는 일도 적지 않다. 이때 교회를 어지럽히는 직분자가 있다. 자기 생각에 너무 충실해서 자기주장을 절대로 굽히려 하지 않는 사람이다.

각자가 가진 생각은 다양하다. 각자 자신의 주장을 피력할 자유와 특권도 있다. 그러나 그 생각으로 다른 사람이 불편해지고, 공동체를 해롭게 할 수 있으며, 하나님의 영광과 교회의 덕을 훼손시킬 수 있다면 과감하게 자신의 생각과 주장을 철회할 수 있어야 한다. 왜? 자기 생각이 다 옳은 건 아니니까. 다른 사람의 생각이 더 옳을 수도 있으니까.

사실 생각의 다양성을 인정하면 갈등과 다툼을 피할 수 있다. 그런데 다양한 생각을 담을 만큼 우리 마음이 그리 넓지 못하다.

교회를 세우는 거룩한 집사는 자신의 생각을 성경의 잣대로 재는 영적 성숙이 필요하다. 아무리 자기 소신이 옳을지라도, 자존심이 상할지라도, 하나님의 말씀에 어긋나고 맞지 않는다면 과감하게 내려놓을 수 있는 영적 용기가 필요하다. 하나님의 말씀 앞에서 언제라도 "예"라고 반응하는 태도가 필요한 것이다. 그러기 위해 교회를 세우는 거룩한 집사는 반드시 건전한 성경적 사고훈련을 해야 한다. 성경적 사고력을 기르기 위해서는 무엇보다 성경 말씀에 능숙해야 한다.

생각의 방향을 하늘로 조정하라

다윗의 아들 암논은 다말이라는 여인을 사랑했다. 그러나 그녀는 사랑해서는 안 될 이복누이였다. 안 되는 줄 알면서도 암논은 자신의 마음을 주체할 수가 없었다. 날마다 다말을 생각했다. 밥을 먹을 때도 다말의 얼굴이 떠올랐고 잠을 자려고 할 때도 다말을 잊을 수가 없었다. 길을 걸으나 하늘을 쳐다보나 오직 그의 마음은 다말에 대한 생각뿐이었다.

품지 말아야 할 생각을 오래 품는 것은 위험하다. 생각을 품는 것은 행동을 유발하기 마련이다. 그러나 품지 말아야 할 생각을 떨쳐버리기란 결코 쉽지 않다. 다말에 대한 그의 집착은 결국 상사병으로 치닫게 되었다(삼하 13:2). 아무것도 하고 싶은 의욕이 생기지 않았다. 밥도 먹기 싫었다. 이룰 수 없는 사랑이라면 차라리 그냥 죽어버리고 싶었다. 그러나 죽는 게 어찌 그리 쉬운 일인가?

고민으로 병들어가는 암논의 모습을 그의 친구 요나답이 지켜보고 있었다. 요나답은 본래 심히 간교한 자였다. 그는 암논에게 다말을 겁탈할 전략을 세워주었다. "침상에 누워 병든 체하다가 네 아버지가 너를 보러 오거든 아버지에게 다말로 하여금 나에게 떡을 먹여달라고 간청해라. 그때를 놓치지 말고 다말을 너의 여자로 만들어라."

요나답은 자신의 간교함을 발휘해서 악한 계책을 짰다. 있을 수 없고 해서는 안 될 생각이었지만 그는 친구를 위한답시고 사악한 계획을 제시했다. 어리석은 암논은 요나답의 생각대로 움직였다. 아무리 친구의 생각이지만 스스로 걸러야 할 생각이었건만, 그는 친구가 짜놓은 생각의 덫에 걸려들고 말았다.

결국 암논은 생각을 행동으로 옮겼고, 그 결과 누이동생 다말은 비참한 신세가 되었다. 그뿐만 아니라 다말의 친오빠인 압살롬은 2년 동안 복수의 칼을 갈게 되었고, 암논은 결국 그의 칼에 죽임을 당하고 말았다. 살인범이 된 압살롬은 도망을 쳤고, 다윗은 날마다 아들을 생각하며 슬피 우는 세월을 보냈다. 비록 압살롬은 다윗과 화해를 했지만 나중에 반역을 일으키고 만다. 건전한 생각을 품지 못한 인간들의 결국이 어떠한가를 잘 보여주는 이야기다.

"생각은 자유이다"라고 말한다. 맞다. 각자가 마음대로 생각을 품을 자유가 있다. 그러나 그 자유가 인생을 망칠 수도 있다. 나를 유익하게 하지 못하고 남에게 해를 가져다주는 생각도 얼마나 많은가? 그렇기에 지혜로운 사람은 자유롭게 품을 수 있는 생각을 통제하는 훈련을 한다.

통제되지 않은 생각은 인생을 불행의 포로로 만들 수 있다.

매사에 늘 부정적인 방향으로 생각의 창문을 열어두는 사람이 있다. 얼마든지 긍정적인 생각을 할 수 있건만 비판적이고 부정적으로 판단한다.

어느 교회가 주차공간이 부족해서 어려움을 겪고 있었다. 한두 번 불편함을 겪은 젊은 성도들 가운데는 아예 교회를 옮기는 일도 있었다. 그러니 목회적인 고민도 이만저만이 아니다. 어느 집사님이 제직회 때 느닷없이 발의했다.

"목사님, 이렇게 하다가는 젊은이들이 교회를 다 떠나겠습니다. 빚을 내서라도 주차장을 확보합시다! 주의 일을 하는데 하나님이 채워주시지 않겠습니까?"

그러자 다른 집사가 말했다.

"이렇게 경기가 어려운데 대출해서 주차장을 마련하다가 큰일 날 수 있습니다. 더구나 요즘 교인들도 줄고 있는 추세이고, 앞으로 교회 재정도 만만치 않을 텐데, 그건 절대로 불가합니다."

서로 갈등하고 있는 모습을 바라보는 또 다른 집사가 말했다.

"그러지 말고 서로 생각이 다르니 이 일을 두고서 온 교회가 한 달 정도 작정기도를 해봅시다. 하나님이 기도 응답을 주시지 않겠어요? 하나님이 응답주시는 대로 합시다."

어느 생각이 옳다고 보는가? 각자의 생각이니 그 나름대로 논리와 타당성도 갖고 있다. 그리고 상황에 따라서는 모두 다 옳은 말일 수도 있다. 그러나 우리가 어떤 생각을 하든 중요한 것이 있다. 극단적인 생각은 위험하다. "절대!"라는 경직된 생각은 경계해야 한다. 세상에 절대라는 말을 사용할 만큼 절대 확신은 드물다. 절대라는 말은 인간 세계에서 억지일 가능성이 크다. 본인 생각을 절대화시켜 다른 사람들에게 억지로 강요하려 해서도 안 된다.

나는 오래 전 초등학교 5학년인 딸에게서 아주 중요한 인생 교훈을 얻은 적이 있다. 어느 날, 아내와 셋이서 함께 점심을 먹고 있었다. 우리는 라면을 끓여 먹었다. 그릇에서 조금 멀리 떨어져 앉은 딸이 라면을 흘리면서 먹는 것이었다. 그 광경을 보던 나는 딸에게 말했다.

"세린아, 왜 흘리고 그러니. 흘리지 말고 먹어야지."

그러나 딸은 웃으면서 나에게 말했다.

"흘릴 수도 있지 뭐."

그 순간 정신이 번쩍 들었다. 정말 그럴 수도 있었다. 라면을 좀 흘리는 것이 뭐 그리 대수로운 일인가?

그때부터 나는 "그럴 수도 있지 뭐"를 생활신조로 삼았다. 때로는 이해되지 않는 상황이나 행동 앞에서도 "그럴 수도 있지 뭐"라고 생각하니 얼마든지 받아들일 여유가 생겼다. 인생은 어차피 생각하기 나름이다. 어렵게 생각하면 만사가 어려워진다. 그러나 쉽게 생각하면 의외로 쉬워질 수 있다. 안 된다고 생각하면 될 일도 안 된다.

거룩한 집사가 되려면 뇌의 메모리칩에서 "절대!"라는 단어를 아예 지워버리라. 생각 구조를 "그럴 수도 있지 뭐!"로 재구성하라. "저렇게 생각할 수도 있구나." 다른 생각을 틀린 생각으로 고집부리지 말라. 누구나 다른 생각은 가질 수 있다. "그럴 수도 있구나"라고 가볍게 여기고 수용하는 습관을 기르라.

더구나 생각의 방향을 가능한 한 긍정적인 쪽으로 정하는 것이 좋다. 물론 부정적이고 비판적인 처지에서 생각할 수도 있다. 그러다 보면 될 일도 안 될 수밖에 없다. 그러나 긍정에 방향을 맞추고 생각하면 안 될 일도 되게 만들 수 있다. 긍정적인 생각 앞에서는 해결하지 못 할 일이 없다. 거룩한 집사는 늘 생각의 흐름을 잘 조정한다. 긍정적인 쪽으로, 믿음으로 생각하기에 부정적인 상황도 긍정으로 생각한다.

이스라엘 백성들의 전공과목은 부정적인 생각이었다. 하나님은 그들에게 다양한 기적을 통해 하나님의 일하심과 도우심을 확인시켜 주셨다. 바로 앞에서 열 가지 재앙을 행함으로 하나님의 초자연적인 능력을 보여주셨다. 다급한 상황에서 홍해가 갈라지는 기적을 보여주셨다.

그렇다면 어렵고 힘든 일들이 다가올지라도 그들은 하나님을 신뢰하는 믿음에서 긍정적으로 생각할 줄 알아야 했다. 그러나 그들은 달랐다. 배고플 때 하나님을 원망했고 목마를 때 지도자 모세를 향해 손가락질하며 대들었다. 가나안 땅을 정탐한 열두 명의 정탐꾼 가운데 열 명이 부정적이고 회의적인 생각에 사로잡혔다. 그들의 잘못된 생각의 물줄기는 이스라엘 온 백성에게 전염되었다. 이스라엘 백성들은 삽시간에 모세를 향해 원성을 높여 원망했다. 온밤을 지새우며 통곡함으로 하나님을 분노하게 했다.

생각의 심각성은 여기에 있다. 긍정적인 생각이든 부정적인 생각이든 생각은 전염된다. 문제는 긍정적인 생각의 전염 속도는 느리지만 부정적인 생각은 급속도로 전염된다는 것이다. 한 사람에게서 시작된 부정적인 생각이 온 공동체를 물들이는 데는 시간이 그리 많이 필요하지 않다. '나 한 사람쯤'으로 생각해서는 안 된다. 나 한 사람에게서 시작된 부정적인 생각은 머지않아 모든 사람의 생각으로 나타날 것이다.

어떤 생각을 품는가? 악한 생각에 집착하면 자신의 인생을 병들게 만든다. 선한 생각에 코드를 고정시키라. 바울은 골로새 교인들에게 "위의 것을 생각하고 땅의 것을 생각하지 말라"(골 3:2)고 권면한다. 땅의 것에 집착하면 하늘을 볼 수 없다. 하늘을 위한 투자가 어렵다. 하늘에 속한 삶이 어색하게 느껴진다.

어떤 사람들은 매우 충동적이다. 생각은 깊이 할수록 좋은 생각이 나오는 법이다. 충동적인 생각은 자칫 판단력을 흐릴 수 있다. 목회자는 어떤 일을 하려고 할 때 생각하고 또 생각한다. 단거리를 두고 생각하는 것이 아니라 미래를 바라보며 판단한다. 그리고 하나님 앞에서 기도하고 또 기도한다. 그렇게 해서 어떤 프로젝트를 조심스럽게 제안한다.

그런데 많은 경우 당회나 제직회에서 순간적이고 충동적인 판단으로 그 프로젝트를 반대하는 모습을 본다. 안타까운 일이다. 물론 목회자도 소통의 과정을 통해 의견을 수렴하는 것이 좋다. 그러나 그렇지 못할지라도 충동적으로 어떤 사안을 거부하지는 말아야 한다. '이건 아닌데' 하는 생각이 든다면 "좀 더 두고 생각하고 기도한 후에 다시 논의하자"라고 제안하는 것이 올바른 신앙 태도이다.

하나님 약속을 잡고 생각의 통을 키우라

바나바는 바울보다 대선배였다. 바울에게는 훌륭한 멘토

이자 바울을 바울 되게 만든 주인공이었다. 예루살렘교회의 지도자인 사도들이 바울에게 의심의 눈초리로 교제하기를 꺼릴 때 바나바가 개입하여 신뢰를 회복시켜 교제의 악수를 하게 했다.

어디 그뿐인가? 안디옥교회에서 목회할 때 바나바는 다소에 있는 바울을 데려다가 함께 공동 목회를 했다. 그러나 사도행전은 13장을 중심으로 바울과 바나바의 이름을 기술하는 방법이 달라진다. 13장 전반부까지는 "바나바와 사울"(행 13:2)의 순으로 이름이 기록된다. 그런데 13장 후반부부터는 "바울과 바나바"(행 13:43, 46, 50)의 순서로 배열되어 있다.

바울과 바나바 사이에 자리바꿈, 즉 역전현상이 나타났다. 하지만 바나바는 불쾌한 감정을 갖지 않았다. 2인자 자리로 내려가면서도 그는 기분 나쁜 표현을 하지 않았다. 바울도 훌륭한 인물이지만 바나바 역시 영적인 거물 중의 거물이다. 바나바야말로 큰 생각으로 살아가는 사람이었다.

바울은 고린도 교인들에게 "내가 자녀에게 말하듯 하노니 보답하는 것으로 너희도 마음을 넓히라"(고후 6:13)고 당부한다. 고린도 교인들 주변에는 바울을 비방함으로 그의 사도권에 흠집을 가하는 사람들이 있었다. 고린도 교인들 가운데는 그들의 이간과 충동질에 빠져 바울을 의심하는 자들도 있었다. 그들은 바울을 믿지 않고 의심하기 시작했다. 그러자 바울은 고린도 교인들을 향해 "제발 마음을 넓히라"고 당부한다.

우리는 좁아진 마음으로는 자주 불신과 의심이 일어나는 것을 경험한다. 그러나 생각의 통만 넓히고 나면 아무런 문제가 되지 않는다. 집사는 생각의 통을 넓혀야 한다. 생각이 좁은 사람은 이것저것 문제만 제기한다. 그러나 좀 더 넓게 생각해보면, 다른 사람의 처지에서 생각해보면 별문제가 되지도 않는다. 생각의 틀만 넓히면 안 될 일도 되게 만든다.

세계적인 음료수 회사인 코카콜라가 어떻게 탄생했을까? 한 사람의 큰 꿈에서 시작했다. 제2차 세계대전이 끝났을 때 코카콜라 사장인 로버트 우드러프는 이런 결심을 했다.

"내 꿈은 내 세대에 전 세계 모든 사람에게 코카콜라를 한 잔이라도 맛보게 하는 것이다."

그는 기자들에게 이렇게 말했다.

"내 혈관 속에는 피가 아니라 코카콜라가 흐른다."

그는 코카콜라에 완전히 미쳤다. 오늘날 코카콜라는 세계 어느 곳에서나 쉽게 찾아볼 수 있다. 유엔 가입국 수보다 코카콜라가 수출된 국가의 숫자가 더 많다고 한다. 이런 엄청난 일이 한 사람의 큰 생각에서 시작되었다.

「크게 생각하라」는 책을 쓴 하동식 교수는 이렇게 말한다. "큰 생각은 우리로 하여금 혜안을 갖추게 하며, 이는 곧 그 사람의 가치를 결정한다." 생각은 깊이가 정해져 있지 않다. 사고에 따라 생각의 샘은 깊어질 수도 있고 얕아질 수도 있다. 큰 생각을 가진 사람의 가치는 돋보인다. 그러나 작은 생각의 소유자는 답답하게 느껴진다.

거룩한 집사는 작은 시야에서 벗어나 보다 큰 그림을 보는 탁월한 생각을 가져야 한다. 그러기 위해서는 다양한 사람들로부터 통찰력을 얻으려는 열린 사고가 필요하다. 어른에게서 배울 수 있을 뿐만 아니라 심지어는 아이들에게서도 배우고자 하는 열린 사고를 가져야 한다. 직장 동료나 상사를 포함한 주변의 모든 사람과 진정한 대화를 나누고, 그들이 가지고 있는 다양한 통찰력을 받아들여야 한다. 그럴 때 비로소 큰 생각의 소유자가 될 수 있다.

세계적인 대문호 빅토르 위고 역시 "작은 사람은 작은 생각으로 이루어져 있다"라고 말한다. 사람들은 각기 자신의 작은 생각으로 자신만의 작은 우주를 진짜 우주로 착각하고 살아간다. 이렇게 작은 생각을 하는 사람은 다른 사람들로부터 배우려 하지 않는다. 그러나 큰 생각을 하는 사람들은 다른 사람들을 스승으로 바라보려고 한다. 그들에게서 무엇인가 배우려는 태도를 보인다. 사실 사람들은 나름대로 우리에게 새로운 통찰력을 던져주고 나의 무지를 깨닫게 하는 스승이다. 남들에게 배우는 것을 부끄러워하지 않는다면 훨씬 더 위대한 인생을 살 수 있다.

덩치는 큰데 생각은 작은 사람이 있다. 아무것도 아닌 일에 얼굴 붉히며 싸우는 것을 보면 참으로 답답하다. '왜 저런 문제를 가지고 목숨을 거는 거지? 집사가 목숨 걸어야 할 일이 한두 가지인가?' 집사는 복음을 위해, 전도와 선교를 감당하기 위해 목숨을 걸어야 한다. 사탄과의 영적 전쟁을 위해 목숨을 걸어야 한다. 하나님이 주신 사명을 감당하기 위해 목숨 걸고 싸워야 한다. 그런데 잡동사니 같은 문제를 가지고 서로 피 터지게 싸운다는 게 말이 되는가? 사소한 문제는 대수롭지 않게 여길 수 있는 여유로운 마음을 가져야 한다.

미국의 자동차 산업 공로자 찰스 키텔링 박사는 80세가 넘어서도 새로운 기계를 계속 발명했다. 83세 생일 때 그의 아들이 말했다.

"아버지, 이젠 연구는 그만하시고 좀 편히 쉬시죠."

그러자 찰스 키텔링은 이렇게 대답했다.

"오늘 편한 것을 생각하고 있다면 너는 늙은 것이고 이미 죽은 것이란다. 나는 늘 하나님의 축복을 생각하면서 미래를 생각하고 있으니까 젊고 언제나 살아 있는 것이지."

근시안적 생각에 사로잡혀 사는 사람이 있는가 하면 원시안적 사고를 품는 사람도 있다. 오늘 당장 어떻게 될 것인가를 집착하다 보면 먼 미래를 생각할 수 없다. 그래서 경제학자 피터 드러커 박사는 "우리는 10분 후와 10년 후를 동시에 생각해야 한다"라고 말한다.

그렇다. 지혜로운 집사는 10분 후, 1시간 후만 생각하지 않는다. 10년 후에는 어떻게 될까? 하나님 앞에 가서는 어떻게 될까? 그렇게 생각할 때 큰 결정을 할 수 있다. 롯은 당장 눈앞에 놓인 세계만 바라보았다. 그러나 아브라함은 하나님의 약속을 붙잡고 먼 미래를 꿈꿨다. 거룩한 집사는 인간적인 얄팍한 계산이 아니라 매사를 인간의 계산을 초월하는 신앙으로 생각하는 습관을 지녀야 한다.

좋은 생각을 길들이기 위해 노력하라

인간의 생각은 아담의 범죄 이래 왜곡된 생각으로 치달았다. 사실 아담과 하와 역시 생각의 자유를 잘못 활용했다. 그들은 금지된 자유가 있는지 몰랐다. 자기 마음대로 생각할 자유가 있지만 그 자유 뒤에는 져야 할 책임도 있다. 아담은 하나님이 기뻐하시는 생각을 해야 할 인간 존재를 망각하고 있었다.

사도 바울은 "모든 생각을 사로잡아 그리스도에게 복종하게" 하라고 말한다(고후 10:5). 인간의 교만한 생각은 하나님을 아는 것에 대적하게 만든다. 우리의 높아진 생각을 무너뜨려야 한다. 교만한 생각은 사탄의 노리갯감이 될 여지가 충분하다. 사탄은 교만한 생각을 하는 자를 공략해서 하나님을 대적하게 만든다.

교회 안에서 사탄의 유혹에 빠지기 쉬운 사람이 누구인지 아는가? 바로 교만한 마음을 품은 자들이다. 교만한 마음을 가진 자는 이미 사탄의 울타리를 가까이 서성거리는 사람이다. 그럴싸한 미끼만 던져주면 그는 그것을 덥석 물어 파멸의 길로 치닫게 된다. 그렇기에 자신의 높아지려는 생각을 그리스도 앞에 굴복시켜야 한다.

두 교회를 한번 비교해보자.

대전에 있는 어느 교회를 방문했다. 지은 지 얼마 되지 않은 큰 교회였다. 교회 본관 건물 1층에 들어가면 전면에 교회사무실이 있다. 사무실에 앉아 있으면 오가는 모든 사람이 잘 보인다. 거기에는 사무를 담당하는 장로님과 직원들이 근무하고 있었다. 왜 1층 로비에 사무실을 만들었을까? 교인들의 필요를 채워주고자 하는 생각 때문이었다.

또 다른 경우를 생각해보자. 젊은 목사가 울산에 있는 어느 교회에 부임했다. 그가 부임해서 처음 한 일이 본당 1층 로비를 북카페로 만드는 일이었다. 왜 1층 로비에 북카페를 만들었을까? 교인들이 부담 없이 아무 때나 드나들 수 있는 교회로 만들기 위해서다. 만약 머리가 희끗희끗한 사무장 장로님이 의자에 앉아서 모든 것을 지켜보고 있으면 교인들이 교회에 들어오는 것이 부담스럽기 때문이다. 실제로 1층을 북카페로 만든 후에 교회는 예전과는 달리 교인들로 북적거리기 시작했고 젊은 분위기로 바뀌었다.

이들 두 교회 모두 나름대로 많은 고민 끝에 내린 결정이다. 교회를 위하고 성도들을 위해서 선택한 결정이다. 그렇다면 과연 어느 생각이 더 좋은 생각인가? 사실 어려운 질문이다. 왜냐하면 각자가 가지고 있는 가치 기준에 따라 선택은 달라질 수 있기 때문이다. 더 좋은 생각을 가지려면 더 나은 가치 기준을 가져야 한다. 세속적인 가치 기준을 가진 집사는 세상의 생각을 한다. 그러나 영적인 가치 기준을 가진 집사는 영적인 생각에 흠뻑 젖는다.

매사를 '가능성'에 두고 생각해야 한다. 불가능성에 생각을 두고 접근하면 불가능한 조건들이 막 떠오른다. 그러나 가능성에 생각을 고정하고 접근하면 해낼 수 있는 조건들이 생각난다. 문제는 우리가 가진 생각의 조건화이다. 당신의 생각은 어떻게 조건화되어 있는가?

어느 유명한 신발회사에서 아프리카로 판매사원을 보냈다. "아프리카에서 신발을 판매하는 것이 과연 가능한가?"에 대한 여부를 조사하기 위해서였다. 처음으로 파견된 판매사원이 가보니 놀랍게도 그 부족 사람들은 아무도 신발을 신지 않은 채 맨발로 생활하고 있었다. 이것을 본 그는 즉시 본사로 연락했다.

"구두 판매계획 취소 요망. 이 부족은 전혀 신발을 신고 있지 않으며 구두를 판매하는 상점도 전혀 없음."

그 후에 회사에서는 다른 판매사원을 그곳에 보냈다. 그는 그곳의 형편을 살핀 후 다음과 같은 전보를 보냈다.

"구두 판매계획 절실히 요망. 이 부족들은 아무도 신발을 신고 있지 않으므로 얼마든지 신발을 팔 수 있으며, 구두 상점 또한 얼마든지 세울 수 있음."

두 사람 모두 같은 상황을 보았다. 그러나 한 사람은 부정적이고 절망적인 시각으로, 또 다른 한 사람은 긍정적이고 생산적인 시각으로 보았다. 신발회사는 이 두 번째 판매사원의 의견을 받아들여 그곳에 신발공장을 세워 크게 수익을 올렸다.

교회에서 어떤 프로젝트를 제시하고 "함께 해보자"라고 제안하면 사람들의 반응은 각기 다르다. "안 된다"라고 말하는 사람들도 발상의 전환만 하면 상상하지도 못한 상황을 연출해낼 수 있다. 성공적인 인생을 사는 많은 사람은 역발상의 지혜를 가진 사람들이다. 생각만 바꾸면 세상이 달라진다는 사실을 빨리 깨달아야 한다.

만약 당신이 지갑을 잃어버렸다면 기분이 어떻겠는가? 이내 "기분 더럽죠"라고 대답할 것이다. 그렇다면 과연 그럴까? 혹시 우리의 기분을 조절할 수는 없을까? 다음은 「운명은 당신 결정을 기다리고 있다」라는 책의 저자 나까지마 가오루의 이야기다.

어느 사람이 나까지마 가오루에게 "지갑을 잃어버려서 굉장히 속상하다"라는 말을 했다. 그때 저자는 그 사람에게 이런 조언을 했다. "지갑을 잃어버렸기 때문에 생길 수 있는 좋은 점을 다섯 가지만 생각해보시오!" 이들은 함께 생각해보았다.

첫째, 약이 오른 나머지 지갑 속에 들어 있던 액수만큼의 돈을 다시

벌려고 열심히 일한다.

둘째, 돈 때문에 자살을 고려하던 사람이 그 지갑을 주워서 그 안의 돈 때문에 목숨을 구했는지 모른다.

셋째, 나한테 별로 행운을 가져다주지 못하는 지갑을 빨리 바꿀 수 있는 좋은 계기가 되었다.

넷째, 그 지갑을 잃어버림으로써 과거를 던져버릴 수 있었다.

다섯째, 최근 뭔가 벌 받을 만한 짓을 하지 않았는가를 돌이켜 생각할 수 있는 계기가 되었다.

아마 지갑을 잃어버렸기 때문에 좋은 점은 더 많이 나올 것이다. 그렇다면 생각해보라. 내가 생각을 달리하니 전혀 다른 삶을 살 수 있지 않은가? 당신 자신을 생각의 희생 제물로 삼지 말라. 당신에게 주어진 환경이나 다가오는 사건들을 당신이 갖는 생각의 노예로 전락시키지 말라. 당신이 갖는 생각에 따라 환경과 사건들은 얼마든지 다르게 해석될 수 있고 받아들일 수 있다.

자기중심적인 생각에서 벗어나자. 내 생각이 소중하다면 다른 사람의 생각도 소중하다. 다른 사람의 생각을 존중해주라. 내 생각만 옳다고 고집부리면 하나님의 일을 훼방하게 된다. 상대방의 생각도 일리가 있고, 어쩌면 내 생각보다 더 옳을 수도 있다. 자기 생각의 한계를 인정하고 상대방의 생각을 존중해주는 마음이 필요하다.

우리가 잘 아는 이솝 우화가 있다. 베짱이가 여름 내내 노래만 부르고 놀고 있을 때 개미는 땀을 뻘뻘 흘리면서 열심히 일했다. 가을이 가고 점점 겨울이 다가오고 있었다. 베짱이는 그동안 잘 놀았지만 추운 겨울이 다가오면서 걱정되기 시작했다. 그래서 베짱이는 개미에게 몇 차례 찾아가서 먹을 것을 좀 달라고 부탁했다. 그러나 개미는 베짱이를 비웃으면서 냉정하게 거절했다. 결국 베짱이는 추운 겨울에 먹을 것이 없어서 죽고 말았다.

이 이야기는 한때의 편함과 즐거움을 위해 열심히 일해야 할 시기에 일하지 않고 사는 게으름뱅이의 결국을 보여주는 동시에, 일해야 할 시기를 놓치지 않고 땀을 흘리면서 수고하는 근면하고 성실한 삶을 권장하고 있다.

그러나 고정관념을 버리고 달리 생각해보라. 개미는 열심히 일하는 성실함과 비상시를 대비하는 저축성을 갖고 있다. 그러나 그는 몰인정한 사람이다. 사람이 죽어가는 지경인데 아무리 밉다고 할지라도 어떻게 그냥 보고만 있는가? 움켜쥐고 챙기는 삶으로는 자신은 만족하게 할 수 있어도 다른 사람의 행복은 만들 수 없다.

베짱이는 자기가 하고 싶은 일을 했다. 그는 즐겁게 자기 계발을 했기에 탁월한 연주가가 되어 전 세계로 불려 다니며 성공적인 공연을 할지도 모른다. 이렇듯 우리는 다르게 생각하고 판단할 수도 있다. 거룩한 집사는 내 생각만 옳다고 주장하지 말고 상대방의 생각을 들을 수 있는 열린 마음을 가져야 한다. 자기중심적 사고에 찌든 사람들이 교회를 다툼과 분쟁으로 몰아간다.

서로 생각의 차이를 인정해야 한다. 모든 사람이 다 같은 생각을 품을 수는 없다. 각자의 기호와 성향, 문화와 경험들이 모두 다르다. 그렇기에 우리는 서로 다른 생각의 세계 속에 공존할 수밖에 없다. 그런데 많은 사람이 나와 다른 생각을 인정하지 않으려고 한다.

어느 날, 막내딸이 운동화를 사 왔다. 딸아이는 개성이 강하고 주관이 뚜렷했다. 나는 딸아이를 도와준다고 운동화 끈을 내 방식으로 묶어주었다. 그러자 딸아이는 끈을 푼 채로 신발 속으로 넣는 것이 아닌가! 나는 "불편하게 왜 끈을 안으로 넣어?"라고 간섭했다. 그러자 딸아이는 "아니야, 이게 더 편해"라고 대답했다.

그때 옆에 있던 아내가 말했다.

"요즘 아이들은 신발 끈을 다 안으로 넣어. 우리 때와는 달라."

그때서야 나와 요즘 아이들 사이에 생각 차이가 크다는 것을 인정하고 입을 다물었다. 다른 생각을 가지고 네가 옳으니, 내가 옳으니 싸울 필요가 없다. 서로를 인정해주면 싸울 일이 사라진다.

08
거룩한 성품

성경적인
거룩한 기질을 계발하라

누군가 박찬호 선수에게 "영어를 어떻게 배웠냐?"고 질문하자 그는 미국생활을 이야기했다. 그는 마이너리그에 있을 때 몸에서 마늘과 김치 냄새가 난다고 많은 놀림을 받았다. 욱하는 마음에 싸움도 했다.

하루는 한바탕 싸운 후에 감독실로 불려갔다. 그런데 말이 통하질 않았다. 결국 혼자만 바보가 되고 말았다. 너무나 속상했다. 그래서 '그냥 한국으로 돌아갈까?' 하는 생각도 들었다. 그런데 마음 한쪽에서 오기가 생겼다. 그날 저녁, 어머니로부터 "잘 지내냐?"는 전화를 받았다. 그런데 돌아가고 싶다는 말을 할 수가 없었다. 그냥 "잘 지낸다"는 대답을 하고 많이 울었다. 그리고 마음을 다잡았다.

그는 '치즈 냄새로 괴롭히자'라는 생각이 들었다. 미국인 특유의 냄새 말이다. '너희도 한번 겪어봐라' 이런 마음이었다. 그날부터 식생활을 완전히 미국식으로 바꿨다. 아껴먹던 한국 음식들은 가차 없이 모두 버렸다.

나중에는 본인도 견디기 힘들 정도로 치즈 냄새가 진동했다. '이젠 됐다' 싶었다. 그런데 웬걸? 아무도 치즈 냄새에 관해 이야기하지 않는 것이었다. 곰곰이 생각해봤다. 그때서야 본인이 어리석었단 사실을 알았다. 한국인끼리는 서로에게서 마늘 냄새를 느끼지 못하듯이 그들 역시 치즈 냄새가 나쁘게 느껴지지 않았던 것이다.

우리는 서로 다른 문화와 체질을 가졌다. 사람마다 생각이 다르고 살아가는 방식도 각기 다르다. 가진 은사도 다르고 직분도 다르다. 그런데 우리는 서로 다른 차이를 받아들이지 않으려 한다. 상대방을 내 틀에 맞추기 위해 억지로 상대방을 고치려고 애쓴다. 그러나 상대방 역시 잘 바뀌지 않는다.

서로가 가진 차이를 있는 그대로 이해하고 받아주면 편하다. 그런데 사람들은 '다른 것'을 '틀린 것'으로 해석하려고 한다. 그러다 보니 서로 얼굴을 붉히고 갈등하면서 싸우는 것이다. 싸우면서 사역하니 사역이 재미있을 리 없고 교회생활이 행복할 리 없다. 거룩한 집사는 서로가 가진 차이를 발견하고 서로 하나 됨을 이루기 위해 노력해야 한다.

먼저 다른 사람의 기질을 인정해주라

바울과 바나바는 기질이 너무나 달랐다. 바나바는 관계지향적인 사람이어서 관계를 소중히 여기고 화평을 우선시했다. 부드럽고 포용적이었다. 그래서 격려하고 위로하는 말을 잘했다. 사람들을 돌아보고 세우는 사역을 잘했다. 웬만한 일은 인내하고 수용할 수 있었다. 그러나 바울은 달랐다. 바울은 열정적이었다. 일지향적이고 과업지향적인 사람이었다. 그러다 보니 일을 주도하는 힘은 강했다. 그러나 상대방이 가진 연약함이나 실수를 이해하고 용납해주는 데는 다소 부족한 면이 있었다.

바나바와 바울은 환상적인 팀워크를 이루는 동역자였다. 그런데 심하게 다툰 적이 있었다. 환상적인 동역자들이 왜 그렇게 다투었을까? 마가 요한 때문이었다. 요한은 한때 바울과 바나바와 함께 동역했는데 버가에 이르렀을 때 예루살렘으로 돌아가버렸다(행 13:13). 화가 난 바울은 그다음 선교여행을 떠나면서 마가 요한을 데려가지 않으려고 했다. 그러나 바나바는 마가 요한을 함께 데려가자고 주장했다. 결국 이들은 다툼 끝에 서로 결별하게 되었다(행 15:39).

그렇다면 바나바와 바울 중 누가 옳은가? 여기서 누가 옳고 누가 그르다는 식으로 접근해서는 안 된다. 단지 바나바와 바울은 서로 다른 기질을 가지고 있을 뿐이다. 과업지향적인 사람과 관계지향적인 사람이 문제에 접근하는 방식이 서로 다를 뿐이다. 그렇기에 흑백논리로 접근해서는 안 된다.

성격유형을 검사하는 데 많은 도구가 있을 수 있다. 그 가운데 하나가 바로 〈디스크〉(DISC) 검사이다. 디스크 검사에서는 인간 유형을 주도형, 사교형, 안정형, 신중형과 같은 4가지로 나눈다. 이들 유형은 각기 장단점을 가지고 있다(〈도표 1〉 참조).

교회는 다양한 기질의 사람들이 공존한다. 서로 다른 기질을 가지고

〈 도표 1 〉 디스크 검사

장 점	단 점
Dominance (주도형 : 지휘자, 담즙질, 3%)	
• 즉시 성과를 올린다. • 자신감이 있다. • 다른 사람의 행동을 유발시킨다. • 도전을 받아들인다. • 의사결정을 빠르게 내린다. • 기존의 상태에 문제를 제기한다. • 지도력을 발휘한다. • 어려운 문제를 처리하고 책임을 떠맡는다. • 문제를 해결한다. (회피×)	• 조급하고 다른 사람을 다그친다. • 다른 사람에게 무관심한 경향이 있다. • 위험부담과 경고를 간과한다. • 융통성이 없고 고집이 세다. • 지나치게 많은 일을 떠맡는다. • 세부사항을 무시한다. • 제한 받는 것을 참지 못한다. • 다른 사람들에게 너무 많은 요구를 한다.
Influence (사교형 : 사교가, 다혈질, 12%)	
• 외향적이고 사람들을 잘 사귄다. • 호의적인 인상을 준다. • 말솜씨와 표현력이 좋다. • 다른 사람을 잘 설득한다. • 열정적이고 인간적이다. • 즐거운 분위기를 만든다. • 사람과 상황에 대해 낙관적이다. • 그룹 활동을 좋아한다.	• 일의 끝마무리가 부족하다. • 너무 말을 많이 하여 실수가 많다. • 충동적으로 행동한다. • 급하게 결론을 내린다. • 무리하게 여러 약속을 한다. • 교묘한 말로 설득한다. • 능력에 대한 평가를 과대하게 한다. • 결과에 대해 지나치게 낙관적이다.
Steadiness (안정형 : 관계자, 점액질, 69%)	
• 예측가능하고 일관성 있게 일을 수행한다. • 인내심이 좋고 꾸준하다. • 다른 사람들에게 협조적이다. • 전문적인 기술을 계발한다. • 충성스럽고 남을 잘 섬긴다. • 다른 사람의 의견을 잘 들어준다. • 흥분한 사람을 진정시킨다. • 안정되고 조화로운 업무환경을 만든다.	• 급격한 변화를 꺼린다. • 지나치게 관대하다. • 일을 미루는 경향이 있다. • 우유부단하다. • 갈등을 회피한다. • 감정을 잘 표현하지 않는다. • 피동적이다. • 정해진 기간에 일을 마치기 어렵다.
Conscientiousness (신중형 : 사고가, 우울질, 16%)	
• 정리 정돈을 잘한다. • 세부사항에 신경을 쓴다. • 분석적으로 사고하고 찬반, 장단점 등을 고려한다. • 외교적 수완이 있고 유능하다. • 자기 훈련을 잘한다. • 정확하고 철저하다. • 업무수행에 대해 비평적으로 분석한다.	• 높은 기준을 가지고 있다. • 지나치게 조심스럽다. • 세부적인 일에 얽매인다. • 일하는 방법에 융통성이 없다. • 비판하기를 좋아한다. • 자발성이 약하다. • 의심이 많다. • 비판에 예민하게 반응한다. • 비관적이다.

있어서 일에 접근하는 방식도 다르고, 문제를 이해하고 판단하는 것도 다르다. 그러다 보니 함께 사역하면서 갈등이 일어난다.

주도적인 기질을 가진 사람이 안정형이나 신중형의 사람과 함께 일하다 보면 답답해진다. 신중형이나 안정형은 한 번 더 생각하고 움직인다. 주변 사람들에게 신경을 쓴다. 그러다 보니 우유부단하다는 평가를 듣는다. 그러나 주도적인 사람은 과업을 이루기 위해 주변 상황이나 사람들을 고려하지 않는다. 일을 성취하는 게 우선적인 과제이다. 그러다 보니 사람들이 받을 상처는 그렇게 유념하지 않는다. 때로는 지나치게 막말해서 상처를 주는 일이 허다하다.

그럼 어느 유형이 더 좋은 기질인가? 어느 유형이 '옳고 더 낫다' 라고 생각해서는 안 된다. 이것은 옳고 그름의 문제가 아니다. 각각 장점이 있고 단점도 있다. 장점은 잘 계발하고 발전시키고 단점은 수정하고 보완하면 된다. 자신의 단점에 너무 주눅 들 것도 없다. 누구에게나 단점은 있다. 단지 단점을 자꾸 보완해 나가다 보면 언젠가는 자기 성장이 이루어지는 것을 발견하게 될 것이다. 그리고 장점이 있다고 교만해서도 안 된다. 다른 기질의 사람이 볼 때 자신의 장점이 단점으로 생각될 수도 있다.

교회 안에서 웃으면서 사랑 가운데 함께 사역하려면 서로의 기질을 인정해주고 서로의 장점을 존중해주어야 한다. 자신이 갖지 못한 장점이 있기에 그와 함께 보완해주면 시너지 효과를 낼 수 있다. 나와 다른 기질의 사람을 보고 "당신은 왜 늘 그런 식이야"라고 말하지 말아야 한다. 오히려 그런 기질의 사람이 있어서 나와 같은 기질이 하지 못하는 단점을 극복할 수 있는 것이다. 그렇기에 "나는 옳고, 너는 그르다"는 태도를 버려야 한다. 상대방의 기질을 이해하면 그를 받아들이고 용납할 수 있다.

안정형과 신중형인 나로서는 주도형의 사람을 이해하기가 힘들었다. "사람이 왜 저렇게 자기중심적이지? 도무지 다른 사람의 입장은 조금도 배려해주지도 않잖아?" 과격하고 충동적으로 말하고 행동하는 태도를 도무지 이해할 수가 없었다. "뒤끝이 없다"라고 말하지만 그 말이나 태도에 얼마나 속이 상하는지 모른다. 그래서 섭섭하기도 하고 상처받기도 했다. 심지어 분노가 일어날 때도 많았다. 그런데 몇 년 지나다 보니 조금씩 이해가 되었다. 그 사람이 가진 기질에서 나온 말이고 행동이었다는 것을. 기질을 이해하고 나니 웃으면서 넘기는 여유도 가질 수 있게 되었다.

자기만 옳다고 주장하지 말라

바울은 골로새 교인들에게 "모든 일을 원망과 시비가 없이 하라"(빌 2:14)고 권고한다. 사실 우리는 교회 안에서 함께 봉사하지만 원망과 시비 속에서 사역할 때도 많다. 그래서 나는 교인들에게 늘 강조하는 말이 있다. "주의 일을 하되 서로 상처 없이 웃으면서 사역하자."

성도란 주님의 은총에 감사하여 '나 무엇을 주님께 드릴까?'를 생각하며 섬기는 사람들이 아닌가? 그렇다고 보수를 받고 섬기는 것도 아니다. 자기 돈과 시간을 써가면서 봉사한다. 감사와 감격 속에서 자원해서 섬기는 사람들이다. 그런데 우리가 왜 상처를 주고받으면서 섬겨야 하는가? 그래서 나는 "주의 일을 하되 상처 없이 섬기자"라고 주장한다.

그런데 현실은 그렇지 않다. 빌립보교회에도 유오디아와 순두게라는 유력한 여집사들이 있었다. 그런데 이들이 서로 갈등하고 다투는 일이 벌어졌다. 그 갈등은 두 사람의 몫이 아니라 주위 사람들에게도 여파를 미쳤다. 결국 교회 안에 큰 문젯거리로 대두되었다. 그래서 바울은 "내가 유오디아를 권하고 순두게를 권하노니 주 안에서 같은 마음을 품으라"(빌 4:2)고 권면하는 것이다.

사실 다른 기질을 가진 사람들이 '같은 마음'을 품는 것은 쉬운 일이 아니다. 생각이 다르고, 스타일이 다르며, 바라보는 시각이 다른데 어떻게 같은 마음을 품을 수 있단 말인가? 서로 다르다 보니 각자 자기주장을 하게 된다. 그래서 충돌이 생기고 충돌 속에서 서로 원망하고 불평하게 되는 것이다.

함께 사역하다 보면 사람들은 서로 자기 입장만 옳다고 말하는 경우가 흔히 있다. 나는 내가 옳은 것 같다. 그러나 다른 사람 처지에서 보면 그도 역시 '내가 옳다'고 생각되지 않겠는가? 그래서 역지사지의 태도가 필요하다. 상대편의 처지에서 생각해보면 이해하지 못할 것이 없다. 문제는 자기 관점에서만 생각하다 보니 충돌이 생기는 것이다.

탈무드에 이런 이야기가 나온다. 어떤 젊은이 두 사람이 갈등이 생겨서 유대인 랍비를 찾아갔다. 지혜로운 랍비를 찾아간 두 사람은 서로 자기 처지에서 호소했다. 이들의 말을 듣고 있던 랍비가 "그러지 말고 한 사람씩 와서 따로따로 이야기하라"고 말했다.

먼저 한 젊은이가 와서 자기의 문제를 쭉 이야기했다. 그 이야기를 다 듣고 난 랍비가 말했다.

"당신 말이 옳소."

그다음에 두 번째 청년이 왔다. 그도 역시 자기 처지에서 그 사건에 관한 이야기를 쭉 설명했다. 이 사람이 하는 말을 다 듣고 난 랍비가 다시 말했다.

"당신 말이 옳소."

그 얘기를 뒤에서 듣고 있던 랍비의 아내가 이상하게 생각해서 남편에게 물었다.

"아니, 두 사람 다 옳다고 하면 그게 무슨 판단입니까? 어떻게 된 거지요?"

그러자 랍비는 아내를 바라보면서 말했다.

"당신 말도 옳소."

사실 옳고 그름이란 그리 쉬운 문제가 아니다. 너무 우유부단한 태도일까? 그러나 우리가 공동체에서 경험하는 일들을 보면 절대 선, 절대 진리라고 억측 부리기에는 문제가 있는 일이 얼마나 많은가? 방법의 문제이고 문화의 문제일 뿐이다. 복음과 진리는 변할 수 없다. 그러나 복음을 담는 문화라는 그릇은 얼마든지 변할 수 있다. 이런 면에서 복음의 불변성과 문화의 다양성을 함께 견지해야 한다. 그런데 우리는 복음을 담는 그릇을 가지고 "어느 것이 옳으냐?"고 싸우고 있다.

교회에서 함께 섬기는 지체들은 각기 다양하다. 은사도 각기 다르다.

하는 일도 다양하다. 이들은 모두 복음 안에서 통일되어 하나 됨을 이뤄야 한다. 그러나 다양성은 역시 갈등을 피할 수 없게 만든다. 그렇다면 갈등 자체를 가지고 너무 민감하게 반응할 필요는 없다. 문제는 갈등을 어떻게 다루느냐 하는 것이다. 갈등을 잘못 다루게 되면 파괴적인 결과를 초래한다.

공동체 내에서 갈등은 구성원의 불만을 낳고 협력을 저해하며 결과적으로 사역에 악영향을 미친다. 그래서 사람들은 갈등을 무조건 나쁘다고 생각한다. 그러나 갈등이 나쁜 것만은 아니다.

갈등은 과업 갈등과 감정적 갈등으로 나눌 수 있다. 과업 갈등은 각종 의사결정에서 나타나는 구성원 간의 관점, 아이디어나 의견 차이를 말한다. 감정적 갈등은 대인관계에서 발생하는 긴장, 짜증, 적대감 등을 말한다. 감정적 갈등은 구성원 간의 반목을 낳고 일체감과 협력을 훼손함으로써 공동체의 생산성과 구성원의 만족을 저해하는 나쁜 갈등이다.

그러나 과업 갈등은 오히려 토론 주제에 대한 이해를 촉진하고 집단 의사결정에 대한 수용도를 높이는 데 탁월한 효과를 가진다. 과업 갈등은 효과적인 의사결정을 촉진함으로써 성과에 긍정적인 영향을 미친다. 다양한 관점에서 사고하고 토론하는 과업 갈등은 오히려 유익할 수도 있다.

그런데 문제는 교회 안에서 일어나는 갈등, 특히 장로나 목사, 집사나 장로 사이에 일어나는 갈등은 과업 갈등이라기보다는 감정적 갈등이라는 데 있다. 어떤 일을 하다 보면 서로가 가진 의견이 다를 수 있다. 그런데 그것을 감정적 대립으로 이해하다 보면 과업 갈등마저도 반대를 위한 반대 형태로 치닫게 되는 것이다.

기독교 신학자이자 윤리학자인 라인홀더 니이버는 이런 말을 했다. "사실 우리의 선택은 대부분 옳고 그름 사이의 선택이 아니다. 많은 경우에 그것은 더 큰 악과 적은 악 사이에 선택해야 할 문제가 너무 많다. 그래서 이것은 선이다, 악이라 하지 말고 보다 적은 악을 선택해야 할 경우가 훨씬 더 인생에서는 많다."

심리학자 해리슨이 쓴 「I'm OK, You're OK」라는 책이 있다. 나도 옳고, 당신도 옳을 수가 있다. 나도 틀릴 수가 있고, 당신도 틀릴 수가 있다. 이렇게 생각하는 사람들은 건강한 사람이다. 그런데 어떤 사람들은 "I'm OK, You're not OK", 즉 나는 옳은데 네가 틀렸다고 우겨댄다. 자신이 모든 일의 잣대가 된다.

우리는 모두 불완전한 존재이기에 매사에 잘못 판단할 가능성을 갖고 있다. 그런데 매사에 자신이 옳고 정의롭다고 주장한다면 거기에는 불만과 원망이 나올 수밖에 없다. 어찌 자신만 정답을 갖고 있다고 말하는가? 자신만 옳다고 생각하니 상대방을 무시하고 깔아뭉개는 것도 다반사이다. 이런 태도를 가진 사람은 공동체 안에서 결코 조화를 이룰 수가 없다.

어느 판사가 에세이집을 냈다. 그는 자신이 살았던 법조인 생활을 돌이켜보았다. 그런데 놀라운 사실을 발견했다. 지금까지 자신이 내린 많은 판결 중에 거의 3분의 2 정도는 옳고 그름을 판단할 수 없는 것들이었다. 사람들은 주관적으로 옳을 수도 있고 틀릴 수도 있는 문제를 가지고 자기편으로 판결해달라고 요청한다. 그렇기에 그는 많은 딜레마 속에서 법조인 생활을 해왔노라고 고백한다.

우리가 살아가는 데 부딪히는 수많은 문제가 옳고 그름의 문제가 아니다. 옳을 수도 있고 그를 수도 있는 문제이다. 생각하기에 따라서 옳을 수도 있고 그를 수도 있다. 사실 명백하게 옳고 그른 것으로 나눌 수 없는 문제가 너무나 많다. 이렇게 해도 되고 저렇게 해도 좋은 것을 가지고 다투지 말자. 이런 것을 두고 원망과 시비가 일어나지 않도록 서로 이해하는 관용의 미덕을 갖자.

달라도 웃으면서 함께 사역하라

아브라함은 롯의 삼촌이다. 이들은 타향살이하면서 서로에게 많은 의지가 되었다. 그동안 이들은 서로 협력하면서 잘 지냈다. 아브라함은 점점 가축과 은과 금이 많아지기 시작했다. 조카 롯 역시 적잖은 양과 소를 소유하게 되었다. 그러나 벧엘에 이르렀을 때 문제가 발생했다. 두 사람 모두 소유하고 있는 목축이 너무 많았다. 그래서 그 땅에 있는 목초지에서 함께 동거할 수 없는 지경이 되었다. 어느 날, 문제가 터지고 말았다. 들에서 목축하던 아브라함의 목자와 롯의 목자들이 서로 다투게 되었다. 물론 목초지를 둔 싸움이었다.

결국 아브라함은 조카 롯에게 먼저 제안했다. "아브람이 롯에게 이르되 우리는 한 친족이라. 나나 너나 내 목자나 네 목자나 서로 다투게 하지 말자"(창 13:8). 아브라함은 롯에게 "네가 좌하면 나는 우하고 네가 우하면 나는 좌하리라"고 하면서 먼저 선택할 권한을 주었다. 사실 선택권은 아브라함에게 있었다. 아브라함이 연장자였다. 그리고 지금까지 롯은 아브라함의 보호 속에서 살아왔다. 그렇다면 당연히 아브라함이 마음에 드는 곳을 선택한 후에 나머지를 롯이 가져야 했다. 그런데 아브라함은 롯에게 선택권을 주었다.

아브라함은 큰사람이었다. 그는 눈에 보이는 당장의 이익보다 하나님의 약속을 신뢰하는 믿음의 사람이었다. 작은 이권 때문에 서로 얼굴을 붉히고 다투는 사람들과는 사뭇 달랐다. 재산권 때문에 형제간에 몸싸움을 벌이고 법정까지 가서 서로에게 삿대질하는 소인배들과는 달랐다.

거룩한 집사는 대장부가 되어야 한다. 소인배처럼 자그마한 이권에 얼굴 붉히고 싸우려 대든다면 교회는 아수라장이 되고 만다. 내가 주장할 수 있는 것도 다른 사람이 누릴 수 있도록 선택권을 양보해주라. 작은 이권에 눈이 멀면 분쟁만 일어날 뿐이다. 하나님을 신뢰함으로 양보하면 하나님이 보상해주신다.

어느 사업가가 출장을 가서 호텔에 투숙하게 되었다. 사업가는 최근 너무 힘든 상황에 부닥쳤다. 호텔에 머물면서 깊은 고민에 빠졌다. 그는 우연히 창밖을 내다보았다.

바로 그때였다. 파리 한 마리가 창문 유리를 통해서 밖으로 나가려고 맹렬하게 돌진하고 있었다. 파리는 유리창을 향해 힘껏 부딪혔다. 그러나 이내 떨어지고 말았다. 또다시 날아서 유리창에 부딪혔지만 이번에도 역시 마찬가지였다. 또다시 거듭하고 있었다.

그때 사업가의 눈에 현관문이 활짝 열려 있는 것이 보였다. 사업가는 웃음이 나왔다.

"저 파리가 방향을 틀어서 10초만 날면 그냥 나갈 수 있는데 그걸 못하고 그냥 돌진하다가 이제 곧 죽겠구나!"

그 순간 그는 어리석은 파리에게서 자신의 모습을 보게 되었다. '혹시 이 모습이 내 모습은 아닌가? 내가 지금까지 조금 방향만 돌리면 되는데 계속 돌진만 하다가 저 파리처럼 나도 이렇게 나가다가 죽겠구나!' 그는 지금까지 살아온 삶의 패턴을 바꿔볼 생각을 하지도 못하고 앞으로만 돌진하려고 몸부림쳤던 자신의 어리석음을 깨닫게 되었다.

앞으로만 가려고 억지 부리지 말자. 좀 쉬었다 가면 어떤가? 하다 안 되면 돌아가면 되지 않는가? 오직 앞으로만 전진하려다 보니 주변에 열려 있는 문들이 보이지 않는 것이다. 가던 길이 잘못된 길일 수도 있다. 돌아서는 것, 철회하는 것은 부끄러운 일이 아니다. 오히려 자기 고집을 피우면서 파멸의 길로 치닫는 것이 더 부끄러운 일이다.

바울은 갈라디아교회 성도들에게 "만일 서로 물고 먹으면 피차 멸망할까 조심하라"(갈 5:15)고 경고한다. 교인들끼리 무슨 원수 진 것이 많다고 서로 물고 뜯고 할퀴는가? 서로를 넘어지게 만들려고 애쓰다 보면 둘 다 피해를 보게 된다. 집사는 어떻게 하든지 공생의 길을 모색해야지 공멸의 길을 선택해서는 안 된다.

미국 남북전쟁 때의 일이다. 포토맥강이라고 하는 강을 사이에 두고 북군과 남군이 대치하고 있었다. 다음 날 아침이면 전투로 수많은 사람이 죽게 될 상황이었다. 달빛이 흐르는 적막함이 감도는 조용한 시간에 군사들은 불안에 떨면서 잠을 설치고 있었다.

그때 누군가가 노래를 부르기 시작했다. 만약 군가를 불렀다면 양측

이 서로 기세에 밀리지 않으려고 목청을 높여서 크게 불렀을 것이다. 그런데 들려오는 노랫소리는 군가가 아니었다. 누구나 다 부를 수 있는 〈Home, Sweet Home〉, 즉 "즐거운 곳에서는 날 오라 하여도…"라는 노래였다.

이내 군인들은 누구라 할 것 없이 조용히 노래를 따라 불렀다. 그러자 그 노랫소리는 어둠을 뚫고 강 건너편까지 들려졌다. 어느새 전쟁터는 노래로 가득 찼다. 양편의 군사들은 눈물을 흘리며 계속 노래를 불렀다. 다음 날 그곳에서 전투는 벌어지지 않았다.

노래 하나가 총칼을 내려놓게 했다. 그렇다면 성령을 모신 한 형제들끼리 왜 그렇게 싸움을 그칠 수 없는가? 성령은 우리를 하나로 만드는 평화의 영이시다. 서로 다른 우리가 어떻게 하나로 뭉쳐서 하나님의 비전을 위해 협력할 수 있을까? 육체를 따라 행하지 말고 성령을 좇아 행해야 한다. 성령은 인격적인 하나님이시다. 우리 안에서 지금도 일하신다. 성령이 주시는 마음을 알아야 한다. "만일 우리가 성령으로 살면 또한 성령으로 행할지니 헛된 영광을 구하여 서로 노엽게 하거나 서로 투기하지 말지니라"(갈 5:25-26). 성령은 우리 안에 일어나는 헛된 영광을 포기하도록 요구하신다. 성령은 우리 마음에 도사리고 있는 싸움의 근원을 제거하길 원하신다.

성령은 우리 마음에 예수 그리스도의 마음을 품게 하신다. 그리스도께서는 자신을 낮추셨다. 그리고 남을 나보다 낮게 여기셨다. 서로 다른 우리가 어떻게 하나로 조화를 이룰 수 있겠는가? 다른 사람을 나보다 낮게 여기면 된다. 그러면 내 생각을 내려놓을 수 있다. 자존심이 상한다고 상대방에게 감정적인 대립을 하지 않을 수도 있다.

우리가 왜 싸워야 하는가? 주님 안에서 한 형제인데, 한 가족인데, 서로 생각이 다르다고 싸워야 하는 것은 아니다. 서로 달라도 조화를 이루고 다양성의 미학을 즐길 수 있다. 서로 달라도 웃으면서 섬기자. 그래야 주님이 기뻐하신다. 우리는 서로를 위해서 살아야 하는 존재로 부름받았다. 그런데 왜 잡아먹지 못해서 으르렁거리고 있는가? 혹시 우리 사이에 담이 있다면 그것을 허물어야 한다. 그리고 하나가 되어야 한다. 주님은 이것을 위해서 오셨다. 십자가의 보혈로 이룬 하나 됨의 은총을 무용지물로 만들지 말아야 한다.

>>> PART_3

참신앙의 아름다운
인격 관리자가 되라

09
거룩한 성품

요즘 그리스도인에 대한 사회적인 신뢰가 바닥으로 떨어졌다. 불신자와 별반 다를 게 없다는 말이다. 서글픈 일이 아닐 수 없다. 기독교에 적신호가 들어온 것이다. 앞으로 교회의 영향력을 높여 선교적인 사명을 회복하려면 기독교 자체의 자정 노력이 필요하다. 기독교의 자정 노력이란 무엇인가? 바로 그리스도의 형상을 회복하는 것이며 성령의 열매를 맺는 일이다. 그것이 바로 그리스도를 닮은 인격적인 제자를 가리킨다.

미국 상원의원으로서 미국의 양심이라 불리는 존 맥케인은 "인격이 운명이다"라고 주장한다. 인격이야말로 인생을 지배하는 힘이다. 그는 "나는 운명을 믿지 않는다. 단지 인격을 믿을 뿐이다"라고 말하면서 "태어날 때부터 무엇이 되기로 정해진 사람은 없다"라고 강조한다. 대신 운명적이라 할 만한 것으로 인격을 제시했다.

스코틀랜드의 사회개혁가인 사무엘 스마일즈는 그의 「인격론」에서 인격은 재산이라고 말하면서 이렇게 역설했다. "인생 혹은 일에서 중요한 것은 지성이 아니라 인격이다. 머리가 아니라 마음이며, 천재성이 아니라 판단에 따르는 규제력, 자제력, 인내심이다." 실제로 탁월한 재능을 가진 사람이라도 참을성과 같은 사소한 능력을 갖추지 못한다면 재능은 상대적으로 하찮은 게 될 수 있다.

이와 관련해서 솔로몬은 아주 심각한 말을 했다. "인생의 마음에는 악이 가득하여 그들의 평생에 미친 마음을 품고 있다가 후에는 죽은 자들에게로 돌아가는 것이라"(전 9:3). 인간이 미친 마음을 품다니? 인간이 하는 일을 보라. 미친 마음을 품지 않고서는 도저히 할 수 없는 비인격적인 모습들을 보게 된다. 우리 안에 가득한 악한 마음을 그리스도의 보혈로 깨끗하게 해야 한다. 날마다 성령의 소욕으로 악한 마음을 제어해야 한다.

세상 사람들에게 손가락질당하는 목사, 장로, 집사가 얼마나 많은가! 불신자들이 "말과 행동이 다른 목사나 장로, 권사나 집사들 꼴 보기가 싫어서 교회에 가기 싫다"라고 하는 말을 자주 듣는다. 싫은 일이지만 우리는 "예수 믿는 사람들은 물에 빠져도 입은 동동 뜬다"라고 비꼬는 말도 자주 듣는다. 앞으로 교회 성장의 과제는 그리스도인이 예수님을 닮은 아름다운 인격을 회복하는 데 있다.

사도 야고보는 "인내를 온전히 이루라. 이는 너희로 온전하고 구비하여 조금도 부족함이 없게 하려 함이라"(약 1:4)고 말했다. 온전하다, 부족함이 없다는 말은 인격적인 성숙이 이루어졌음을 뜻한다. 우리는 연단을 통해서 점점 더 그리스도를 닮아가는 인격적인 성숙을 이루어야 한다.

그리스도인은 언젠가 예수 그리스도처럼 되어질 것이다. "그가 나타나시면 우리가 그와 같을 줄을 아는 것은 그의 참모습 그대로 볼 것이기 때문이니"(요일 3:2). 내가 그리스도와 같아진다? 그리스도를 닮아가는 것이 성화의 삶이라면 그리스도와 같아지는 것이 바로 영화이다. 그리스도께서 재림하시는 때가 되면 우리는 그리스도와 같아질 것이다. 죄가 영향을 미칠 수 없는 상태가 되는 것이다. 이것이 우리를 향한 하나님의 비전이자 모든 그리스도인의 변함없는 소망이다.

친구 목사가 자신이 시무하는 교회의 안수집사 내외를 칭찬하는 말을 들었다. 남편은 사업을 하고, 아들 둘이 있는데 그중 한 아들은 신학을 공부하기 위해 준비하고 있다. 일반적으로 온전한 십일조를 드리기도 어려운데, 이들 부부는 십이조를 하나님께 드린다. 어디 그뿐인가? 선교헌금을 매월 100만 원씩 드린다. 그는 안수집사 전체가 드리는 헌금보다 더 많은 헌금을 하나님께 드린다.

그 집사는 늘 새벽기도를 드리는데 두 시간씩 기도한다. 명절이 되면 전 교역자와 직원에게 선물을 돌린다. 교역자 수련회가 있으면 "얼마 안 되지만 식사나 한 끼 하세요"라고 하면서 몇 십만 원씩 보태준다.

이들은 늘 긍정적인 말만 골라서 한다. 항상 "되겠다"라고 말한다. 어떤 상황이든지 교역자 편에 서서 말한다. 주의 일을 해도 변함이 없다. 주변에서 "당신만 열심이냐?"고 하면서 핀잔을 주기도 한다. 그러나 주변에서 아무리 공격해도 화내거나 흔들리지도 않고 묵묵히 자기 할 일을 일관성 있게 한다. 그러니 목사가 자랑할 만하지 않은가? 목사가 칭찬할 만한 인격을 갖춘 집사야말로 거룩한 집사가 아니겠는가?

건물에는 높은 건물이 있고 낮은 건물도 있다. 모두 쓰임새가 다르다. 그렇지만 그 건물들이 쓰러질 때는 결과가 엄청나게 다르다. 단층 건물은 쓰러져도 충격이나 여파가 비교적 적지만 고층 건물이 무너지면 그 여파가 상당히 크다. 피해를 많이 입게 된다. 인격에도 층이 있다. 단층 인격자는 무너져도 한 사람의 충격으로 끝난다. 그런데 고층 인격자는 무너지면 한 사람의 충격으로 끝나지 않는다. 여러 사람이 막대한 피해를 보고 미치는 영향력도 상당히 크다.

아름다운 인격으로 살아갈 자신이 없으면 교회에서 직분을 받지 말아야 한다. 장로가 되어서 세상 사람들에게 사기나 치면 하나님의 영광이 가려진다. 권사가 되어 이집 저집 다니며 남을 험담하고 거짓말이나 꾸민다면 전도의 문이 막힌다. 집사가 되어서 직장에서 말썽만 일으키고 집에서 싸우는 소리가 주변 사람들에게 들린다면 교회에는 비난이 쏟아질 것이다.

나는 교인들에게 자주 이런 말을 한다. "교패를 붙여놓고 부부 싸움을 하지 말아야 한다. 자녀가 보는 것도 창피한 일이지만 불신자인 이웃이 들었을 때 뭐라고 생각하겠는가? 혹시 부부 싸움을 해야 한다면 집안의 모든 창문을 꼭꼭 닫아라. 그다음에 방에 들어가서 이불을 뒤집어쓰고 싸우라. 그러면 싸우는 소리가 창문 밖으로 나가지 않을 것이다. 이불 속에서 10분 이상 싸울 수가 없을 것이다."

옳은 말이지 않은가? 예수님을 믿는 사람인데 부부가 고성을 지르고, 물건을 던지고 깨지는 소리가 들려서야 되겠는가? 예수님을 믿는 부모가 아이들을 잡는 소리가 창문 밖으로 들려서야 전도가 되겠는가? 우리는 세상의 빛과 소금이 아니던가? 세상을 덮고 있는 어둠을 밝혀야 할 사람들이 어둠이어서는 안 된다. 부패를 방지하고 맛을 내야 할 사람들이 더 썩어서 되겠는가? 맛은 못 낼지언정 더 썩어서는 안 된다.

한국인은 한국인의 냄새가 난다. 한국 사람들은 마늘을 먹고 김치를 먹기 때문에 아무리 이를 닦고 향수를 뿌려도 냄새는 어쩔 수 없다. 피부에서 냄새가 배어 나온다. 마찬가지로 외국인들도 독특한 냄새를 풍긴다. 그래서 우리 역시 이맛살을 찌푸리는 경우가 있다. 그런데 진짜 나쁜 것은 몸에서 나는 냄새가 아니다. 마음에서 나는 냄새가 더 문제이다. 착한 마음을 가진 사람에게는 아름다운 향기가 나서 많은 사람의 기분을 좋게 만든다. 많은 사람에게 생기를 주고 소망을 주고 화평을 준다. 그런데 악한 마음을 가진 사람은 주변 사람들의 마음을 불쾌하게 하고, 기분을 상하게 만들며, 용기를 잃어버리게 하고, 화나게 하는 냄새가 난다.

더 안타까운 것은 악취를 풍기는 그리스도인이다. 예수님을 닮기를 소원하는 제자는 마땅히 좋은 냄새, 향기로운 냄새를 풍겨야 한다. 그런데 악취를 풍기는 집사도 많다. 하늘 냄새를 내야 할 성도가 어찌 땅의 냄새를 내서 하나님을 슬프게 하고, 주변 사람들에게 반발심을 심어 준단 말인가?

개는 늘 킁킁거리면서 뭔가 냄새를 맡기에 분주하다. 왜 그럴까? 개는 사람에 비해서 코가 400배나 예민하다. 그래서 소리를 듣고 짖는 게 아니라 냄새로 구별한다고 한다. 그런데 세상 사람들은 개보다 냄새를 훨씬 더 잘 맡는다. 특히 예수님을 믿는 사람들의 냄새는 너무나 민감하게 맡는다. 목사나 그리스도인이 무슨 일을 일으키거나 교회와 관련되어 어떤 사건이 벌어지면 어디에서 냄새를 맡았는지 순식간에 벌떼처럼 달려든다. 그러니 어찌 집사가 행동거지를 조심하지 않겠는가?

때때로 우리끼리도 "저 사람 왜 저러지? 도대체 저런 사람이 어떻게 집사가 되었어?"라고 빈축을 주는데 세상 사람들이야 오죽하겠는가? 직분이 인격을 대변해주지 않는다. 세월이나 경륜이 인격적인 성숙을 보장해주지 않는다. 집사는 모름지기 자신의 인격을 책임져야 한다. 자신의 인격을 성숙한 인격으로 승화시키는 데 목숨을 걸어야 한다.

인격은 하루아침에 형성되지 않는다. 우연히 만들어지는 것도 아니다. 오랜 세월 동안 훈련을 통해 이루어진다. 이와 관련해서 링컨은 이런 말을 했다. "모든 사람을 잠깐 속일 수는 있을 겁니다. 소수의 사람은 언제까지라도 속일 수도 있을 겁니다. 그러나 모든 사람을 언제까지나 속일 수는 없습니다." 인격은 삶에서 자연스럽게 드러난다. 그런데 때로는 인격에 가면을 쓸 수도 있다. 그러나 좋지 않은 상황이나 이권이 개입되는 때가 되면 인격이 그대로 드러난다.

미국의 유명한 복음전도자 무디 목사가 동료에게 물었다.

"요즘 저는 인격의 실체에 관심이 많습니다. 그냥 얼굴만 봐서는 도저히 모르겠거든요. 도대체 인격의 본래 모습은 어떤 것일까요?"

그러자 무디 목사의 생각을 잘 알고 있던 동료는 반문했다.

"글쎄, 그것이 무엇인지 나도 모르겠소."

그러자 기다렸다는 듯이 무디 목사가 말했다.

"제가 알기로 평소 사람의 실체는 잘 알 수가 없지요. 그 사람이 어둠 속에 있을 때 나타나는 것이 진짜 모습입니다."

인격을 다듬으시는 하나님의 손길에 맡기라

사도 바울은 젊은 목회자 디모데에게 말씀의 중요성에 대해서 역설한다. "모든 성경은 하나님의 감동으로 된 것으로 교훈과 책망과 바르게 함과 의로 교육하기에 유익하니 이는 하나님의 사람으로 온전하게 하며 모든 선한 일을 행할 능력을 갖추게 하려 함이라"(딤후 3:16-17). 하나님의 말씀은 구원에 이르는 지혜를 준다. 그뿐만 아니라 하나님의 사람을 온전하게 하는 삶의 규범이다.

그리스도인의 아름다운 인격은 어떻게 만들어지는가? 그리스도인의 인격을 완성하는 데 필수적인 요소가 바로 하나님의 말씀이다. 그래서 바울은 골로새 교인들에게 그리스도의 말씀을 풍성히 거하게 하라고 권면한다. "그리스도의 말씀이 너희 속에 풍성히 거하여 모든 지혜로 피차 가르치며 권면하고 시와 찬송과 신령한 노래를 부르며 감사하는 마음으로 하나님을 찬양하고"(골 3:16).

하나님의 말씀은 우리의 영혼을 치유하고 삶을 바르게 조정한다. 행해야 할 것과 행하지 말아야 할 것에 대한 가이드 라인을 정해준다. 그런데 하나님의 말씀을 읽고 듣고 묵상하는 것만으로는 아무런 의미가 없다. 오히려 머리가 커진 그리스도인이 육적인 그리스도인보다 더 많다. 그래서 하나님의 말씀은 가슴으로 읽고 들어야 한다. 순종하지 않는 말씀은 우리에게 아무런 영향을 끼칠 수 없다.

그래서 유명한 신학자 본회퍼는 이런 말을 했다. "성경에 기록된 말씀들은 언제나 당신의 가슴에 묻혀야 하고, 당신의 생활 속에 날마다 살아 움직여야 합니다. 당신이 무척 사랑하는 자가 있으면 그의 말을 잊을 수 있겠습니까? 사랑하는 자의 말은 따지고 분석해서 받아들이는 것이 아닙니다. 마찬가지로 당신도 주님을 사랑한다면 그의 말씀을 마음에 그대로 담고 살아야 합니다."

드라마 〈인생은 아름다워〉를 쓴 작가 김수현 씨는 드라마 속에서 동성애를 다루었다. 그뿐만 아니라 자신의 트위터에 기독교를 깎아내리는 글을 올려 문제가 되기도 했다. "동성애 차별금지법이 통과되면 아시아 최초 성적지향과 인권을 존중하는 나라임을 세계만방에 알리고 대한민국의 위상을 높여서 존경받는 나라가 될 수 있는 기회인데 개독교의 반대가 심한 모양. 개독교는 존경받는 나라가 되는 게 그렇게 싫은 갑다."

기독교계의 거센 반발이 가해지자 공인의식이 희박해서 나온 자신의 경솔함을 사과했다. 그렇다고 기독교를 깎아내리는 사람들에게 전적으로 책임을 돌릴 수는 없다. 사실 가장 큰 원인 제공은 그리스도를 닮지 못하는 우리 자신 때문이 아닌가!

그래서 영국의 랭함 파트너십 인터내셔널의 국제디렉터로 일하고 있는 크리스토퍼 라이트 박사는 세계 선교를 가로막는 최대 장애물은 교회 밖에 있지 않고, 교회 안에 있는 우상 숭배임을 지적했다. 그는 계속해서 말한다. "기독교인들이 권력과 자만, 인기 영합과 성공, 부와 탐욕이라는 세 가지 우상에 사로잡혀 있으며, 겸손과 정직, 단순함이라는 성경적 삶을 회복해야 한다."

문제는 어디에 있는가? 바로 예수님을 닮지 않은 우리의 모습이다. 그리스도인들은 안티 크리스천을 욕하기 전에 자신의 인격지수를 스스로 점검해보아야 한다. 우리가 어떻게 그리스도를 닮을 수 있는가? 우리의 힘과 노력으로는 불가능하다. 하나님은 그것이 가능하도록 우리에게 성령을 보내주셨다. 성령을 따라 행할 때 우리는 예수님을 닮을 수 있다.

그래서 영국 성공회의 대주교였던 윌리엄 템플은 이렇게 말한다. "내게 햄릿이나 리어왕 같은 희곡을 주고 그런 희곡을 쓰라고 말하는 것은 아무런 소용이 없는 일이다. 셰익스피어는 할 수 있지만 나는 할 수 없다. 내게 예수님의 삶과 같은 삶을 보여주고 그렇게 살라고 하는 것은 아무런 소용이 없는 일이다. 예수님은 그렇게 살 수 있지만 나는 그럴 수 없다. 그러나 셰익스피어의 재능이 내 속에 들어온다면 나도 그처럼 희곡을 쓸 수 있다. 예수님의 영이 내 속에 들어온다면 나도 그분처럼 살 수 있다."

아름다운 인격은 성령의 온전한 통치를 받는 자가 이룰 수 있다. 성령은 우리 안에 거룩한 소원들을 불러일으킨다. 성령의 소원을 따라 순종하는 삶을 살 때 우리는 그리스도를 닮아가게 된다. 성령은 그리스도의 영이시다. 거룩한 영은 우리가 가장 완벽한 하나님의 형상을 가진 예수님을 닮게 하신다.

성 아우구스티누스는 "하나님 없는 교육은 약삭빠른 악마를 생산하는 것과 같다"라고 말했다. 오늘날 교육에 대한 열의는 하늘을 치솟는다. 그러나 인격교육은 사라지고 있다. 심지어 신앙교육의 장인 교회에서조차 인격교육보다는 외적 성장에만 주력해왔다. 성숙이 없는 성장을 추구한 한국교회는 이제 침체국면으로 접어들었다. 그래서 자성의 목소리가 커지고 있다. 지금부터라도 한국교회는 예수 그리스도를 닮은 인격을 소유한 그리스도인을 양육하는 성숙지향적인 교회로 나아가야 한다.

제2차 세계대전 때 영국 수상 윈스턴 처칠이 돈을 최고로 여기는 독신 여성과 대화를 나눈 적이 있었다. 그 여자는 자기야말로 백만장자의 아내가 될 충분한 자질이 있다고 당당하게 말했다. 처칠 수상은 기막혀 하며 그녀에게 물었다.

"그러면 당신은 백만장자가 청혼을 하면 승낙하시겠군요?"

그 여자는 당연하다는 듯이 말했다.

"물론이지요!"

처칠이 다시 물었다.

"만일 100불을 가진 사람이 청혼하면 어떻게 하시겠습니까?"

그러자 여자가 벌컥 화를 냈다.

"도대체 나를 어떤 사람으로 보기에 그런 질문을 하죠?"

처칠이 대답했다.

"당신의 인격에 대해서는 짐작할 수 있겠군요. 이제 알고 싶은 것은 어느 정도까지 내려가나 보려는 것이외다."

인간의 가치를 돈으로 환산하려는 사람들이 있다. 심지어 교회 안에서도 돈으로 인간의 가치를 매기려는 교인들이 있다. 그러나 인격을 갖추지 못한 사람은 아름답고 화려하게 다듬어도 추하게 보이는 법이다. 돈으로 치장하는 그리스도인이 아니라 그리스도를 닮은 인격을 가진 그리스도인이 되어야 한다. 아름다운 마음은 하나님의 은혜를 받을 때 가능하다. "마음은 은혜로써 굳게 함이 아름답고 음식으로써 할 것이 아니니 음식으로 말미암아 행한 자는 유익을 얻지 못하였느니라"(히 13:9).

어떤 거짓 교사들은 성도들에게 "식물을 통한 의식이나 규례에 의해서 온전하여지고 유익을 얻을 수 있다"라고 주장했다. 그러나 실제는 그렇지 않다. 인간의 마음은 그리스도의 십자가에 근거한 대속적 은혜를 통해서만 가능하다. 하나님의 은혜는 하나님의 말씀과 기도를 통해서 누릴 수 있다. 우리는 하나님의 은혜를 통해 아름다운 마음으로 단장하기 위해 은혜의 보좌 앞으로 나아가는 삶을 살아야 한다. "그러므로 우리는 긍휼하심을 받고 때를 따라 돕는 은혜를 얻기 위하여 은혜의 보좌 앞에 담대히 나아갈 것이니라"(히 4:16).

하나님의 은혜는 우리의 마음을 부드럽게 만든다. 사울이 하나님의 은혜에서 떠날 때 다윗을 죽이기 위해 총력을 기울이는 악한 삶으로 치달았다. 베드로는 여자 성도들에게 진정한 아름다움이 무엇인지 이렇게 말했다. "너희의 단장은 머리를 꾸미고 금을 차고 아름다운 옷을 입는 외모로 하지 말고 오직 마음에 숨은 사람을 온유하고 안정한 심령의 썩지 아니할 것으로 하라. 이는 하나님 앞에 값진 것이니라"(벧전 3:3-4). 아름다운 마음을 소유한 아내에게서 나오는 거룩한 삶은 믿지 않는 남편을 구원하는 열매를 얻게 될 것이다.

광야는 인격을 연단하는 용광로이다. 하나님은 자기 백성들의 인격을 아름답게 빚기 위해 광야로 내몰았다. 하나님은 그 백성들을 푹신한 침대에 눕혀서 약속의 땅 가나안으로 데려갈 수도 있었다. 짧은 해안 길로 인도하시면 아주 편할 수도 있었다. 그러나 거칠고 험난한 광야 길로 안내하셨다. 왜 그랬을까? 그 백성들을 낮추셔서 겸손한 백성으로 만들기 위해서였다. "네 하나님 여호와께서 이 사십 년 동안에 네게 광야 길을 걷게 하신 것을 기억하라. 이는 너를 낮추시며 너를 시험하사 네 마음이 어떠한지 그 명령을 지키는지 지키지 않는지 알려 하심이라"(신 8:2).

광야는 우리를 괴롭히기 위한 수단이 아니라 축복을 주기 위한 하나님의 준비과정이다. 인간은 고통스러운 광야에 들어가서 연단을 당할 때 축복을 받을 수 있는 그릇으로 준비되어 간다. 그래서 광야를 변장한 축복이라고 말한다. 우리가 겪는 광야는 인격을 빚어가시는 하나님의 손길이다.

집사는 하나님 앞에서 콧대를 높이지 말아야 한다. 하나님은 사랑하는 자의 높은 콧대를 납작하게 낮추신다. 콧대가 낮은 자를 사용하신다. 하나님은 높은 콧대를 꺾기 위해 징계하실 때도 있다. 어떤 사람은 징계를 받고서야 깨닫는다. 값비싼 수업료를 내는 셈이다. 그런데 어리석은 사람은 징계를 받고서도 깨닫지 못한다.

고난은 불편하다. 그러나 결코 불필요한 것은 아니다. 고난학교는 하나님의 인격학교다. 고난이야말로 우리가 아름다운 인격으로 성장하는 인생의 필수과목이다. 그래서 다윗은 "고난 당한 것이 내게 유익이라"(시 119:71)고 고백했다.

마음 밭에서 나오는 삶의 열매를 맺으라

신앙생활을 하면서 거듭 느끼는 사실이 있다. 신앙이나 인생에 있어서 마음 밭이 너무나 중요하다는 것이다. 예수님도 씨 뿌리는 자의 비유에서 인간의 마음을 밭에 비유해서 설명하셨다. 길가나 돌밭, 가시떨기 밭에는 씨가 떨어졌지만 아무런 열매를 맺을 수 없었다. 그러나 좋은 땅에는 같은 씨가 뿌려져 30배, 60배, 100배의 열매를 맺었다. 이 비유를 통해 예수님은 "마음이 완악하여져서"(마 13:15) 천국의 복음을 받지 않고, 하나님이 직접 방문하신 예수님을 영접하지 않고 있음을 지적하셨다. 집사는 자신의 마음 밭에다 하나님의 은혜와 하나님의 말씀과 넘치는 사랑으로 거름을 주어야 한다. "그의 마음에는 하나님의 법이 있으니 그의 걸음은 실족함이 없으리로다"(시 37:31).

아름다운 마음 밭을 가꾸기 위해 In-Put을 잘해야 한다. In-Put이 잘될 때 Out-Put도 잘된다. 아름다운 마음에서 좋은 말이 나오고 좋은 생각이 나오며 아름다운 태도와 행동이 나온다. 말과 생각과 태도와 행동이 아름다우면 사람들에게 인정받고 존중받는다. 결국 그 사람은 성공적인 인생을 살 수 있다.

아름다운 마음 밭을 개간하기 위해 소중한 거름이 있다. 경건서적을 많이 읽는 것이다. 사람에 따라서 책 읽기를 좋아하는 사람이 있는가 하면 책을 잡으면 잠이 쏟아지는 사람도 있다. 그러나 당신의 마음을 아름답게 가꾸기 위해서는 책을 읽는 습관을 들여야 한다. 톨스토이는 "인생을 바꾸려면 좋은 스승을 만나라. 아니면 좋은 책을 만나라. 그러면 당신의 인생이 바뀔 것이다"라고 말했다. 책을 읽는 습관은 당신의 인생에 화려한 날개를 달아줄 것이다.

아름다운 마음 밭을 개간한 사람은 화평의 열매를 맺는다. 숱한 고난의 길을 걸은 다윗은 "모든 화평한 자의 미래는 평안이로다"(시 37:37)라고 고백한다. 하나님은 가나안 땅에 들어가려는 이스라엘 백성들에게 먼저 화평을 추구하라고 촉구하셨다. "네가 어떤 성읍으로 나아가서 치려 할 때에는 그 성읍에 먼저 화평을 선언하라. 그 성읍이 만일 화평하기로 회답하고 너를 향하여 성문을 열거든 그 모든 주민들에게 네게 조공을 바치고 너를 섬기게 할 것이요 만일 너와 화평하기를 거부하고 너를 대적하여 싸우려 하거든 너는 그 성읍을 에워쌀 것이며 네 하나님 여호와께서 그 성읍을 네 손에 넘기시거든 너는 칼날로 그 안의 남자를 다 쳐죽이고"(신 20:10-13).

정글의 법칙에 길든 사람들은 반드시 이겨야만 한다는 강박관념에 젖어 산다. 그러나 역설의 법칙도 있다. "지는 자가 이긴다!" 치열한 경쟁 속에 살아가는 사람들은 쉽게 이해하기 어려운 법칙이다. 실제로 우리는 짐으로 이기는 경험을 자주 한다. 화평을 추구하는 사람은 지는 훈련이 되어야 한다. 아름다운 인격의 소유자는 불평보다는 감사한다. 영성과 인격은 감사지수를 통해 평가할 수 있다.

어느 교회에서 감사 팔찌를 통해 불평 제로 캠페인을 진행했다. 그 교회에는 중학교에서 학생들을 가르치는 교사가 있었다. 평소에 불평과 불만을 많이 하던 사람이었다. 그런데 불평 제로 캠페인을 통해 많은 은혜를 경험했다. 그래서 하루는 목사님에게 전화했다.

"목사님, 정말 고맙습니다. 너무 많은 은혜를 경험했습니다. 이제 학교에서도 한번 해봐야겠습니다."

또 다른 집사는 감사 팔찌를 두 개나 끼고 있었다. 이상해서 물어보았다.

"집사님, 왜 팔찌를 두 개나 끼고 있습니까?"

그러자 집사님이 웃으면서 대답했다.

"목사님, 저는 불평을 너무 많이 해서요."

불평하는 데 익숙한 우리에게 다윗은 이렇게 말한다. "분을 그치고 노를 버리며 불평하지 말라. 오히려 악을 만들 뿐이라"(시 37:8). 우리의 마음속에 분과 노가 머무르지 못하도록 해야 한다. 불평은 사탄을 불러들이는 주문이다. 자꾸 불평하면 사탄이 우리 교회를 방문하여 다툼이 일어나게 만든다. 우리가 살다 보면 화가 나고 분노가 치밀어 오를 때도 있다. 그러나 해가 지도록 분을 품지 말아야 한다. 분은 사탄이 틈타는 기회를 제공하기 때문이다.

불평을 좋아하는 사람은 하나님으로부터 버림받고 주변 사람들로부터 따돌림을 당한다. 불평은 또 다른 불평을 낳는다. 불평은 급속도로 다른 사람들에게 전염된다. 가나안 땅을 정탐했던 열 명의 정탐꾼의 부정적인 말은 이스라엘 백성 전체를 물들게 함으로써 가나안 땅에 입성하지 못하는 불행을 낳았다.

아름다운 마음 밭을 가진 사람은 겸손하고 정직하게 살아간다. 우리는 일상에서 가벼운 거짓말이나 선의의 거짓말을 하는 경우가 있다. 그런데 링컨은 아무리 작은 것이라도 남을 속이거나 내 것으로 취하지 않았으며, 작은 정직으로 많은 사람에게 감동을 주었다. 또한 자신만이 알고 있었던 실수까지도 솔직히 인정하는 겸손함 마음을 가졌다.

이와 관련해서 종교개혁자 칼빈은 이런 말을 했다. "하나님은 두 손을 가지셨는데, 한 손은 자신들을 높이고 자기를 과시하는 자들을 내려 뜨리시고 산산이 조각나게 부수어버리는 망치와 같고, 다른 한 손은 자신을 스스로 겸허하게 낮추는 자들을 높이시는 견고한 버팀목과 같다." 이처럼 겸손이야말로 아름다운 인생을 위한 최선의 전략이다. 사실 겸손하기란 쉬운 일이 아니다. 말로는 겸손해야지 하면서도 항상 다른 사람들의 마음에 상처를 주거나 힘들게 하는 경우가 자주 있게 마련이다.

아름다운 마음 밭에는 온유의 나무가 자라난다. 예수님은 자신의 마음을 이렇게 소개하셨다. "나는 마음이 온유하고 겸손하니 나의 멍에를 메고 내게 배우라"(마 11:29). 산 사람은 부드럽고 죽은 사람은 뻣뻣하다. 하나님은 부드러운 사람의 하나님이시다. 성령은 돌 같은 마음을 제하고 살처럼 부드러운 마음을 만드신다(겔 36:26). 역설적이지만 마음이 온유한 자는 땅을 차지한다.

몽골국제대학교 부총장인 이용규 교수는 "내려놓는 삶은 한마디로 온유함을 이루는 삶이다"라고 말했다. 우리는 흔히 온유한 자를 미약하고 온순하며 저항하지 못하는 사람으로 이해한다. 그러나 예수님은 온유한 분이셨지만 바리새인이나 성전 지도자들을 향해 강하게 꾸짖기도 하셨고, 전통과 관습의 압박, 세상의 유혹이나 권력자의 압력에 굴하지 않는 강인한 모습을 보이셨다. 온유는 길든 야생마처럼 통제된 힘을 말한다. 아름다운 인격은 온유하고 부드러운 삶의 태도를 만든다.

10

거룩한 성품

>>> PART_3

가정을 천국의
모델 하우스로 만들라

이 세상에 하나님이 세우신 기관은 교회와 가정밖에 없다. 모든 조직과 기관은 인간의 필요로 만들어졌다. 그러나 가정은 하나님의 창조사역 속에서 만들어졌다. 인간 세계는 부부와 가정으로부터 출발했고, 가정으로부터 사회가 발전되고 유지됐다.

우리는 국민소득 2만 달러 시대를 살고 있다. 하지만 우리의 가정은 더 심각하게 흔들리고 있다. 결혼에 대한 매력을 찾지 못한 젊은이들은 결혼을 꺼린다. 결혼한 부부 가운데 경제적인 부담과 개인의 자유를 즐긴다는 핑계로 자녀를 낳지 않으려는 사람도 있다. 더구나 몰상식한 배우자는 폭력을 행사함으로 가정을 무너지게 만든다. 물리적인 폭력을 가하는가 하면, 언어적인 폭력을 가하고, 정신적인 폭력으로 인해 가족 공동체 해체현상이 나타나고 있다.

더구나 사탄이 가정을 호시탐탐 노리고 있다. "그들의 입을 막을 것이라. 이런 자들이 더러운 이득을 취하려고 마땅하지 아니한 것을 가르쳐 가정들을 온통 무너뜨리는도다"(딛 1:11). 사탄의 하수인 노릇을 하는 거짓 교사들은 가정을 뒤엎기 위해 기회를 엿보고 있다. 오늘날 이단들의 잘못된 가르침에 의해 무너지는 가정이 얼마나 많은가!

어느 날, 노벨 평화상을 수상한 테레사 수녀에게 기자가 물었다.

"어떻게 하면 세계에 평화가 오겠습니까?"

그녀의 대답은 너무나 간단했다.

"가정으로 가서 가족들을 사랑하십시오."

행복한 집사는 거창하게 세계 평화를 염려하기 전에 가정부터 걱정한다.

가정사역자들은 "집은 있되 가정은 없다"라고 말한다. 건물로서의 'House'는 거창하다. 그러나 가정의 기능을 갖춘 'Home'은 없다는 뜻이다. 자신의 가정을 살얼음판으로 만들어서는 안 된다. 우리 가정은 천국의 모델 하우스이지 지옥의 모델 하우스가 아니다. 집사는 마땅히 들어가기 싫은 가정이 아니라 들어오고 싶은 가정을 만들어야 한다.

행복한 부부가 은혜로운 가정의 원천이다

사도 바울은 예수 그리스도 안에서 새롭게 거듭난 성도들의 삶에서 가정생활을 다루고 있다. "아내들아 남편에게 복종하라. 이는 주 안에서 마땅하니라. 남편들아 아내를 사랑하며 괴롭게 하지 말라"(골 3:18-19). 아내는 남편을 머리로 존중하면서 복종해야 한다. 남편은 아내를 자기 몸을 사랑하듯이 사랑하고 아껴서 괴롭히지 말아야 한다. 바울은 교회가 그리스도께 하듯이 아내들은 남편에게 복종하라고 말한다. 남편은 그리스도께서 교회에 하는 것처럼 양육하고 보호하라고 권면한다(엡 5:29). 지혜로운 집사는 남편을 존중하고 그의 생각과 결정에 복종한다. 지혜로운 집사는 아내를 자기 몸처럼 아끼고 소중하게 관리한다.

그런데 현실적으로 만족할 만큼 행복하게 살아가는 부부가 얼마나 될까? 핑크빛 환상을 가지고 행복을 꿈꾸며 결혼했던 부부가 서로에게 환멸을 느끼고 가정법원을 찾아가는 경우가 얼마나 많은가? 그래서 사상가 알프레드 카뮈는 "그 얼마나 많은 부부가 결혼으로 인해 서로 멀어지게 되었던가!"라고 탄식한다. 연애시절에는 얼마나 친밀했는가? 그런데 결혼 후에 다가오는 갈등을 풀지 못해서 남남처럼 살아가는 부부가 얼마나 많은가! 부부관계가 멀어지고 짜증스러우면 그것이 직장생활이나 사업에 부정적인 영향을 끼친다. 부부관계가 좋으면 마음이 즐겁고, 즐거운 마음으로 일하니 생산성이 높아지며, 다른 사람들과의 관계에서도 너그러울 수 있다.

부부관계를 멍들고 병들게 만드는 원인 가운데 하나가 바로 서로를 향한 비난이다. 탓하고 비난하는 습성은 죄를 범한 아담과 하와에게서 찾을 수 있는 특징이었다. 부부가 서로에게 비난의 화살을 퍼붓기 시작하면 둘 다 파멸하게 된다. 행복하게 살아가는 부부는 서로의 잘못이나 실수에 대해 관용적이다. 서로가 가지고 있는 단점과 허물에 대해서 포용적이다. 그렇지 않고는 부부가 함께 살아갈 수 없다. 결혼 전에는 보이지 않던 허물과 단점들이 결혼하는 순간부터 수두룩하게 보인다. 그 때마다 지적하고 비난한다면 부부는 하루도 견딜 수 없을 것이다.

그래서 역사학자 토머스 플러는 "결혼 전에는 두 눈을 커다랗게 뜨고 보고, 결혼 후에는 한쪽 눈을 감으라"고 조언한다. 서로의 허물이나 실수를 찾기 위해 두 눈을 부릅뜨고 찾는 부부가 행복하게 살 리가 없다. 결혼 전에는 두 눈을 부릅뜨고 서로를 발견해야 한다. 그러나 결혼하고 나서는 서로를 용납하고 인정해주어야 한다.

비오는 어느 날, 한 가정에서 해프닝이 벌어졌다.

아들이 "이런 날은 시루떡을 먹으면 일품이겠다"라고 말하자, 며느리가 얼른 나가서 떡방아를 찧어다가 시루에 안쳤다. 시아버지는 며느리를 사랑하는 마음으로 아궁이에 불을 지폈다. 그런데 조금 지나자 솥이 "펑!" 하고 터졌다.

깜짝 놀란 시아버지가 말했다.

"아이쿠, 이 늙은이가 빨리 떡을 먹으려고 불을 너무 지폈더니 솥이 터졌구나."

그러자 며느리가 미안한 듯 말했다.

"아니에요. 제가 물을 잘 맞추지 못해서 터졌어요."

이 광경을 바라보던 시어머니가 말했다.

"아니다. 내가 물을 맞춰 부었으면 괜찮았을 것을 그렇게 못했으니 내 탓이구나."

그러자 아들이 말했다.

"이것은 모두 제 탓입니다. 왜 오늘 따라 떡을 먹겠다고 해서…."

이내 이들은 모두 웃으며 말했다.

"우리 모두 죄인이 되었구나!"

예수님을 믿는 가정은 무엇이 다른가? 교패가 붙어 있는 것 외에 다른 게 없는 가정인가? 집사는 사명감을 가지고 가정사역을 잘해야 한다. 가정사역자 디즈레일리는 "가장 과묵한 남편은 가장 사나운 아내를 만든다. 남편이 너무 조용하면 아내는 사나워진다"라고 말했다. 아내를 사납게 만들지 않기 위해서는 아내를 향해 부드러운 입을 열어야 한다.

집사는 하나님이 허락하신 아내를 소중하게 여기는 좋은 남편이 되어야 한다. 아내를 사랑하며 괴롭게 하지 말아야 한다. 옛말에 "아내의 말을 들으면 자다가도 떡이 나온다"라고 하지 않던가! 철학자 에우리피데스는 "남자에게 있어 최고의 재산은 마음씨 고운 아내이다"라고 말했다. 아내를 내 인생 최고의 재산으로 생각하며 살아야 한다. 그렇기에 남편은 아내를 사랑해야 한다.

아내를 사랑하는 것은 별 게 아니다. 그렇게 어려운 일도 아니다. 심리학자 화브스타인은 "남편들이 보통 친구들에게 베푸는 것과 똑같은 정도의 예의만을 부인에게 베푼다면 결혼생활의 파탄은 훨씬 줄어들 것이다"라고 말한다. 남편들이여, 다른 여자들에게 베푸는 친절과 배려의 몇 분의 일이라도 아내에게 베풀어보라. 아내는 감격할 것이다.

젊을 때 취한 아내를 소중하게 여기지 않고 함부로 대하는 남편들이 있다. 그러나 탈무드에서는 "세상 무엇과도 바꿀 수 없는 것, 그것은 젊을 때 결혼하여 살아온 늙은 마누라"라고 말한다. 아내는 평생 함께 친구와 애인으로 가야 할 동반자이다. 아무리 멋진 여자라도 아내만 한 여자는 없다. 아무리 매력적으로 생긴 여자처럼 보여도 함께 살아보면 흠집이 많은 법이다. 자기 아내를 최고로 여기는 사람이 지혜로운 사람이다. 젊어서 아내에게 함부로 구는 사람은 나중에 늙어서 구박을 당한다. 그래서 나는 아내에게 사랑받을 일을 하면서 "미리 노후를 위한 보험을 들어둔다"라고 웃으면서 말한다.

가끔 바보 같은 여자들을 본다. 사람들이 모인 자리에서 자기 남편의 흉을 보는 여자이다. 세상에 흠 볼 것이 없는 남편이 어디 있는가? 다른 남편들도 모두 결점을 많이 가지고 있다. 그런데 아내들이 입을 다물 뿐이다. 누워서 침 뱉기이기 때문이다. 당신 남편이 형편없는 존재로 전락하면 당신 역시 그 정도의 여자가 되는 법이다. 탈무드에서는 "모든 병중에서 마음의 병만큼 괴로운 것은 없다. 모든 악 중에서 악처만큼 나쁜 것은 없다"라고 말한다. 집사는 악처라는 소리를 들어서는 안 된다. 믿지 않는 남편과 가족들을 구원하기 위해서라도 남편에게 사랑받고 칭찬받는 아내가 되어야 한다.

요즘은 여성의 능력이 남성을 앞지르고 있다. 여성 국회의원에서 장관, 심지어 대통령까지 나오고 목사까지 세워지는 시대이다. 여성들의 능력이 향상되고 경제력이 좋아지다 보니 남자들이 기가 죽어간다. 그래서 남편 기 살리기 운동을 벌여야 할 시대이다. 집안에서 기를 펴지 못하는 남자는 어디에서도 기를 펴지 못한다는 사실을 알고 있는가? 미국의 작가 워싱턴 어빙은 "가정에서 아내에게 기를 펴지 못하고 지내는 남편은 밖에서도 굽실거리며 쩔쩔매게 된다"라고 말한다. 그렇기에 아내는 가정에서 남편의 기를 살려주어야 한다.

베스트(BEST) 부부로 사는 비결이 있다. 첫째, Bless이다. 가능하면 부부가 자주 축복하고 칭찬해야 한다. 둘째, Edify이다. 부부는 서로 세워주어야 한다. 서로의 약점은 덮어주고 서로의 장점을 인정하며 계발시켜주어야 한다. 셋째, Share이다. 부부는 서로 기쁨과 슬픔을 같이 나누어야 한다. 성공과 실패를 함께 경험할 때 부부의 정은 더욱더 깊어진다. 넷째, Touch이다. 부부는 서로 접촉하고 만져주어야 한다. 가능한 한 자주 포옹하고 손과 몸을 만져주고 쓰다듬어주는 것은 사랑을 지속해서 나누는 효과적인 방법이다.

부부가 서로 축복하고 세워주고 나누고 접촉하면 최상급의 행복한 부부가 될 수 있다. 행복한 부부는 성장하는 부부이고, 성장하는 부부는 함께하는 부부이다. 부부의 행복은 공짜로 주어지는 게 아니다. 노력이 필요하고 훈련해야 하며 시간을 투자해야 한다.

나는 주례사를 부탁하는 커플들에게 결혼 전에 먼저 책을 읽힌다. 그리고 두 시간 동안 만나서 결혼생활에 대한 나름의 설계를 할 수 있도록 대화를 나눈다. 그때 빼놓지 않고 하는 질문이 하나 있다. "좋은 대학을 들어가기 위해서 얼마나 노력했습니까? 좋은 직장을 잡기 위해 얼마나 많은 수고를 했습니까? 인생에 있어서 대학이나 직장, 가정 중에서 무엇이 가장 중요합니까?"

이 질문에 대해 모든 커플은 "가정이다"라고 대답한다. 그러면 다시 질문한다. "그렇다면 부부가 되기 위해서, 아름다운 가정을 꾸미기 위해서 여러분이 투자한 시간과 노력은 얼마나 됩니까?" 대부분 커플은 가정이 가장 소중한 줄 알면서도 정작 행복한 가정을 만들기 위해, 행복한 부부로 살아가기 위해 시간이나 노력을 투자하지 않는다. 당신은 행복한 부부로 살기 위해 얼마나 자신을 투자하고 있는가?

자녀에 대한 부모의 도리를 다하라

솔로몬은 "보라. 자식들은 여호와의 기업이요 태의 열매는 그의 상급이로다"(시 127:3)라고 극찬한다. 자식은 여호와로부터 온 유산이다. 아들은 한 집의 혈통을 이어갈 존재이다. 하나님이 주신 상급이요 선물이다. 그런데 우리는 자주 자식들로 인해 한탄하는 부모의 탄식을 듣게 된다. 자식은 애물단지란다. 어떤 이는 원수란다. 자식을 대학까지 졸업시키는 데 2~3억 원이 든단다. 그렇게 투자해서 공부시킨다고 잘되라는 법이 있는가? 설령 좋은 대학을 나오고 남들이 부러워하는 직장에 다니며 출세했다고 해도 부모에게 효도하는 자식이 얼마나 되는가? 그들이 사춘기를 보낼 때 홀로 눈물을 흘려보지 않은 부모가 몇이나 되겠는가?

그런데 오늘날의 가정이 어떤가? 얼마 전에 중학생 아들이 아버지가 자신의 예술고 진학을 반대한다는 이유로 집에 불을 질러 아버지, 어머니, 동생, 할머니 등 일가족 네 명을 숨지게 하는 반인륜적 행동을 저질렀다. 물론 그 아들이 못 할 짓을 한 것은 두말할 나위 없다. 하지만 그렇게까지 된 사연에는 아들의 마음에 상처를 입힌 아버지가 있었다. 아들은 춤과 사진에 관심이 많아 예술고를 가고 싶어 했다. 그런데 아버지는 판검사가 되라고 강요했다. 걸핏하면 "공부나 해라"면서 골프채로 아들을 찌르고 뺨을 때리곤 했다.

철없는 아들은, 아버지는 독재자이고 가정의 파괴자이며 아버지만 없으면 집안에 평화가 올 것으로 생각했다. 아버지가 입힌 마음의 상처가 결국 끔찍한 결과를 가져온 것이다. 그래서 많은 사람이 문제 자녀 뒤에는 문제 부모가 있다고 하지 않는가?

사도 바울은 부모가 자식에게 해야 할 책임과 의무에 대해서 이렇게 말한다. "또 아비들아 너희 자녀를 노엽게 하지 말고 오직 주의 교훈과 훈계로 양육하라"(엡 6:4). "아비들아 너희 자녀를 노엽게 하지 말지니 낙심할까 함이라"(골 3:21). 부모는 자녀의 꿈을 짓밟지 말아야 한다. 내가 원하는 자식의 삶보다 자식이 원하는 삶도 볼 수 있어야 하고, 하나님이 그들에게 원하시는 삶을 찾아내야 한다. 부모는 자녀의 생각이나 감정을 존중해주어야 한다. 부모가 가진 생각이나 감정이 다 옳은 것은 아니다. 혹시 자녀의 생각이나 감정이 옳지 않다면 대화를 통해 스스로 찾고 느낄 수 있게 해주어야 한다. 그래서 부모는 자녀의 인생 멘토여야 하고 코칭사역을 잘해주어야 한다.

한국 사회는 복음과 상관없이 유교 전통에 젖어 왔다. 부부유별, 장유유서가 진리처럼 받아들여졌다. 그러다 보니 남편과 아버지의 횡포가 심각했다. 그러나 성경은 그렇게 말하지 않는다. 또 현대 사회의 흐름을 볼 때도 친구 같은 남편, 친구 같은 아빠를 원하고 있다. 그런데 언제까지 아버지, 남편이라는 권위를 내세워 횡포를 부릴 것인가?

그렇다면 부모가 자녀에게 화도 내지 말아야 하는가? 자식을 징계하고 채찍을 들어서는 안 되는가? 그렇지 않다. 자녀를 바르게 가르쳐야 한다. 때로는 징계해야 한다. 그러나 정당한 징계여야 한다. 상처를 마음의 쓴 뿌리로 남겨서는 안 된다. 많은 부모가 자녀에게 사랑의 매를 든다고 하면서 자기감정을 푸는 식으로 매를 든다. 자신을 통제하는 데 실패했기 때문에 이미 자식 교육은 실패한 것이나 다름없다.

자녀의 생각과 마음은 전혀 고려하지 않고 권위주의적인 태도로 윽박질러서는 안 된다. 자식을 내 것으로 생각해서도 안 된다. 대표적인 청교도자 토마스 왓슨은 그리스도인 부모들이라면 "자녀를 그들의 자녀로 만들기보다 하나님의 자녀로 삼기 위해 애쓴다"라고 믿었다. 자녀는 부모의 소유물이 아니다. 부모가 자녀의 인생을 이렇게 하고 저렇게 할 수 있는 것이 아니다. 그들에게는 그들 나름의 인생이 있다. 그들이 살아가고자 하는 삶이 있다. 그들에게 원하시는 하나님의 인생 설계가 있다. 부모는 자녀와 대화를 나누면서 그것을 찾아 나가야 한다.

많은 부모가 보상심리를 갖고 있다. 자식을 통해서 자신이 배우지 못하고 성공하지 못한 인생을 보상받으려 한다. 그래서 자녀에게 인생 전부를 걸고 집착한다. 사랑이라고 착각하지만 사실은 집착일 뿐이다. 자녀는 부모의 대리만족 도구로 전락하고 있다.

미국 심리학자들의 연구에 의하면 부부가 얼굴을 맞대고 대화를 나누는 시간이 일주일 168시간 중에 17분밖에 안 된다고 한다. 즉 하루에 대화를 나누는 시간이 3분도 채 되지 않으며 자녀와 대화하는 시간은 그보다 적은 2분에 불과하다는 것이다. 그런데 텔레비전을 시청하는 시간은 매일 평균 2시간이 넘는다고 한다. 미국의 경우라고는 하지만 한국의 상황도 크게 다르지 않을 것이다.

소통 부재의 가정은 이미 적신호가 들어왔다. 건강한 가정은 대화의 창문이 늘 활짝 열려 있다. 대화의 창문이 굳게 닫힌 가정은 머지않아 붕괴될 위험이 도사리고 있다. 겉으로 멀쩡해 보이는 가정에서도 이미

가족공동체 붕괴현상이 진행되는 경우가 많다. 전문가들은 직장중심의 생활방식, 맞벌이부부의 증가, 성공지향적 사회구조 등으로 인해 가족 간에 의사소통이 단절되고 소속감이 줄어들면서 가정의 붕괴현상이 나타난다고 분석한다.

무너진 가정이 청소년 범죄를 키우고 있다. 얼마 전 15세 여학생을 살해하고 시신을 훼손해 양화대교 인근 한강에 버린 사건이 있었다. 그런데 이런 범죄를 저지른 사람이 바로 피해자의 친구들이라는 사실이 충격적이었다. 이런 사건을 일으킨 학생들이 누구인가? 십대 가출 청소년들이었다. 이들은 대부분 빈곤이나 부모의 이혼 등으로 가정의 돌봄을 제대로 받지 못한 아이들이었다. 가정과 사회로부터 방치된 그들은 상상하지도 못할 엽기적인 사건을 저질렀던 것이다.

황금만능주의 시대를 사는 현대 부모들이 착각하고 있는 게 있다. 돈으로 사랑을 대신하려는 시도이다. 사랑을 그리워하는 아이들에게 선물을 사주고 용돈을 손에 쥐여줌으로써 자신을 스스로 위로하려고 한다. 그러나 돈을 손에 쥔 자녀들은 그 돈으로 탈선의 길을 걷고 있다는 사실을 아는가? 우리 자녀들에게 필요한 것은 돈이 아니라 가슴을 녹여주는 따뜻한 사랑이다.

청교도들이 철저하게 자신들의 의무로 삼았던 것들이 있다. 그것은 주일성수이고 예배이며, 기도이자 경건한 가정이며, 거룩한 삶이었다. 부모는 자식들에게 어려서부터 신앙훈련을 잘 시켜야 한다. 자식에 대한 신앙교육은 모범을 보이는 교육이다. 참된 교육은 입을 통해 이루어지는 것이 아니라 눈을 통해 이루어진다.

청교도 신학자 리차드 백스터는 주일성수에 대한 의무와 철저한 준수에 대해서 이렇게 말했다. "주일날에 거리에서 전혀 무질서가 보이지 않게 되었고, 거리를 지날 때 수많은 가정이 찬송가를 부르며 설교를 되풀이하는 소리를 들을 수 있게 되었다." 가정에서 이런 일이 일어난다면 우리의 자녀들은 경건한 후손으로 자라게 될 것이다.

청교도들은 가정을 사회의 기본적인 단위인 동시에 하나의 교회로 보았다. 남편은 목사이고 아내는 전도사이다. 가정이 작은 교회이다. 그들은 남편들이 해야 할 임무를 이렇게 말한다. "남편의 의무는 가족을 신앙으로 이끌고 주일날 그들을 교회에 데려가고 가정에서 그날 온종일 성별하도록 감독해야 한다. 자녀에게 교리문답을 하고 믿음을 가르치며 설교를 들은 후에 가족 전체의 시험을 보아 얼마나 기억하고 이해하는지 살펴보고 부족하면 이해를 시켜야 한다. 매일 가정 예배를 이상적으로 하루에 두 번 인도하고, 언제나 모든 문제에서 근실한 모범이 되는 것이다."

가끔 크리스천 부모조차도 자녀의 학교교육 때문에 신앙교육을 가로막는 것을 보게 된다. 학원 때문에 주일 예배에 보내지 않고 수련회에 보내지 않는다. 3학년이 되면 아예 "당분간 교회를 쉬라"고도 한다. 무엇을 위해 교육해야 하는가? 그런데 몇 년이 지난 후에 한결같이 후회한다. "내가 왜 그때 신앙으로 양육하지 못했지." 그러나 이미 때는 늦었다. 부모가 아무리 교회에 가라고 해도 세상맛을 본 자녀는 스스로 교회를 거부한다. 다 큰 자식 코를 꿰서 데려올 수도 없다. 그래서 이제는 포기상태로 들어간다. 눈물을 흘리면서 기도하지만 자식들은 좀처럼 움직이지 않는다. 자업자득인 셈이다.

자식이 밖에서 방황하고 있지는 않은가? 가정이 스위트 홈이라면 그들이 왜 집으로 들어오려고 하지 않는가? 윽박지르는 아버지, 잔소리하는 어머니가 기다리고 있는 가정으로 돌아와서 행복하다고 느끼지 못하기 때문에 밖으로 나돌고 있는 것이다.

부모에 대한 자식의 도리를 다하라

유교를 효의 종교라 생각하는 사람들이 있다. 그러나 진정한 효의 종교는 기독교이다. 기독교가 말하는 효는 죽은 자에 대한 효가 아니라 산 자에 대한 효이다. 죽은 자에게 행하는 효가 무슨 소용 있단 말인가?

십계명에서 하나님에 대한 계명(1-4계명)과 인간에 대한 계명(6-10계명) 중간에 부모에 대한 효(5계명)를 넣어두고 있다. 그만큼 부모에 대해 자식이 감당해야 할 효는 중요한 진리이다. 믿음이 있노라고 하면서 부모를 내팽개친다면 그가 과연 믿음이 있는지 점검해보아야 한다.

성경은 부모 공경에 대해서 이렇게 말한다. "그의 부모를 경홀히 여기는 자는 저주를 받을 것이라 할 것이요 모든 백성은 아멘 할지니라"(신 27:16). "자기의 아버지나 어머니를 저주하는 자는 반드시 죽일지니라"(출 21:17).

사도 바울은 자식이 감당해야 할 부모에 대한 책임을 이렇게 말한다. "자녀들아 주 안에서 너희 부모에게 순종하라. 이것이 옳으니라. 네 아버지와 어머니를 공경하라. 이것은 약속이 있는 첫 계명이니 이로써 네가 잘되고 땅에서 장수하리라"(엡 6:1-3). "자녀들아 모든 일에 부모에게 순종하라. 이는 주 안에서 기쁘게 하는 것이니라"(골 3:20).

하나님은 부모를 잘 공경하는 자에게 복을 주신다. 하나님을 경외하는 것은 부모를 공경하는 것과 뗄 수 없는 관계이다. 그렇기에 신앙을 핑계로 부모를 내팽개치지 말아야 한다. 크리스천 시어머니는 며느리를 딸처럼 사랑해주어야 하고, 크리스천 며느리는 시부모님을 내 부모님처럼 공경해야 한다. 아무리 시대가 변한다 해도 복음은 변하지 않는다. 자식이 부모에게 해야 할 가치는 변하지 않는다.

높은뜻숭의교회를 섬기고 있는 김동호 목사는 아버지를 회상하면서 이런 말을 했다. "저희 아버님의 마지막 직업은 학교 수위였습니다. 고향에서부터 저희 아버지를 잘 아시는 분들은 저희 아버지가 학교 수위로 살아가는 것을 도무지 이해하지 못하셨습니다. 성격적으로 남의 밑에서 남의 말을 들으면서 살 수 있는 사람이 아니셨기 때문입니다. 그러나 저는 저희 아버님이 제가 어렸을 때 제게 해주셨던 말씀을 잊지 않습니다. '마흔여덟에 너를 낳고 보니 정신이 번쩍 들더라. 학교 수위가 아니라 똥 달구지도 끌겠더라!'"

이것이 바로 부모의 마음이다. 이것이 부모의 삶이다. 많은 부모는 자식을 위하여 상상을 뛰어넘는 부담을 감당하며 살아가고 있다. 부모는 자식을 위해 모든 것을 감수할 각오가 되어 있다. 그런데 자식들은 이런 부모의 마음을 모른다. 그래도 섭섭하지 않은 것이 부모의 마음이다. 설령 섭섭하다 할지라도 감수하는 것이 부모의 마음이다.

나도 내 자녀들을 어떤 부모 못지않게 사랑한다. 내가 먹지 못하고 입지 못해도 자식들을 위해서라면 무엇이라도 해주고 싶다. 아무리 피곤해도 자식들이 필요하다면 시간을 내준다. 내 입에 들어가는 것보다 자식들 입에 넣어주는 것이 더 행복하다. 그들이 아파하면 내가 대신 아플 수 있으면 좋겠다는 가슴앓이를 한다. 눈에 넣어도 아프지 않은 것이 자식이라는 생각에 조금은 동감할 수 있다.

그럴수록 부모님께 미안한 마음을 떨칠 수가 없다. 자식에게는 이렇게 애틋하건만 날 위해 자신의 모든 것을 희생하신 부모님께는 무엇을 하고 있는가? 이런 생각을 할 때마다 나는 눈물을 글썽거린다. 내리사랑이라고 하더니 우리 인간은 그렇게밖에 사랑을 할 수 없다는 생각으로 자신을 억지로 위로해본다. 아무리 효도한다고 해도 부족하다. 내가 자식을 사랑하는 것에 비하면 너무나 보잘것없는 사랑밖에 할 수 없으니까. 그래서 부모 공경에 대해 설교할 때면 가슴이 아리다.

사람들은 뒤늦게 깨닫고 후회한다. 그래서 정철 선생은 이런 시조를 지었나 보다.

어버이 살아 계실 때 섬기기를 다하여라.
지나간 후면 애달프다 어이하리.
평생에 고쳐 못 할 일, 이뿐인가 하노라.

정신 차리고 부모님께 효도하려고 하면 부모님은 날 기다려주지 않고 훌쩍 떠나고 만다. 애원해도 소용없다. 떠나야 하는 길은 미련 없이 가고 만다. 그 언젠가 부모님이 우리 곁을 훌쩍 떠나가시기 전에 부모님을 잘 공경해야 한다.

오늘날 자식들은 저마다 늙은 부모를 모시지 않겠다고 생떼를 쓴다. 얼마나 부끄러운 일인가? 그분들이 우리에게 행한 사랑은 뼈를 깎는 고통이었다. 있는 것 없는 것 모두 다 쏟아붓지 않았던가? 그런데 우리는 조금 불편한 것 때문에 그분들을 내팽개치려 한다.

조선시대 퇴계 이황 선생은 노년에 벼슬자리에서 물러나 고향으로 내려가기를 원했다. 그러자 임금이 그 이유를 물었다. 이황 선생은 "고향에 내려가서 얼마 남지 않은 어머니의 여생을 보살피고 싶습니다"라고 대답했다. 그래서 임금은 다시 물었다. "어머니를 한양으로 모셔오면 어떻겠소?" 그러자 퇴계 선생은 "어머니는 시골에서 태어나 평생을 흙과 더불어 살아오셨기에 한양생활이 오히려 불편과 부담만 주게 될 것입니다"라고 사양하고, 결국 고향으로 내려가서 어머님을 모셨다.

그럼 부모를 어떻게 공경하는 것이 잘하는 일일까? 가나안농군학교 교장이셨던 김용기 장로는 다음과 같은 〈효도 십계명〉을 소개한다.

- 1계명 : 신앙을 갖게 해드리라.
- 2계명 : 대답을 잘하고 말씀을 잘 들어드리라.
- 3계명 : 표정을 밝게 가지라.
- 4계명 : 궁금증을 풀어드리라.
- 5계명 : 용돈을 넉넉히 드리라.
- 6계명 : 향토 음식을 해드리라.
- 7계명 : 외모를 아름답게 꾸며 드리라.
- 8계명 : 일거리를 찾아드리라.
- 9계명 : 친구를 자주 만나게 해드리라.
- 10계명 : 등을 자주 긁어드리고 손발톱을 깎아드리라.

과연 그리스도인들은 믿지 않는 사람들과 다른가? 집사가 자기 부모를 제대로 공경하지 않아서 세상 사람들에게 손가락질당해서는 안 될 것이다. 세상 사람들은 그리스도인은 다를 것으로 생각한다. 그들이 가진 기대 수준을 낮추지 말아야 한다.

미국 텍사스에 사는 한 남자가 있었다. 그는 한 여자와 만나서 결혼하고 슬하에 네 자녀를 두었다. 그런데 그는 온 가족을 버리고 캘리포니아로 떠났다. 그는 30년 동안 오직 자기만을 위해 살았다. 그렇게 살다가 돈 한 푼 없이 비참하게 죽었다. 그런데 그런 사람이 죽을 때 "내 시체를 고향 텍사스에 묻어달라"는 유언을 남겼다.

그 소식이 텍사스에 사는 자식들에게 들렸다. 그 소식을 전해 들은 자식들은 한결같이 분개했다.

"그 사람이 도대체 우리와 무슨 상관이 있어? 그가 아버지로서 우리에게 해준 게 뭔데? 그 사람 때문에 어머니와 우리 가족이 얼마나 고생했는데…. 왜 우리가 그 시체에 수고와 돈을 들여야 하지?"

자식들은 화가 나서 참을 수가 없었다. 그러니 무슨 말인들 나오지 않겠는가?

그 아들들 가운데 큰아들은 신앙심이 깊었다. 큰아들은 아무 말 없이 동생들의 불평을 다 들어주었다. 그런 후에 조용히 캘리포니아로 갔다. 그는 아버지의 시체를 운구해 오기 위해 자기 트랙터와 농기계들을 저당 잡혔다. 그리고 아버지의 유언대로 고향에서 장례를 치렀다. 장례가 끝난 후에 큰아들은 동생들에게 이렇게 말했다.

"성경에는 네 부모를 공경하라고 씌어 있을 뿐 어떤 부모라는 말은 없단다."

사실 우리는 부모의 자격을 논할 수 있다. 그런데 자격을 논하자면 우리 모두 부족한 건 마찬가지가 아닌가? 당신은 정말 아버지, 어머니 자격이 있는가? 그리고 우리가 구원받을 자격이 있는가? 자격이 없는 데도 하나님은 은총을 베풀어주셨다. 그래서 은혜는 값진 것이다.

우리는 하나님의 은혜를 받은 사람들이다. 부모에게 하나님의 심정 으로 다가가야 한다. 하나님의 마음으로 다가갈 때 우리는 가정을 천국 의 모델 하우스로 만들 수 있다. 가정이 깨어지는 이 시대를 사는 사람 들은 그리스도인 가정이 천국의 모델 하우스 기능을 감당하기를 기대 하고 있다. ∎

"네 하나님 여호와께서 이 사십 년 동안에
네게 광야 길을 걷게 하신 것을 기억하라.
이는 너를 낮추시며 너를 시험하사
네 마음이 어떠한지 그 명령을 지키는지
지키지 않는지 알려 하심이라"

(신 8:2).

집사는 _____ 교회의 기둥이자 교회 부흥의 핵심이다

특별 부록

일하는
집사를 위한
상황별
대표기도문

교회 절기 및 주일예배 대표기도문

특별행사주일 및 헌신예배, 상황별 대표기도문

교회 절기 및
주일예배 대표기도문

절기예배
- 사순절 -

>>> Prayer_1

헛된 영광 버리고
부활의 영광 바라보게 하소서

＊ 감사와 회개

생명력이 하나도 없어 보이는 고목에도 생명이 자라게 하시고, 꽁꽁
얼어붙은 대지에서 생명이 솟아나게 하시는 하나님을 찬양합니다. 예
수님의 부활을 바라보며 지키는 사순절에 그리스도의 고난을 묵상할
때마다 저주를 끊고 축복의 문을 여신 십자가의 비밀을 하나씩 깨우쳐
주심을 감사합니다. 그러나 우리 안에는 더러운 탐욕과 시기와 분쟁과
거짓의 싹이 우글거리고 있음을 자백합니다. 원수 된 것을 하나로 화목
하게 하신 능력의 십자가로 우리 죄악을 사해주시고, 하나님의 영광 앞
에 겸손히 서는 시간 되게 해주옵소서.

＊ 헛된 영광을 버리게 하소서

우리의 입에 "주 달려 죽은 십자가 우리가 생각할 때에 세상에 속한
욕심을 헛된 줄 알고 버리네"라고 찬송은 늘 달고 다니지만, 정작 예수

님의 제자들이 십자가에 죽기 위해 예루살렘에 들어가시는 주님 앞에서 서로 누가 크냐는 문제로 다투었듯이 우리도 그러한 존재임을 고백합니다. 우리는 부끄러운 마음을 떨쳐버릴 수 없는 죄인입니다. 사순절기간에 주님을 깊이 묵상하는 시간을 가지면서도 헛된 영광을 추구하여 이런저런 추한 모습을 드러낸 저희를 용서하여 주옵소서.

헛된 영광은 시기와 다툼을 불러일으키는데, 우리 안에 시기와 다툼이 일어난 것이 바로 우리가 헛된 영광을 추구하고 있다는 방증입니다. 남을 나보다 낫게 여기는 것이 주님의 마음이건만 우리는 다른 사람을 무시하고 배척했습니다. 다른 사람의 생각이나 의견에 귀를 기울이고 존중하지 못하는 것은 우리 안에 헛된 영광이 도사리고 있기 때문임을 압니다. 자꾸 자기 목소리를 높이는 것은 교만한 마음을 품고 있기 때문입니다. 그래서 우리 안에 주님의 영광은 자꾸 쇠해지고 있습니다. 자기 의견이 관철되지 않을 때 얼굴이 붉어지고 감정이 상하는 것은 헛된 영광에 도취해 있기 때문입니다. 오, 참으로 귀하신 주님! 사순절을 보내는 우리도 세례 요한처럼 나는 쇠하고 주님이 흥하기를 원하는 심령으로 살아가게 해주옵소서.

＊ 부활의 영광을 바라보게 하소서

하늘의 영광과 권세를 썩은 흙만도 못한 것으로 여기고, 세상에 오셔서 십자가에서 돌아가신 주님, 주님의 눈이 십자가의 처참한 죽음 이후에 나타날 영광을 보셨던 것처럼 우리도 십자가 죽음 뒤에 감추어 있는 부활의 영광을 바라보게 하심을 감사합니다. 우리에게 낮은 자의 행복을 알게 하시고, 자존심을 포기하는 가치를 알게 하시며, 고난의 의미를 깨닫게 해주옵소서. 사람들이 불편해하고 부끄러워하는 고난 앞에서도 당당하고 기뻐할 수 있게 하시고, 그리스도를 위해 고난을 겪을 때 우리를 위해 마련된 생명의 면류관을 바라보게 해주옵소서.

어려운 고난 뒤에 성공의 문이 열리고, 무덤에 갇히는 절망 뒤에 무덤 문이 열리는 희망이 있듯이 영적인 성장도 고난의 과정을 통해 무르익어감을 잊지 않게 해주옵소서. 이웃을 위해 고난받는 것을 꺼리지 않게 하시고, 주님을 위해 당할 손해를 너끈히 감수하게 해주옵소서. 매일 경험하는 인생의 고난도 앞으로 누리게 될 보상을 바라보며 영광으로 받아들이게 해주옵소서.

무덤 문을 여시고 존귀로 관을 쓰신 예수님의 이름으로 기도드립니다. 아멘.

>>> Prayer_2

주님을 왕으로 모시고
겸손의 길 따르게 하소서

* 감사와 회개

어둡던 이 땅에 밝은 태양을 허락하시고 시온의 영광을 비춰주신 주님, 착잡하고 어둡던 우리 마음을 밝히 비춰주시고, 소망을 잃었던 마음에 하늘 소망으로 영혼의 문을 열어주신 주님을 찬양합니다. 주님의 영광이 비치는 곳에 미움이 사랑으로 변하고, 분열과 다툼이 화합으로 변하게 하셔서 감사합니다. 평화의 왕으로 오신 주님이 우리를 평화의 도구로 삼으시고, 절망의 땅에 희망의 씨를 뿌리는 자가 되길 원하시지만 그렇게 살지 못한 저희 죄를 용서하옵소서. 한 주간의 삶 속에서 주님의 빛을 따라 사랑하고 온유와 겸손으로 살지 못함을 용서하시고 가난한 우리의 마음을 하늘 양식으로 가득 채워주옵소서.

* 영원한 우리 왕이 되소서

모든 무릎을 예수님의 이름에 꿇게 하시고, 모든 입으로 예수 그리스도를 주라 시인하게 하신 하나님! 예수님을 우리의 영원한 주요 왕으로 모시게 하심을 감사합니다. 영광의 주로 예루살렘에 입성하신 주님, 예루살렘 도성의 많은 무리가 종려 가지를 흔들며 예수님을 왕으로 영접했듯이 우리도 예수님을 우리의 유일한 왕으로 삼고 살아가게 해주옵소서. 오, 주님! 예루살렘 백성들처럼 예수님을 하루만의 왕으로 고백하는 것이 아니라 영원한 통치자로 인정하고 우리의 모든 삶을 예수님의 다스림 속에서 행하게 하옵소서.

우리의 위대한 통치자가 되신 주님! 주님의 통치 앞에 우리 삶을 내려놓게 해주옵소서. 우리가 계획하는 삶의 비전이 주님의 적극적인 개입을 방해하고, 우리 정욕에 따라 계획되는 모든 일이 주님의 일하심을 거부하게 만듦을 발견하게 해주옵소서. 어떤 상황이 닥쳐올지라도 하나님의 통치는 여전한데 우리가 기대하는 상황이 너무 뚜렷하기에 하나님의 다스리심이 불편해질 때가 있음을 고백합니다. 어떤 상황에서도 우리의 입술과 삶이 그리스도의 주되심을 온전하게 고백하는 삶이 되게 해주옵소서. 우리 교회가 예수 그리스도의 주되심 앞에 살아가게 하시고, 모든 성도가 일상생활 속에서 그리스도의 주인 되심을 인정하며 살게 해주옵소서.

* 주님의 겸손함으로 살게 하옵소서

위대한 메시아이자 영원한 왕이신 예수님께서 예루살렘에 들어가실 때는 개선장군이나 왕의 입성과 달랐습니다. 그것으로 인해 감사합니다. 어린 나귀 새끼를 타시고 겸손한 왕으로 예루살렘에 들어가신 주님이 우리의 영원한 표상입니다. 그런데 주님, 우리는 자신을 너무 잘 알고 있습니다. 우리가 얼마나 교만의 늪에 잘 빠지는지, 우리가 주님의 온유하고 겸손한 마음으로부터 얼마나 멀어져 있는지, 우리가 얼마나 자주 주님이 용납하셨던 사람을 무시하고 거부했는지 잘 압니다. 그래서 우리는 주님을 더 사모하고 의지합니다. 겸손하셨던 예수님에게 도저히 도달할 수 없는 우리를 주인 되신 주님이 다스려주시니 감사합니다.

우리는 여전히 연약하지만 결코 아무것도 자랑하지 않으셨던 주님을 닮고 싶고, 모든 것을 다 소유하셨으면서도 겸손하셨던 예수님을 따라가고 싶습니다. 온유함과 겸손함으로 누구에게도 방어벽을 쌓지 않고 다른 사람의 필요를 거절하지 않으셨듯이 우리도 그렇게 살기를 원합니다. 많이 가졌어도 거들먹거리지 않고, 없어도 기죽지 않으며, 모든 것을 가지셨으나 아무것도 없는 것처럼 사신 주님을 본받아 가진 것을 나누며 살게 해주옵소서.

겸손의 본을 보이신 예수님의 이름으로 기도드립니다. 아멘.

절기예배
- 고난주간 -

>>> Prayer_3

형제와 이웃을 위해
그리스도의 고난에 동참하게 하소서

＊ 감사와 회개

십자가에서 돌아가심으로 죄의 권세와 능력을 깨뜨리신 주님을 찬양합니다. 십자가 보혈의 능력으로 우리 죄를 사하시고, 이제 죄의 종이 아닌 의의 종으로 살아가게 하심을 감사합니다. 그렇지만 의의 무기로 우리를 온전히 하나님께 드리지 못하고, 의의 열매를 맺지 못했음을 용서해 주옵소서. 이 시간, 보혜사 성령님께서 우리의 온 마음과 영을 다해 하나님의 임재 앞으로 나아가게 해주시고, 그리스도의 영 안에서 주님과의 참된 교제를 누리게 해주옵소서.

＊ 그리스도를 위해 고난받게 하소서

죄 없으신 주님이 우리 대신 저주의 형벌을 받으셔서 우리로 영원한 생명의 잔치에 참여하게 하심을 감사합니다. 우리 죄가 주님을 십자가에 못 박게 하였음을 잊지 않게 하시고, 이제는 죄를 미워하고 멀리하여 근절하는 믿음을 주옵소서. 우리 죄 때문에 고난받는 삶이 아니라 예수님처럼 선을 행하므로 고난받게 하시고, 의를 위해 핍박받게 해주옵소서. 주님이 우리를 위해 고난받으셨으니 이제 우리가 주님을 위해 십자가에 못 박히는 결단을 하게 하시고, 주님을 위해 십자가 지는 것을 기쁨으로 여기게 하옵소서. 사랑하는 주님, 우리가 그리스도의 남은 고난을 내 육체에 채우겠다는 거룩한 결단을 미루지 않게 하소서.

믿지 않는 가족이나 주변 사람에게 당하는 신앙의 박해를 견디고, 예수님 때문에 주님의 일을 위해서 손해를 보아야 한다면 기꺼이 받아들이게 해주시며, 다른 사람이 우리를 무시하고 자존심 상하게 하더라도 노하지 않고 믿음으로 승리하게 하옵소서. 작은 이권 때문에 교회를 욕먹이지 않게 하시고, 다른 사람의 생명을 얻기 위해 우리의 생명을 내려놓게 해주옵소서.

* 형제와 이웃을 위해 고난받게 하소서

십자가에서 모든 모멸과 고통을 다 참으셨던 주님, 우리가 형제와 이웃에게 당했던 비난과 해로움을 참지 못하고 대적했던 삶을 용서해 주옵소서. 주님을 닮고 싶다고 늘 고백하지만 정작 주님의 발자취를 따르지 못하는 우리 모습을 고백합니다. 한 알의 밀알처럼 우리가 썩어지고 죽어서 많은 열매를 얻는 영광을 누리게 해주옵소서. 형제나 이웃에게 당하는 억울함 속에서도 십자가에서 돌아가신 주님을 생각하게 해주시고, 칼과 몽치를 들고 오는 자들을 향해서도 욕하지 않고 주님을 바라봄으로 축복하고 기도하게 하옵소서.

하나님과 우리 사이의 막힌 담을 십자가로 허무신 은혜에 감사합니다. 우리가 날마다 하나님과 화목한 관계로 나아가게 하시고 하나님과 누리는 교제의 풍성함을 맛보게 해주옵소서. 오, 주님! 세상이 알지도 못하고 맛볼 수도 없는 평안과 기쁨을 맛본 우리가 원수 된 자에게 먼저 손 내밀게 하시고, 십자가의 정신으로 화목하게 하옵소서. 용서할 수 없는 사람을 십자가의 마음으로 품게 하시고, 우리 안에 쌓아 둔 분노와 원한을 내려놓게 하옵소서. 우리는 할 수 없다고 말하기 전에 성령의 소원을 강하게 느끼게 하시고, 십자가에서 자신의 몸을 화목제물로 드린 주님을 묵상함으로 화평하게 하는 자의 삶을 살게 하옵소서.

형제나 이웃으로 인해 당하는 불편함을 짜증 내지 않고, 그들의 편리와 유익을 위해 우리가 감당해야 할 희생을 감수하게 하옵소서. 자신을 유익하게 하는 삶이 아니라 남을 유익하게 하는 삶을 살기 위해 선한 사마리아인처럼 우리의 가진 것을 내놓게 하옵소서.

십자가에서 죽으심으로 화목을 이루신 예수님의 이름으로 기도드립니다. 아멘.

절기예배
- 부활절 -

>>> Prayer_4

부활의 신앙이 삶의 회복으로
나타나게 하소서

* 감사와 회개

무덤 문을 여시고 하늘 가는 밝은 길을 만드신 주님, 부활의 첫 열매가 되어 우리 부활의 근거가 된 주님을 찬양합니다. 주일 아침 무덤에 계신 주님을 만나러 갔다가 부활하신 주님을 만난 여인들처럼 우리도 부활하신 주님을 만나 뵙기를 원하오니, 이 시간 성령께서 부활의 생명으로 우리 가운데 충만히 임재하옵소서. 부활의 영광을 알고 있건만 부활의 신앙으로 죄와 어둠의 권세를 이기지 못하고, 사탄의 유혹에 넘어지고 죄를 범하며 무기력했던 우리를 용서하여 주옵소서. 이 시간, 부활하신 주께서 연약한 우리에게 부활의 생명을 넉넉하게 공급하여 주옵소서.

* 부활의 신앙을 회복시켜 주소서

무덤 문을 여시고 사망 권세를 이기신 주님! 우리의 소망을 주께 두게 하심을 감사합니다. 죽은 자 가운데서 다시 살아나신 주님이 지금도 우리 안에 살아계심을 확신합니다. 부활하신 주님이 우리 안에 살아계심을 믿고, 우리 믿음을 연약하게 하려는 사탄의 권세 앞에 두려워 떨지 않게 하시고, 죄가 가져오는 유혹 앞에 넘어지지 않게 하옵소서. 자신을 쳐서 이기고, 죄를 멀리하며, 어둠의 세력 앞에 십자가의 군사로 강력하게 맞서게 해주옵소서. 이제는 세상을 두려워하여 떨지 않게 하시고 성령으로 무장하여 그리스도의 군사로 당당하게 나아가게 해주옵소서.

때로는 주변의 돌아가는 복잡한 정세로 인해 마음에 두려움과 공포가 엄습하고, 악한 사람의 공격에 무기력하기도 하며, 좀처럼 풀리지 않는 문제로 인해 분노하고 마음 상하기도 하지만, 모든 염려를 주님께 맡기고 부활하신 주님이 우리 가운데 살아계심을 잊지 않게 해주옵소서. 우리를 고아처럼 버리지 않고 이 세상 끝날까지 함께하시겠다고 약속하신 주님을 신뢰합니다. 우리의 염려와 불안은 작은 믿음 때문인 줄 압니다. 우리에게 세상을 이길 큰 믿음을 주옵소서. 어떤 상황에서도 절망을 이기신 주님을 붙잡게 하시고, 포기함으로 모든 것을 얻으신 주님처럼 우리 역시 희망의 찬가를 부르게 하옵소서.

＊ 삶이 회복되게 하소서

부활하셔서 우리 가운데 살아계신 주님! 우리를 둘러싸고 있는 절망적인 상황 앞에서 주눅 들어 있는 우리를 굽어 살펴보옵소서. 부활하신 주님이 우리의 도움과 방패가 되지만, 우리는 주님을 바라보기보다는 자꾸 환경을 바라보는 습관에 길들어 있습니다. 환경에서 생명의 주님으로 우리 눈을 돌리게 해주옵소서. 잠시 있다가 사라지는 것을 바라보는 우리에게 보이지 않는 영원한 세계를 바라보는 믿음을 주옵소서. 보이는 것이 아니라 보이지 않는 것에 소망을 두게 해주옵소서. 비록 죽을지라도 다시 산다는 확신을 하게 하시고, 이 세상이 끝날 때 하늘 아버지와 나누는 영원한 하나님 나라의 교제 가운데로 나아감을 잊지 않게 하옵소서. 잠시 당하는 고난으로 인해 영원한 영광의 중한 것을 포기하지 않게 하시고, 현재의 불편한 여건에 낙담하지 않고 내일 새로워질 환경을 바라보며 인내하게 하옵소서. 부활하신 주님! 시들어가는 영혼이 회복되고, 상한 마음이 고침받으며, 깨진 관계가 새로워지게 해주옵소서. 에스겔 골짜기에 하나님의 생기가 불어 하나님의 군대를 이루었듯이 우리를 둘러싸고 있는 고통스러운 여건이 새로워지게 해주옵소서.

부활의 첫 열매가 되신 예수님의 이름으로 기도드립니다. 아멘.

절기예배
- 추수감사절 -

추수의 기쁨을 함께 나누고
풍성한 인생의 추수도 거두게 하소서

* 찬양과 감사

알파와 오메가가 되시고, 처음과 마지막이 되시는 존귀하신 주님! 올해도 풍성한 수확의 계절을 주셔서 추수감사예배를 드리게 하심을 감사합니다. 한 해를 돌아보면 부족함이 없도록 채워주시고 인도하셨건만 때때로 불평하고 원망하고 욕심을 통제하지 못했던 죄악을 용서해 주옵소서. 이 시간, 추수감사예배를 통해 감사가 새롭게 회복되는 은총을 허락해 주옵소서.

* 추수의 기쁨을 함께 나누는 영성을 주소서

빈손으로 왔던 인생인데 우리에게 풍요로운 삶을 주신 주님, 올해도 추수감사절을 하나님께 감사함으로 나아가게 하심을 감사합니다. 먼저 감사의 영성을 회복시켜 주옵소서. 일할 수 있는 건강을 주셔서 감사하고, 수확할 수 있는 능력을 주심도 감사하고, 손으로 수고한 것을 거두게 하신 것도 감사하고, 무엇보다 존재 자체에 감사드립니다. 범사에 감사하라고 하신 말씀을 따라 항상, 절대 감사의 인생을 살게 하시고, 그럼에도 불구하고의 감사로 살아가게 해주옵소서.

우리 공동체가 하나님의 비전을 이루기까지 끊임없이 일하시는 성령님을 찬양합니다. 우리 교회가 이 땅과 이 세대를 향해 품고 계시는 하나님의 마음에 주목하게 해주옵소서. 우리 마음을 넓히시고, 우리 눈을 크게 뜰 수 있게 해주옵소서. 지역에 있는 불신자들을 바라보게 하시고, 세계 오지에서 고통당하는 하나님의 백성을 보게 해주옵소서. 선교 현지에서 복음을 위해 헌신하는 선교사들을 품게 하시고, 복음이 필요한 곳으로 우리 눈을 돌리게 해주옵소서.

하나님이 주신 것으로 내 배만 채우고 내 가족을 위해서만 사용하는 것이 아니라, 돌아보아야 할 사람들과 함께 나눌 수 있는 넉넉한 영성을 허락해주시고, 이기적인 탐심을 버리고 주님이 주신 것을 주님이 기뻐하는 곳에 투자할 수 있는 믿음을 주소서.

✽ 풍성한 인생의 추수도 준비하게 하소서

잃어버린 영혼을 추수할 일꾼을 부르시고 영혼의 추수를 위해 일하시는 주님, 추수의 계절에 영혼의 추수를 위해서도 열심히 씨를 뿌리고 수확할 준비를 하게 하옵소서. 전도할 영혼을 찾게 하시고, 그에게 다가가게 하시며, 씨를 부지런히 뿌려서 아름다운 결실을 거두게 하옵소서. 나가면 있고 나가지 않으면 없는 법인데, "나가"라고 하시는 주님의 명령을 거역하지 않게 해주옵소서.

마지막 날 풍성한 결실을 거두고 결산하기를 원하시는 주님, 초라했던 인생을 아름답게 변화시키시고 풍성한 삶을 누리게 하신 은혜를 감사합니다. 오늘보다 더 나은 내일, 지금보다 더 의미 있는 미래를 만들기 위해 부지런히 인생의 씨를 뿌리게 하시고, 뱀처럼 지혜롭게 인생을 일구어가게 해주옵소서. 좋은 관계를 맺어가게 하시고, 남보다 더 열심히 노력하게 하시며, 노력하되 주님이 기뻐하시는 방향을 향한 열정을 갖게 하소서. 매사에 사람에게 하듯 하지 않고 그리스도께 하듯 섬기고, 사람의 칭찬보다 주님의 칭찬을 바라며, 어떤 조직이든지 그 조직과 사람들에게 꼭 필요한 사람이 되게 하소서. 걸림돌이 아닌 디딤돌로, 짐이 아닌 힘이 되어 인생 추수를 위해 최선을 다해 씨를 뿌리게 하소서.

풍성한 추수를 거두게 하신 예수님의 이름으로 기도드립니다. 아멘.

>>> Prayer_6

성탄하신 예수님처럼
평화의 사닥다리로 살게 하소서

＊ 찬양과 감사

육신을 입고 어둡고 차가운 세상 가운데 찾아오신 주님을 찬양합니다. 이 땅에 하나님 나라를 심으시고, 하늘나라의 아름다운 소식을 들려주신 주님이 우리 삶의 주인이요 왕이 되어 다스리시니 감사합니다. 왕이신 예수님이 이 땅에 찾아왔지만 어둠에 속한 자들이 주님을 거부했듯이 우리가 그러한 삶을 살았음을 고백합니다. 이 시간, 성탄하신 주님을 다시 깊이 만나고 경험함으로 주님이 기뻐하시는 인생으로 새롭게 변화되게 하옵소서.

＊ 자기를 낮추는 겸손을 배우게 하소서

하늘과 땅의 모든 권세와 영광을 갖고 계신 주님, 크고 위대하신 주님이 자신을 스스로 비우시고 이 땅에 한 아기의 모습으로 찾아오신 은혜에 무한 감사드립니다. 로마제국이 아닌 유대 땅, 예루살렘 도성이 아닌 베들레헴 고을에, 궁궐이나 저택이 아닌 허름한 여관 마굿간에서 짐승들의 먹이통인 구유에 탄생하신 주님께 너무너무 감사드립니다. 그 모든 것이 허물과 죄로 죽었던 우리를 위한 대속제물이 되기 위함이었습니다. 하나님이셨지만 인간이 되기를 마다하지 않으신 주님, 왕이셨지만 어린 나귀새끼를 타고 예루살렘으로 입성하셨던 주님, 스승이셨지만 제자들의 더러운 발을 거침없이 씻어주셨던 주님, 우리는 주님을 너무 닮지 못했음을 고백합니다. 누가 큰 자인지를 다투고, 누가 상좌에 앉을 것인지를 다투었던 제자들의 모습이 바로 우리 모습이었습니다.

우리가 주님을 닮아가기를 그렇게 원하셨던 주님, 우리가 가진 교만의 쓴 뿌리를 제거하시고, 온유하고 겸손한 영을 부으소서. 다른 사람을 나보다 낮게 여기고, 피조물인 자신의 자리를 잘 지키게 하소서. 남을 업신여기고 판단하고 평가했던 죄를 용서하시고, 그들의 연약함과 허물을 비난하고 험담했던 죄악을 사하소서. 겸손히 주님을 섬기고, 겸손한 마음으로 사람들을 섬기는 종이 되게 하소서.

* 평화의 도구로 살아가게 하소서

가는 곳마다 분열과 불화가 가득하고, 다툼과 전쟁의 소식으로 난무한 이 세상에 복음으로, 사랑으로 평화를 이루셨던 주님! 평화의 왕으로 오신 주님이 우리 인생과 공동체와 지구촌의 왕으로 통치해주심을 감사합니다. 사탄과 어둠의 영이 가는 곳마다 아픔과 다툼과 불화가 일어나지만 예수님이 가시는 곳마다 화평과 하나 됨이 이루어진 것처럼, 화평하게 하는 제자로 부름받은 우리가 가는 곳마다 화목의 불꽃이 일어나게 하옵소서. 이미 우리를 화평하게 하는 자로 삼아주심을 감사합니다. 우리에게 화목하게 하는 직분을 주시고, 화목하게 하는 도구로 화목하게 하는 복음의 말씀을 주심을 감사합니다. 인간의 능력과 인간적인 입술의 말로 화평하게 하는 것이 아니라 성령의 인도하심에 민감하게 반응함으로 성령의 열매로 맺게 하소서.

우리 가정이 화목한 공동체가 되어 언제나 돌아오고 싶은 따뜻한 가정이 되게 하시고, 그런 가정을 이루기 위해 내가 화평을 잇는 다리가 되게 하소서. 그 어떤 곳보다 말이 많고 탈이 많은 곳이 교회임을 인정합니다. 그러나 우리 교회 안에 화평의 왕이신 예수님이 왕으로 통치하셔서 화목하고 연합된 공동체가 되게 하시니 감사합니다. 목사와 장로가 화평하고, 중직자들이 서로 존중하고 화목함으로 온 성도가 본받게 하옵소서. 화평을 이루지 않고 하나님을 뵐 수 없고, 예배를 드릴 수 없기에 먼저 화목하게 하는 일꾼이 되게 하소서.

평화의 왕으로 온 세상을 통치하시는 예수님의 이름으로 기도드립니다. 아멘.

주일예배

- 신년예배 -

>>> Prayer_7

말씀과 기도로 출발하는 한 해가 되게 하소서

＊ 감사와 회개

천지만물을 말씀으로 창조하시고, 말씀으로 지탱하시고 보존하시는 하나님을 찬양합니다. 한 해를 보내고 새해를 맞을 수 있는 은총을 허락하심을 감사합니다. 주님이 시간을 허락하셨고, 주님이 주신 건강이 었음을 잊지 않고, 늘 감사하는 마음으로 살아가게 해주옵소서. 그런데도 우리 안에는 감사하지 못하고 불평하고 원망하는 인간 본성이 가득함을 고백합니다. 그런 우리를 있는 그대로 받아주시고 십자가에서 대속 제물로 죽어주신 주님의 은혜를 기억하며 날마다 주님과 동행하는 행복한 한 해가 되게 해주옵소서.

＊ 하나님의 영광을 추구하며 살게 하소서

주님은 먼저 그의 나라와 의를 구하라고 하셨고, 바울은 무엇을 먹든지 마시든지 하나님의 영광을 위하여서 하라고 권면했지만 우리는 땅의 것을 추구하고, 육신의 의식주에 매여 살았음을 고백합니다. 하나님의 영광보다 사람의 영광을 더 사랑했고, 이 땅의 영광을 챙기기에 바쁘고 분주했음을 고백합니다. 얼마나 허무한지, 얼마나 어리석은지 잘 알면서도 잠시 후면 지나가 버릴 육신의 정욕과 안목의 정욕과 이생의 자랑에 매여 살았음을 자백하오니 용서해 주옵소서.

이제는 사람의 영광을 내려놓고 주님의 영광을 추구하겠습니다. 나의 기쁨과 만족을 포기하고 주님의 기쁨과 만족을 추구하며 살겠습니다. 나는 드러나지 않아도 주님이 드러날 수 있으면 그것을 기쁨으로 여기고 헌신하며 충성하겠습니다. 다른 사람의 관심과 칭찬을 추구하지도 않겠습니다. 내 이름이 드러나기보다 주님의 이름이 존귀하게 되는 것을 추구하게 해주옵소서. 주님이 주시는 것으로 만족합니다. 적다고 불평하지도 않겠습니다. 주님 한 분만으로 충분하다고 고백하며 살기를 소망합니다. 없는 것으로 인해 불평하지 않고, 주신 것에 감사하며 살게 해주옵소서.

사랑하는 주님! 우리가 빈손으로 온 인생, 빈손으로 돌아갈 인생임을 잊지 않게 하시고, 지금 주님이 주신 것에 자족하며 살아가는 영성을 갖게 해주옵소서. 모든 것이 주님에게서 왔으며, 모든 것이 주님께로 돌아가고, 모든 것이 주님의 섭리와 통치 속에서 이루어짐을 깨달아 현실 속에서 주님의 영광만 구하게 하소서.

* 말씀과 기도로 출발하게 하소서

말씀이 육신이 되어 우리와 함께 거하시기 위해 친히 찾아오신 주님, 주님은 기록된 말씀으로 마귀의 유혹을 이기셨는데, 우리는 말씀을 저버릴 때가 많음을 고백합니다. 아브라함이 하나님의 부르심을 받았을 때 말씀을 붙잡고 출발했듯이, 우리도 한 해를 하나님 말씀을 붙잡고 출발하게 해주옵소서. 주님의 말씀에서 길을 찾게 하시고, 주님의 말씀으로 위로받고 용기를 얻게 하시고, 주님의 말씀으로 경고도 받고, 책망도 달게 받는 영성을 허락해 주옵소서. 인간의 욕망과 감정으로 하나님 말씀을 거부하는 어리석음을 행하지 않게 해주옵소서.

공생애 사역을 기도로 시작하시고, 분주함 속에서도 무리들 곁을 떠나 조용히 하늘 아버지와 교제를 즐기셨던 주님! 우리도 한 해를 그렇게 출발하기를 소망합니다. 기도를 저버릴 핑계와 변명을 둘러대지 않게 하시고, 어떤 계획을 세울 때 주님께 먼저 묻게 하시며, 일이 막힐 때마다 주님의 은혜와 도움을 구하게 하시고, 우리가 하는 모든 일을 통해 주님의 영광이 드러나길 간구하며 살아가게 하옵소서.

하나님의 영광을 위해 말씀과 기도를 일상으로 삼으신 예수님의 이름으로 기도드립니다. 아멘.

>>> Prayer_8

교육 투자를 위해 힘쓰되
자녀를 올바로 양육하게 하소서

＊ 감사와 회개

우리 가정과 교회에 여호와의 기업인 자녀들을 선물로 주셔서 감사합니다. 이들을 하나님의 왕국과 이 민족의 기둥 같은 일꾼으로 세워나갈 수 있게 하신 주님, 우리 가정과 교회가 예수님의 마음을 갖고 이들을 존중하고 소중히 여기게 하시니 감사합니다. 이들의 삶과 장래를 인도하시는 성령께서 우리 가운데 충만히 임하셔서 다음 세대를 바라볼 수 있는 마음과 눈을 열어주옵소서.

＊ 교육 투자에 최선을 다하게 하소서

우리를 구원하기 위해 자신의 모든 것을 투자하신 주님, 우리도 가정의 자녀와 교회의 영적 자녀들을 위해 한 알의 밀알이 되어 헌신하기를 소원합니다. 이들이 하나님의 왕국과 이 민족을 위해 일할 훌륭한 일꾼으로 성장하도록 우리가 가진 자원을 최선을 다해 투자할 수 있게 해주옵소서. 이들을 위해 먼저 희망과 소망을 가지게 하시고, 이들의 교육을 위해 필요한 재정을 허락하시고, 하나님이 주신 것으로 이들에게 최선의 투자를 해서 주님께서 기뻐하시는 일꾼으로 세워나가게 해주옵소서. 이들이 최적의 환경에서 자랄 수 있게 하시고, 열악한 환경에도 굴하지 않는 강인한 정신력을 주옵소서.

어린아이를 안고 축복하신 주님, 우리가 투자할 것은 경제적인 지원만이 아님을 알게 하시고, 그들의 올바른 성장을 위해 눈물로 기도할 수 있게 하시고, 그들에게 우리가 줄 수 있는 시간을 내주게 하시며, 그들의 풍부한 정서를 만드는 데 밑거름이 되는 사랑을 풍족하게 줄 수 있게 하옵소서. 부부 관계가 깨지고, 가정이 흔들림으로 아이들이 성장하는 데 장애가 되지 않도록 건강한 부부와 가정을 만들게 해주옵소서. 칭찬과 격려의 말로 아이에게 용기를 주고, 꿈을 심어주어 살아야 할 이유를 발견하게 해주옵소서.

* 올바로 양육하게 하소서

상한 갈대도 꺾지 않고, 꺼져가는 등불도 끄지 않으시는 주님! 학교교육으로 스트레스받고 지친 어린 영혼들에게 하나님 말씀으로 힘과 용기를 주시고, 부모의 욕심이 자녀를 그르치지 않게 해주옵소서. 부모가 가진 일등병 때문에 자녀의 용기가 꺾이지 않게 하시고, 자녀가 가진 장점을 살려주고 재능을 발견하여 키워주는 부모가 되게 해주옵소서. 다른 아이와 비교하지 않고 개성을 살려주는 교육을 하게 하시고, 자기감정을 못 이겨 아이에게 저주하는 일이 없게 하옵소서. 사랑의 매를 잃지 않아 아이에게 그릇된 것에 대한 분별력을 심어주게 하시고,

관용과 용서를 경험하여 하나님의 사랑을 알게 하옵소서.

일등뿐만 아니라 2등의 행복도 알게 하시고, 최선의 삶을 다하지만 차선의 여유도 갖게 해주옵소서. 머리가 되고자 하는 비전을 주시되, 꼬리의 자리도 소중함을 깨닫게 하소서. 나는 쇠하고 주님은 흥해야 한다는 원칙을 잊지 않게 하시고, 내 몸에서 그리스도가 존귀하게 되기를 소망하는 아이로 자라게 해주옵소서. 어떤 일이 있어도 나의 영광보다 하나님의 영광을 추구하는 아이가 되게 하시고, 최고를 추구하기보다 하나님이 주신 잠재력을 극대화해서 하나님의 기쁨을 추구하게 해주옵소서.

어린아이를 사랑하고 존귀하게 여기시는 예수님의 이름으로 기도드립니다. 아멘.

>>> Prayer_9

좋은 부모가 되고
부모 공경의 본을 보이게 하소서

* 감사와 회개

부모를 주 안에서 공경하라고 명령하신 주님, 우리에게 어른을 공경하고 부모에게 효도하는 마음을 심어주심을 감사합니다. 우리를 낳은 부모를 통해 하나님을 보게 하심을 감사합니다. 부모를 공경함이 마땅한 도리인 줄 알면서도 부모를 기쁘게 하지 못했던 죄악을 용서하시고, 예배 가운데 임재하시는 성령께서 부모에게는 자녀를 주의 교양과 훈계로 양육할 수 있는 마음을, 자녀에게는 부모를 공경하는 마음을 충만하게 부어주옵소서.

* 하나님의 은총 안에 머무는 부모가 되게 하소서

하나님의 대리자로 우리의 부모를 세상에 허락하신 하나님을 찬양합니다. 우리가 이 땅에 존재할 수 있게 했을 뿐만 아니라 하나님의 대리자로 보내신 부모의 존재를 바로 깨닫게 하시니 감사합니다. 주님!

우리에게 부모가 어떤 모습을 하고 있는지를 가려서 공경하는 것이 아니라 하나님의 명령이기에 그들을 존경하고 공경하는 경건한 믿음을 주소서. 때때로 우리가 부족하여 부모의 마음을 아프게 하고 외롭게 했을지라도 하나님의 사랑과 은총 안에서 날마다 치유와 회복을 경험하게 하시고, 이 땅에 살아가지만 하늘의 영광을 맛보는 거룩한 나그네가 되게 해주옵소서.

세월을 따라 쇠약해지는 육체이지만 속사람은 강건하여 독수리가 창공으로 날개를 치며 올라가듯이 날마다 새로운 은혜 안에 머물게 해주옵소서. 믿음이 없는 부모들은 예수님을 믿어 구원에 이르게 하시고, 믿음을 가진 부모들은 더 큰 믿음을 갖고 세상을 이기게 하시며, 자녀를 위해 흘리는 그들의 눈물의 기도가 눈감기 전에 응답받는 축복을 허락하소서. 오, 주님! 우리 부모들이 이 땅에 마음을 두지 않고 하늘에 두게 하시고, 땅의 것을 추구하는 삶이 아니라 하늘에 보화를 쌓는 삶을 살게 하옵소서. 주님께서 부르시는 날에 부끄러움 없이 찬송하며 주님을 맞이할 수 있는 부모가 되게 하옵소서.

* 부모를 공경하는 삶을 주소서

부모를 공경하면 장수하고 땅에서 잘 되는 복을 주시겠다고 약속하신 주님, 주께서 그렇게 약속의 말씀을 주셨는데도 우리는 부모의 마음을 기쁘고 즐겁게 하지 못했음을 고백합니다. 언젠가 우리도 그 자리에 있게 될 것을 잊지 않게 하시고, 우리 곁에 있을 때 부모의 마음을 잘 헤아리고, 한 번 더 찾을 수 있게 하시며, 그들의 필요가 무엇인지를 돌아보게 해주옵소서. 주님, 부모를 대하는 우리 마음에 예수 그리스도의 마음을 부어주옵소서. 육체의 정욕으로 대하는 것이 아니라 성령의 소원을 따라 대할 수 있게 하소서. 그들의 마음을 불편하고 아프게 하는 일 없도록, 그들이 우리 곁을 떠날 때 한 점 부끄러움이나 후회가 남지 않도록 해주옵소서.

주님이 자신의 편리와 유익을 구하지 않으시고 불쌍히 여기는 마음으로 사람들을 돌아보셨듯이 우리도 부모를 대할 때 불쌍히 여기는 마음을 주옵소서. 그들의 편리와 유익을 먼저 구하게 하시고, 희생과 헌신의 마음으로 그들을 돌아보는 신실한 하나님의 사람이 되게 해주옵소서. 이 세대를 따라가지 않게 하시고, 주변 사람의 잘못된 가치관에 편승하지 않게 하시며, 그리스도인의 영적 고고함을 지킬 수 있는 구별된 사람이 되게 해주옵소서.

하나님의 대리자로 육신의 부모를 파송하신 예수님의 이름으로 기도드립니다. 아멘.

전쟁이 없는 평화의 세계가
도래하게 하소서

* 찬양과 감사

무더운 날씨 속에서 이 민족과 교회를 평안 가운데 지켜주시니 감사합니다. 이스라엘을 광야 가운데서 안으시고 업으셔서 약속의 땅 가나안까지 안전하게 이끄신 하나님, 이 민족과 우리 교회가 하나님의 약속 안에 거할 수 있게 하시고, 이 시간 예배 가운데 우리에게 하시는 하나님 약속의 말씀을 붙잡고 더 깊은 믿음의 세계로 나가게 해주옵소서.

* 다시는 동족상잔의 전쟁이 없게 하소서

호국보훈의 달을 맞아 전쟁의 참상을 다시 한번 생각할 수 있게 하신 주님, 이 땅과 교회 안에 악한 전쟁이 없게 하시고 우리가 전쟁을 일으키는 장본인이 되지 않게 해주옵소서. 한국전쟁으로 죽어간 영혼들의 숭고한 죽음이 헛되지 않도록 이 민족의 안보를 지킬 수 있는 후손이 되게 해주옵소서. 전쟁을 모르는 세대에게 한국전쟁의 아픔과 상처가

잊혀가고 있지만 전쟁이 얼마나 비참한 참상을 가져왔는지 잊지 않게 하시고, 약자의 아픔을 맛보았사오니 다시 동족 간의 전쟁이 일어나지 않도록 국방과 경제력을 갖출 수 있게 해주옵소서. 준비되지 않은 이 민족이 돌발적인 전쟁을 겪었사오니 슬기로운 다섯 처녀처럼 매사를 준비하는 인생을 살게 해주옵소서.

끊임없이 전쟁을 도발하는 저 북한의 위정자들을 불쌍히 여기시고 전쟁의 비극을 돌아보는 지혜를 주옵소서. 원산과 평양에 불었던 영적 부흥 운동이 머지않아 저 북한 땅에 회복되게 하시고, 지금도 지하 교회에서 기도하는 믿음의 용사들의 기도로 북한 땅에 교회가 재건되는 기적이 있게 해주옵소서. 전쟁을 충동질하는 사탄의 실체를 깨닫게 하시고, 파괴하고 부수는 사탄의 전쟁이 아닌 거룩한 영적 전쟁에 눈을 뜨게 해주옵소서.

* 평화의 분위기를 주소서

평화의 왕으로 세상에 오신 주님, 십자가에서 찢기신 주님의 몸으로 이 땅과 우리에게 평화를 허락하시니 감사합니다. 전쟁이 남긴 파괴와 황폐함 속에서도 이 민족에게 재건의 용기를 허락하셔서 세계적인 경제대국으로 부상할 수 있게 하심을 감사합니다. 평화를 사랑하는 민족이 되게 하시고, 이 땅에 평화를 만드는 교회가 되게 해주옵소서. 해마다 남침을 도발하는 북한군에게 평화의 도구로 살아갈 수 있는 예수님의 마음을 부어주옵소서. 남과 북이 평화의 분위기를 갖게 하시고, 통일을 위해 함께 대비하는 지혜로운 민족이 되게 해주옵소서. 통일한국을 이루어 더 힘차게 세계 속의 한국으로 자라게 하시고, 평화의 복음이 있어야 하는 열방을 향해 힘차게 나아가는 세계 선교의 비전을 품게 해주옵소서.

칼보다는 복음을 품고 나아가는 한반도가 되게 하시고, 세계 평화의 도구로 쓰임받는 영광을 허락해 주옵소서. 이 땅에 세계 평화를 위해 일할 수 있는 위대한 글로벌 리더들이 우후죽순처럼 일어나게 하시고, 우리 교회 안에서도 민족과 세계를 가슴에 품고 평화의 복음을 실현하는 영적인 리더가 많이 일어나게 해주옵소서. 주님, 그보다 먼저 내 영혼과 내면 안에 하나님과 복음을 대면함으로 참된 평안을 누리게 하시고, 우리가 속한 작은 공동체를 평화의 공동체로 만들어가게 해주옵소서.

평화의 왕으로 오신 예수 그리스도의 이름으로 기도드립니다. 아멘.

주일예배

- 송구영신예배 -

송구영신 예배를 통해
마무리와 새 출발을 준비하게 하소서

＊ 찬양과 감사

알파와 오메가가 되시고, 시작과 끝이 되시는 하나님! 파란만장했던 인생을 여기까지 오게 하심을 감사하고 모든 영광을 주님께 올립니다. 한 해를 살아오는 동안 순간순간 주님의 뜻대로 살지 못하고, 주님의 영광을 가렸던 모든 죄를 용서하시고, 이 시간 드리는 송구영신예배를 통해 하늘에서 내려오는 신령한 은총으로 가득하게 해주옵소서.

＊ 한 해를 지혜롭게 성찰하고 마무리하게 하소서

인간이 생각하는 것보다 더 크고 높고 위대한 생각을 하고, 내가 설계하는 인생 프로그램보다 더 아름답고 완벽한 설계도를 그리시는 주님! 부족하고 연약한 우리를 주님이 여기까지 인도해 오심을 감사합니다. 주님의 은혜가 아니었으면, 주님의 도움이 아니었으면 한 걸음도 뗄 수 없는 존재인데, 모든 것을 주님께서 하셨습니다. 부끄러운 것이

236 특별 부록 | 일하는 집사를 위한 상황별 대표기도문

있다면 그건 우리의 연약함과 불순종의 소치였음을 고백하고, 아름다운 결실이 있다면 그것은 모두 주님의 은혜였음을 고백합니다. 우리의 게으름과 나태함 때문에 부족했던 모든 것을 용서하시고, 새로운 해에는 부지런하게 작은 일에도 세심하게 심혈을 기울이며 살게 해주옵소서. 먼 훗날 나의 어리석음이 후회를 남기지 않도록 주님의 지혜와 은혜를 부어주시길 원합니다.

한 해를 살아오면서 다른 사람에게 아픔을 준 것이 있다면 용서하시고, 나로 인해 아파하는 사람의 상처를 어루만져 주옵소서. 나로 인해 공동체가 힘들었다면 지금부터라도 해악을 끼친 그 자리를 회복시키는 새로운 출발이 있게 하시고, 서로 협력하지 못하고 독선과 고집을 부렸다면 협력과 공생의 길을 걷게 해주옵소서. 혹시 불화와 다툼의 불씨가 되었다면 이제는 화평의 도구가 되어 웃음과 행복 바이러스만 유포하게 해주옵소서. 성장과 발전에 찬물을 끼얹었다면 이제는 부흥과 풍요의 불씨로 살게 하시고, 누구에게든지 유익을 끼치는 인생이 되게 해주옵소서.

＊ 주님과 함께 산지를 개척하게 하소서

불평하고 원망하고 불신앙으로 광야 길을 걸었던 이스라엘 백성을 버리지 않고 기필코 가나안 땅까지 인도하신 주님! 그들의 모습이 우리 모습이었음을 고백하고, 그 은혜가 우리가 누린 은혜와 축복임을 감사합니다. 새로운 한 해는 주님과 동행하게 하시고, 주님과 함께 호흡하게 하시고, 주님의 통치에 온전히 복종하게 해주옵소서. 아무리 험악한 산지가 눈앞에 놓였을지라도 불평하지 않고 나를 통해 일하실 주님을 바라보며 감사하게 하시고, 나의 능력으로 하는 싸움이 아니라 주님의 능력 힘입어서 나아가는 싸움임을 기억하며 감사하고 찬양하며 그 고지를 향해 나아가게 해주옵소서.

없는 것을 보고 실망하지 않고, 안 되는 것을 보고 원망하지 않으며, 주님이 주신 것에 감사하고, 주님이 행하실 일들을 바라보며 찬양하게 하소서. 나보다 나를 더 사랑하시는 주님이 모든 염려와 불안을 극복하게 하실 것을 기대하고, 인간의 시야에서는 불가능해 보여도 전능하신 주님이 행하시면 얼마든지 결과는 달라질 수 있음을 기대하며 믿음으로 힘차게 나아가게 해주옵소서. 주님이 주신 환경이 나에게 가장 소중한 선물이고, 주님이 맺은 결과라면 어떤 것이든 아멘으로 감사하고 찬양하는 큰 믿음의 소유자가 되게 하소서.

한 해뿐만 아니라 이 세상 끝날까지 항상 함께하실 예수님의 이름으로 기도드립니다. 아멘.

주일예배

- 일반 1 -

>>> Prayer _ 12

성실한 섬김으로
헌신하게 하소서

＊ 감사와 회개

우리를 자기 백성으로 부르시고, 부지런히 찾아오시며, 돌보시고 인도하시는 주님을 찬양합니다. 우리의 연약함과 부족함에도, 수많은 허물과 죄를 가졌음에도 우리를 버리지 않고 있는 그대로 용납해주시는 주님께 감사드립니다. 그 사랑과 그 은혜를 맛보고 누렸음에도 하나님으로부터 얼굴을 돌리고, 등을 돌렸던 불의함과 불충함을 용서해 주옵소서. 살아가는 순간마다 주님의 호흡을 느끼고, 주님의 섬세한 돌보심을 기억하며 주님의 품 안에서 살아가고, 모든 일을 경영하는 지혜로운 인생이 되게 해주옵소서.

＊ 성실하게 섬기는 하나님의 사람이 되게 하소서

하나님과 원수 되었던 자, 죄인 되었던 자들을 여전히 사랑하시되, 끝까지 사랑하셨던 주님! 주님을 향해서도, 사람들을 향해서도 성실하지 못했던 저희에게 여전히 다시 한번 섬길 기회를 주심을 감사드립니다. 하나님 아버지께 성실하셨던 주님처럼, 가난하고 병들고 소외된 자들을 향해서도 성실하셨던 주님처럼 우리도 하나님과 사람 앞에서 성실한 삶을 사는 하나님의 사람이 되게 해주옵소서.

주님은 못나고 허물 많은 우리를 성실히 섬겨주셨는데, 마땅히 주님을 섬겨야 할 우리는 불성실하게 섬겼음을 고백합니다. 이 세상에 분주한 것보다 하나님 나라와 그의 의를 추구하는 것이 얼마나 가치 있는 일인지 다시 한번 마음에 새길 수 있게 하시고, 의미 있고 가치 있는 것을 위해 씨앗을 부지런히 뿌릴 수 있는 농부가 되게 해주옵소서.

섬김을 받기보다 섬기러 오셨던 주님처럼 다른 사람의 발을 씻어주는 종으로 살아가는 참된 제자가 되게 해주시고, 인기와 박수를 받기 위해 섬기는 것이 아니라 마땅히 섬겨야 하는 종이기 때문에 기쁨으로 자발적으로 섬기게 하옵소서. 주님이 주신 섬김의 기회를 놓치지 않을 뿐만 아니라 우리 스스로 섬길 것을 찾아서 감사함으로 섬길 수 있는 지혜로운 일꾼이 되게 해주옵소서. 우리의 섬김을 통해 누군가는 웃음을 회복하고, 누군가는 날개를 달고, 누군가는 주저앉은 자리에서 행복을 향해 일어서고, 주님께로 돌아오는 역사가 있게 해주옵소서.

* 헌신의 열매를 보게 하소서

한 알의 밀알로 땅에 떨어져 썩어 없어지셨던 주님, 십자가 죽음을 통해 온 인류를 구원하는 영광을 보여주시고, 부활의 첫 열매가 되어 소망을 안겨주심을 감사합니다. 그 은혜와 비밀을 알기에 우리가 속한 곳에서 한 알의 밀알이 되어 헌신하는 참된 제자가 되게 해주옵소서.

사랑하는 가족을 위해 부지런히 희생과 헌신의 씨를 뿌리고, 주 안에서 하나 된 지체들을 위해 주님의 마음으로 헌신의 열매를 맺게 해주옵소서. 그리스도의 피 값으로 사신 교회를 위해 아낌없는 헌신의 씨를 뿌리는 충성스러운 일꾼 되게 해주옵소서.

헌신의 본을 보여주셨던 주님, 점점 헌신이 사라지고, 헌신을 고리타분한 구시대의 유물로 간주하는 세대에서 우리도 주님처럼 헌신의 삶으로 헌신의 가치를 입증하는 제자가 되게 해주옵소서. 주님이 파송해주신 직장에서 동료들을 주께 하듯 섬김으로 아름다운 헌신의 열매를 맺게 하시고, 헌신하되 그 영광을 구하지 않는 참된 헌신을 실천하게 해주옵소서. 우리의 헌신으로 조직이 날마다 성장하고, 조직원들이 행복해지는 은혜를 주시며, 이곳으로 파송하신 아버지의 마음을 시원하게 해드리는 사명자가 되게 하소서.

자격 없는 우리를 성실하게 섬기고 헌신하셨던 예수님의 이름으로 기도드립니다. 아멘.

주일예배
- 일반 2 -

>>> Prayer_ 13

상한 심령을 회복하시고
복음 전파의 도구로 사용하소서

＊ 찬양과 회개

자기를 경외하는 자들의 소원을 이루시는 하나님, 우리 영이 주를 사모하게 하시니 감사합니다. 사랑하는 자에게 사랑을 베푸시고, 가까이 하는 자에게 가까이하시겠다고 약속하신 여호와여, 우리가 하나님을 사랑하는 사랑의 포로가 되게 하시니 감사합니다. 이 시간도 십자가에 나타난 하나님의 사랑을 깨닫게 하시고, 하나님의 임재로 지치고 상한 심령이 회복되게 해주옵소서. 거룩하신 성령님, 한 주간도 하나님의 뜻보다는 우리 생각과 고집을 따라 살았던 삶을 내려놓습니다. 십자가의 피로 정결하게 하시고 주님의 의로움으로 옷 입게 해주옵소서.

＊ 상한 심령의 회복을 위하여

상심한 자들을 고치시고 그 상처를 싸매시는 주님, 주님 없는 삶이 얼마나 부질없고 허무한지 알게 하시니 감사합니다. 우리 힘과 의지력으로 살아가려고 애썼던 우리가 주님의 은총을 떠나서는 살 수 없음을 고백하며 나아옵니다. 실패했던 우리 삶의 흔적 속에 주께서 주시는 은혜로 채워지기를 원합니다. 나약함으로 찢긴 우리의 날개가 주님이 들려주시는 음성으로 회복되기를 원합니다. 어떤 사람들이 했던 무례한 행동과 말에 상처받고 아픈 우리의 마음을 주님으로부터 내려오는 위로로 위로받게 해주옵소서.

자족하기를 기뻐하시는 주님, 우리가 왜 이렇게 상처투성이가 되었는지 알고 있습니다. 우리 안에 있는 욕심을 방치한 결과였습니다. 내 안에 일어나는 감정의 소용돌이를 성령으로 제어하지 못했기 때문입니다. 십자가를 바라보기보다는 늘 자기에게 집중했던 삶이 우리를 지치게 했습니다. 세상과의 교통을 위해 달구어졌던 우리의 욕망이 이제 그리스도와의 풍성한 교제로 치유되는 은총을 허락해 주옵소서.

우리 안에 늘 넘치는 소망으로 채우시기를 기뻐하시는 주님, 우리의 상함이 또 다른 사람의 상처를 낳을 수 있었음을 발견하고, 우리 상처에 집중하고 몸부림치는 동안 그 어떤 사람이 아파하는 모습을 보게 해주옵소서. 주님, 우리가 모두 주님의 어루만지시는 손길이 필요한 자들입니다. 우리를 성령의 세미한 간섭으로 고쳐주옵소서.

✻ 전도의 도구가 되기 위하여

모든 족속을 제자로 삼으라고 말씀하셨던 주님, 우리가 주님의 피맺힌 유언을 이루어 드리길 원합니다. 주님이 주신 지상명령을 외면하지 않게 하시고, 힘들고 장애물에 막힐지라도 복음 증인의 길을 이탈하지 않게 해주옵소서.

복음을 전해야 할 사람을 우리에게 붙여주시는 주님! 우리의 눈을 떠서 주님이 보내주시는 사람을 알게 하시고, 전할 기회를 놓치지 않게 하시며, 성령의 권능을 받아 주저하지 않고 담대하게 그리스도를 자랑하고 간증하게 하옵소서. 우리 입술의 나약함을 생각하지 않고, 사탄의 방해를 염려하지 않으며, 성령의 도우심을 받아 전하게 해주옵소서.

한 영혼을 구하기 위해 자기 목숨을 십자가에 버리신 주님, 우리가 주님의 마음을 간직하여 우리에게 가장 소중한 것도 내놓을 수 있게 해주옵소서. 우리 가슴에 부어진 하나님의 사랑으로 찾아가서 선물을 나누고, 함께 차를 마시고 대화하면서 우리 안의 간증이 전해지게 해주옵소서.

우리를 복음의 증인 삼으신 예수님의 이름으로 기도드립니다. 아멘.

>>> Prayer_ 14

주의 일에 협력할 뿐
다툼과 불화를 멀리하게 하소서

＊ 찬양과 감사

주의 빛과 진리를 보내시어 우리를 인도하시는 여호와여, 주님으로부터 우리의 큰 기쁨을 누리게 하심을 감사합니다. 진노 아래 죽은 저희를 사랑하셔서 십자가를 통해 하늘의 것을 소망하는 사람으로 삼아주신 은혜를 찬양합니다. 그러나 한 주간도 하나님 없는 인생을 좇아가며, 영의 것보다 육신의 것을 따라 살았던 우리를 용서하여 주옵소서. 이 시간, 예배 가운데 하나님의 임재와 영광을 회복함으로 주님 없이는 살 수 없다는 진정한 인생 고백이 나오게 해주옵소서.

＊ 주의 일을 협력하기 위하여

주께서 기뻐하시는 자들이 함께 모인 이 시간, 우리 안에 하나님의 갈망으로 충만히 채우소서. 세상을 향했던 우리 마음이 온전히 하나님을 바라고 사모하게 해주옵소서. 세상에 있는 것보다 주님 안에 잡힌

바 된 삶의 행복을 알게 하시고, 무엇을 먹을까 무엇을 마실까에 지친 삶이 주의 일을 향한 가치를 깨닫게 해주옵소서. 주님! 우리가 이 땅에 속한 자가 아님을 감사합니다. 우리 눈을 들어 하늘의 영광을 바라보며 나아가게 하심을 감사합니다.

주의 일을 효과적으로 섬기기 위해 각양 은사를 주신 주님, 결산의 때에 주님 앞에서 부끄러운 결산을 하지 않게 해주옵소서. 맡겨진 일에 충성하게 하시고, 복음의 훼방꾼이 아닌 협력자가 되게 해주옵소서. 복음을 위해 우리 몸이 닳아 없어지도록 달려갈 수 있는 열정을 부어주옵소서. 십자가를 지고 눈물 흘리는 가치를 알게 하시고, 주님의 일을 위해 내려놓는 자존심을 보상하시는 하늘의 상급을 바라보게 해주옵소서.

알파와 오메가가 되신 주님, 영원 전부터 영원까지 존재하시는 주님! 우리가 지칠 때 주님의 위로를 누리게 하시고, 우리가 낙심할 때 십자가에서 흘리셨던 주님의 눈물 바라보게 하옵소서. 이 땅에서 누리는 영광보다 하늘에서 누릴 영광에 주목하게 하시고, 그래서 복음 때문에 당하는 고난을 합당하게 여기게 하옵소서.

* 다툼과 불화가 없는 삶을 위하여

모든 일을 원망과 시비 없이 하기를 원하시는 주님, 주의 일을 하다 보면 서로 생각이 다르고, 다른 생각으로 말미암아 서로 불편한 마음이 생기고 갈등이 일어날 수 있음을 고백합니다. 그러나 우리 안에 예수님의 마음을 품게 하셔서 갈등 없는 삶을 살게 해주옵소서. 서로 원망하고 시비하지 않게 하시고, 서로 불화하고 다투는 일이 없도록 성령께서 우리의 마음과 생각을 지켜주옵소서. 육체의 소욕을 따라 생각하고 말하지 않게 하시고, 성령께서 우리 마음과 생각을 지키시고, 성령이 통제하는 말을 하게 해주옵소서.

하나 됨을 힘써 지키기를 원하시는 주님, 우리가 사탄의 장난에 놀아나지 않도록 우리 마음의 주인 되신 주님이 친히 다스려 주옵소서. 사탄은 우리가 서로 원망하고 시기하는 것을 조장합니다. 한 집안에서 분열이 일어나므로 하나님의 왕국이 파괴되기를 꾸미고 있습니다. 그러나 성령께서 다스리는 마음으로 싸움이 없는 집안으로 만들게 해주옵소서. 우리를 온전하게 하는 것은 바로 하나님 말씀이오니 이 시간도 우리에게 주시는 말씀이 떨어질 때 옥토가 되어 많은 열매 맺게 해주옵소서.

십자가로 화목을 이루신 예수님의 이름으로 기도드립니다. 아멘.

주일예배

- 일반 4 -

>>> Prayer_15

모이기에 힘쓰는 공동체가
되게 하소서

* 찬양과 감사

밤낮 부르짖는 택하신 자들의 원한을 풀어주시는 주님을 찬양합니다. 우리에게 세상 염려로 근심하기보다 하늘 아버지를 향해 부르짖을 수 있는 은총을 주심을 감사합니다. 밤낮 염려하기보다 하나님의 응답을 기다리며 기도하는 기도의 사람으로 삼아주시니 감사합니다. 그런데도 기도보다는 염려의 버튼을 누르려고 했던 저희를 용서해 주옵소서. 사랑의 주님, 하나님은 영이시니 예배하는 자가 영과 진리로 예배하게 하옵소서.

* 모이기를 힘쓰는 교회를 위하여

우리가 모이기를 폐하는 사람들의 습관과 같이 하지 않기를 소망하시는 주님, 우리가 함께 모여 하늘 아버지께로 나아갈 수 있게 하시니 감사합니다. 십자가에 돌아가심으로 우리가 하나님께로 나아갈 수 있는 새 생명의 살길을 열어주신 주님을 찬양합니다. 하늘 소망을 가진 자들이 날마다 모이기를 기뻐하게 하시고, 하나님의 가족이 모여 찬양하고 기도하고 교제할 때 하나님의 사랑과 은총이 넘쳐나게 해주옵소서. 성도의 교제를 통해 서로 격려하고, 영적인 삶을 도전하며, 서로를 통해 하나님의 사랑을 경험하게 하시니 감사합니다.

초대 교회가 모이는 데 힘썼듯이 우리 교회도 모이는 데 힘써서 주님이 원하시는 사명을 잘 감당하게 해주옵소서. 우리 교회 안에 있는 소그룹을 통해 성도가 서로 격려하고 위로받게 하시고, 주님의 일을 위해 서로 협력하는 공동체가 되게 해주옵소서. 주님, 이 시대가 무관심으로 치닫고 있지만 우리에게 서로를 돌아볼 수 있는 마음을 주시고, 주님의 일을 향한 열정을 주셔서 무관심의 유혹을 뿌리치게 해주옵소서. 우리 안에 홀로 있으려는 마음을 버리고, 상처받을 것에 대한 두려움으로 겉도는 신앙 태도를 청산하고 함께 모여 선한 일에 열심을 내는 하나님의 백성이 되게 해주옵소서. 우리 공동체 안에 선한 일을 도모함에 방관자가 없게 하시고, 복음의 대적자 없이 적극적인 동역자가 되게 해주옵소서. 주님, 우리가 다른 지체에게 꼭 필요한 존재가 되어 우리를 통해 주님의 이름이 높아지는 삶이 되게 해주옵소서.

✳ 긍휼히 여기는 삶을 위하여

긍휼히 여기는 자는 복이 있다고 말씀하신 주님, 우리가 예수님의 마음을 본받아 서로를 향해 긍휼히 여기는 삶을 살게 해주옵소서. 세상은 난폭하고 사납습니다. 그러나 우리는 하나님의 사람이오니 불쌍히 여기는 마음을 갖고 살아가게 해주옵소서. 우리 안에 있는 본성은 죄로 물들었습니다. 성령의 통치가 아니고서는 다른 사람을 긍휼히 여기는 마음을 가질 수가 없습니다.

자비가 풍성하신 주여! 사람들이 무참하게 짓밟던 간음한 여인에게 동정의 눈빛을 보내시고, 자비로운 말씀으로 대화하시며, 정죄하지 않고 새로운 삶을 향해 도전하셨던 주님을 우리는 잊을 수 없습니다. 비록 우리는 부족하지만 세상을 향해 그러한 마음과 눈으로 바라보기를 원합니다. 우리가 다른 사람에게 긍휼을 원하는 것처럼 다른 사람들도 우리에게 긍휼히 여김받기를 원한다는 사실을 깨닫게 해주옵소서. 긍휼히 여기는 마음 때문에 우리 가정과 직장생활이 변화되게 해주시고, 교회 공동체에서 하나님의 사랑을 경험하게 해주옵소서. 성령의 기름부음을 받은 우리에게서 비난과 정죄와 손가락질을 일소하고, 서로의 연약함을 품을 수 있는 마음을 허락해 주옵소서.

긍휼히 여기는 마음으로 세상을 정복하신 예수님의 이름으로 기도드립니다. 아멘.

>>> Prayer_ 16

어떤 상황에도 흔들리지 않고
십자가를 지고 가게 하소서

* 찬양과 감사

시험을 받아 고난을 겪으심으로 시험받는 자를 능히 도우실 수 있는 주님, 시험 중에서도 저희를 돌보시고 죄를 짓지 않도록 붙들어주시니 감사합니다. 한 주간 동안도 저희와 동행하신 하나님, 이 예배 가운데에도 하나님의 권능과 영광을 드러내어 주옵소서. 은혜의 보좌 앞으로 담대히 나아가는 저희를 하늘 지성소로 이끄셔서 하나님을 뵈옵는 시간 되게 하옵소서.

* 흔들리지 않는 삶을 위하여

그리스도 안에 뿌리를 박고 믿음에 굳게 서기를 원하시는 주님, 여우와 같이 교회에 침투하는 이단을 분별하는 지혜를 허락해 주옵소서. 온 성도가 진리 안에 서게 하시고, 진리를 배우는 일에 힘써 그릇된 사상에 흔들리지 않게 하소서. 교회 안에 침투하는 이단을 배격하게 하시고 진리를 고수하는 능력을 주옵소서.

교회를 흔들려는 사탄의 유혹에 하나님 말씀으로 대적하게 하시고, 온 성도가 사탄이 유혹할 틈을 주지 않도록 깨어 있게 하옵소서. 우리의 관계를 깨뜨리려는 사탄의 유혹을 깨닫게 하시고, 주의 일을 하면서 불평하고 원망하는 마음을 허용하지 않게 해주옵소서. 부정적인 말을 통해 공동체를 어지럽게 전염시키는 유혹에 빠지지 않게 하시고, 우리 마음에 일어나는 부정적인 감정을 허용하지 않게 해주옵소서. 온 성도가 하나님 말씀에 순종함으로 악한 영의 도전을 아예 근절하게 해주옵소서.

영적 지도자들이 죄를 지음으로 공동체가 어려움을 당하지 않게 하시고, 이들이 서로 권력 싸움에 말려들어 피투성이가 되지 않게 해주옵소서. 영적 지도자를 공격 대상으로 삼는 사탄의 전략을 바로 파악하여 틈탈 기회를 주지 않게 하옵소서. 서로의 마음과 생각이 갈라져 연합의 기쁨을 빼앗기는 일이 없게 하시고, 영적 지도자들의 분열로 인해 성도의 평안과 하나 됨이 깨지지 않게 해주옵소서.

* 십자가를 지는 삶을 위하여

아무런 죄도 없지만 우리 죄를 위해 십자가에서 희생제물이 되신 주님, 교회를 위해 그리스도의 남은 고난을 우리의 육체에 채우는 믿음을 허락해 주옵소서. 서로 십자가를 회피하는 성도가 아니라 자기가 져야 할 십자가를 기쁘게 지게 하시고, 십자가를 짐으로써 주님의 마음을 경험하고 주님을 닮아가게 해주옵소서. 구레네 사람 시몬과 같이 억지로 십자가를 지기보다 아리마대 사람 요셉처럼 어려움을 스스로 선택할 수 있게 해주옵소서.

긍정 심리학과 성공학에 물든 우리는 십자가를 외면하고, 십자가를 거추장스러운 것으로 여깁니다. 그러나 주님을 본받아 십자가 가까이 나아가려는 마음을 주시니 감사합니다. 우리 안에 높아지려는 마음도 내려놓고, 남보다 더 큰 목소리를 내고 싶은 마음을 버리게 해주옵소서. 편하고 쉬운 길이 아니라 주님을 기쁘시게 하는 길을 걷게 하시고, 넓은 길이 아니라 좁은 길을 걸어가게 해주옵소서. 말해야 할 때 말하는 용기를 주시고, 말하지 않아야 할 때 침묵하는 용기를 주옵소서. 하기 싫어도 진리를 따르게 하시고, 하고 싶어도 진리를 거스른다면 하지 않게 하소서. 명예나 자랑에 대해 자유롭게 하시고, 정당하지 않은 권력과 부에 대해서도 거절하는 용기를 주옵소서.

우리 죄를 위해 십자가를 지신 예수 그리스도의 이름으로 기도드립니다. 아멘.

주일예배
- 일반 6 -

>>>Prayer_17

그리스도의 주권을 인정하고
하나님의 비전을 이루게 하소서

* 감사와 찬양

날마다 인자와 긍휼을 베푸시는 주님, 우리 영혼이 주로 말미암아
만족을 얻게 하시니 감사합니다. 주와 함께 있음으로 절망적인 고난
속에서도 절대적인 소망을 갖게 하신 주님을 찬양합니다. 거친 광야가
두렵지 않은 것은 광야 속에서도 만나와 메추라기를 경험하게 하시는
주님이 우리와 함께하심을 믿기 때문입니다. 이 시간, 우리 예배 가운
데 광야에 베푸셨던 풍성한 식탁을 공급하실 하나님께서 영광을 받아
주옵소서.

* 그리스도의 주되심 앞에 서는 삶을 위해

교회의 머리가 되신 주님, 우리 교회가 주님의 통제 아래 서 있게 하
심을 감사합니다. 사람이 주인 되려고 할 때 병들 수밖에 없사오니 주
께서 영원히 우리 교회의 주인으로 다스려 주옵소서. 선한 목자가 되신

주님, 우리가 주님의 음성을 알게 하시고 그 음성에 온전히 순종하게 해주옵소서. 병든 인간의 생각과 목소리가 주님의 목소리보다 커지지 않게 해주옵소서. 우리는 광야의 외치는 자의 소리에 불과합니다. 인간의 목소리가 너무 커서 주님의 음성이 가려지지 않게 해주옵소서.

높은 자리를 다투는 제자들에게 낮은 자리에 앉으라고 경고하셨던 주님, 우리에게는 늘 높아지려는 욕심이 자리 잡고 있음을 고백합니다. 그래서 주인 되신 주님의 자리까지 찬탈하려는 행동을 서슴지 않을 때가 있습니다. 사랑하는 주님, 그러한 우리를 불쌍히 여겨주시고 고침받게 해주옵소서. 주님이 우리 위에 유일한 통치자가 되어 주옵소서.

때로는 불호령처럼 들리는 주님의 음성을 듣게 하시고, 때로는 너무나 세미하게 들려오는 자그마한 주님의 음성도 들을 준비가 되게 해주옵소서. 커지려는 우리의 목소리를 낮추시고, 통제하려는 우리의 태도를 꺾어주옵소서. 주님을 통해서 나오는 우리의 모습이 세상에 비치게 해주옵소서.

* 하나님의 비전을 성취하는 삶을 위하여

이 땅에 하나님 나라를 드러내기를 원시는 주님, 우리에게 하나님 나라를 사모하게 하심을 감사합니다. 장차 성취될 하나님 나라를 기다리는 믿음으로 이 땅에 실현된 하나님 나라를 드러내게 해주옵소서. 하나님의 통치가 우리를 통해서 가정에 드러나게 하시고, 우리를 통해서 직장과 사업장에 실현되게 해주옵소서. 세상 원리를 가지고 살아가는 삶이 아니라 하나님 나라의 통치 원리를 따라 살아가는 한 주간이 되게 해주옵소서.

물질에 의해 다스림을 받는 것이 아니라 주신 물질을 누리게 하시는 주님, 우리가 이 땅에서 사명자의 길을 걷게 해주옵소서. 단지 가족을 먹여 살리기 위한 궁여지책으로 직장생활을 하거나 사업을 경영하는 것이 아니라 직장과 사업장을 통해 하나님께서 주신 사명을 실현하는 현장이 되게 해주시고, 하나님의 비전을 성취하는 현장이 되게 해주옵소서. 주님, 우리에게 주님의 마음을 풍성하게 부어주사 한 주간도 일상에서 주님의 마음을 세상 사람들에게 넉넉히 보여주게 해주옵소서. 이 시간도 주님의 말씀 속에서 하나님의 마음을 발견하길 원합니다. 우리에게 말씀을 보여주시고 들려주옵소서.

우리의 영원한 통치자 되시는 예수 그리스도의 이름으로 기도드립니다. 아멘.

주님의 뜻이거든

주여, 이것이 만일 당신의 뜻이거든
당신의 뜻대로 이루어지게 하소서.

주여, 그렇게 되는 것이 당신을 영화롭게 한다면
당신의 이름으로 그렇게 되게 하소서.

주여, 만일 당신께서 그것을 좋게 여기신다면
그것이 나에게도 유익하게 해주시고
나로 하여금 당신에게 영광스럽게
그것을 사용할 수 있도록 해주소서.

그러나 만일 그것이 나에게 해롭고
나의 영혼의 건강에 유익하지 않을 것으로 여기신다면
그러한 소원은 어떤 것이든 나에게서 앗아가주소서.

- 토마스 아 켐피스, 「그리스도를 본받아」의 저자

특별행사 주일 및 헌신예배,
상황별 대표기도문

>>> Prayer_18

행복으로 초대하는 구원의 잔치가 되는 총동원 전도주일이 되게 하소서

* 감사와 회개

불행한 인생을 행복으로 초대하시는 하나님 아버지, 오랫동안 기도로 준비하고 영혼을 찾는 열심을 갖고 전도의 씨를 뿌렸던 우리가 하나님께 생명의 축제로 예배드리게 하심을 감사합니다. 이 자리에 참석한 모든 사람이 생명의 주님을 만나게 하시고, 이 세상에서 경험할 수 없는 평안과 기쁨을 경험하게 해주옵소서. 예배의 모든 순서와 진행 과정뿐만 아니라 예배 분위기와 공기마저도 하나님의 은총을 드러내기에 부족함이 없게 해주옵소서.

* 행복으로의 초대에 반응하게 하소서

어두운 이 땅에 예수 그리스도의 복음이 전파되어 놀라운 축복을 누리게 하신 하나님, 여기 참석한 모든 사람이 인생의 무거운 짐을 내려놓고 예수님을 만남으로 쉼을 얻게 하시고 평안을 누리게 해주옵소서.

참 만족을 모르고 불평과 불만 속에 찌들어 있는 우리 마음이 주님을 만남으로 자족하는 비결을 찾게 하시고, 불안과 불확실성의 시대에 진리로 말미암아 나아가야 할 인생의 방향을 찾게 하시며, 거짓과 불신으로 가득한 세상에서 우리가 신뢰할 유일한 예수 그리스도를 만남으로 인생의 지표가 바뀌는 은총을 주옵소서. 한순간의 선택이 일평생을 좌우하는데, 이 시간 예수 그리스도를 선택함으로 한 사람의 인생뿐만 아니라 그들을 통해서 온 가족이 구원받게 해주옵소서.

영접하는 자, 곧 그 이름을 믿는 자들에게 하나님의 자녀가 되는 권세를 주시겠다고 약속하셨사오니, 인간의 연약함과 인간이 가진 죄의 본성을 깨닫게 하시고, 가난한 마음을 갖고 예수님을 구원자로 마음에 모시게 해주옵소서. 인간이 지은 죄 때문에 찾아온 진노를 해결하기 위해, 우리 죄를 위해 십자가에서 대신 돌아가신 예수님을 깨닫게 해주옵소서. 나는 길이요 진리요 생명이라고 말씀하신 예수님이 도대체 어떤 분이고, 우리 삶을 어떻게 변화시키시는 분인지 발견하게 해주옵소서. 예수 그리스도의 복음을 통해 보이는 세계를 넘어 보이지 않는 영적인 세계를 발견하게 하시고, 보이는 육체보다 더 소중한 보이지 않는 영혼의 가치를 깨닫게 해주옵소서. 초청잔치에 참여한 모든 사람이 의미 없이 돌아가는 일 없이 행복을 손에 움켜잡고 돌아가게 해주옵소서.

＊ 구원의 잔치를 위해 섬기는 헌신자들을 축복하소서

새로운 삶의 의미를 찾을 수 있는 구원의 잔치를 베푸신 하나님, 이 잔치를 위해 애쓰고 헌신했던 모든 사람의 수고를 통해 아름다운 열매를 맺게 해주옵소서. 한 사람이 구원의 잔치에 참여할 수 있게 하려고 날마다 하나님 앞에 기도하고, 사랑의 마음을 가지고 만나고 관계를 맺으면서 여기까지 인도한 모든 성도의 수고가 아름다운 열매로 나타나게 하시고, 하늘에서 별과 같이 빛나는 삶이 되게 해주옵소서. 이 잔치를 위해 안내위원으로 섬기고, 식당에서, 주차장에서, 방송실에서 섬기는 모든 이의 섬김을 받고, 아름다운 찬양으로 올려드리는 찬양대와 강단을 아름답게 장식한 모든 이의 수고를 통해 최상의 예배와 구원의 잔치가 이루어지게 해주옵소서. 특별히 오늘 말씀을 전할 주의 사자들에게 성령의 충만함을 주시고, 이들의 입에서 나오는 메시지가 영혼을 움직이는 능력 있는 말씀이 되게 해주옵소서. 모든 프로그램 속에 성령의 일하심이 드러나게 하시고 실수가 없도록 섬기는 모든 일꾼의 준비를 축복해 주옵소서.

길과 진리와 생명 되신 예수님의 이름으로 기도드립니다. 아멘.

>>> Prayer_19

걸림돌이 아닌 디딤돌이 되는
임직자가 되게 하소서

＊ 감사와 찬양

교회의 주인 되신 여호와여, 오늘 이 시간 그리스도의 몸 된 교회를 세우기 위해 여러 일꾼을 세워주심을 감사합니다. 이들을 통해 세계를 경영하시고 교회를 다스리시는 하나님의 영광과 위엄이 나타나게 하시고, 하나님의 이름이 높아지게 해주옵소서. 임직예배가 진행되는 모든 순서와 순서를 맡아 섬기는 모든 사람에게 성령으로 기름 부어주소서.

＊ 걸림돌이 아닌 디딤돌이 되게 하소서

그리스도의 몸을 세우기 위해 교회의 여러 일꾼을 세우시는 주님, 오늘 임직하는 모든 직분자가 하나님 영광의 도구가 될 줄 믿고 감사합니다. 이들을 통해 하나님께서 영광받으시고, 교회에 유익이 되게 하시며, 주의 일을 섬기는 동안 그리스도의 몸인 교회를 세우는 자들이 되게 해주옵소서. 교회와 목회에 걸림돌이 아니라 디딤돌이 되게 하시고,

온 성도들에게 훼방꾼이 아니라 조력자가 되게 해주옵소서.

성령의 통치 속에 온전히 순종함으로 성령의 열매를 맺게 하시고, 변화된 성품과 인격으로 성도보다 늘 앞장서서 주의 일을 감당하게 해주옵소서. 주님의 뜻이 있어 세웠사오니 주님 앞에서나 교회 앞에서 부끄러움이 없도록 최선을 다해 충성하게 하시고, 자신의 감정과 뜻을 주장하지 않고 주님의 뜻과 온 성도의 생각을 앞세우며 섬기게 하소서. 교회를 통해 자신의 유익을 추구하는 일꾼이 되지 않고, 자신이 가진 것을 갖고 주님의 유익을 위해 사용하게 하소서.

어떤 일에서나 긍정적으로 감사와 행복을 나눌 수 있는 일꾼이 되게 해주옵소서. 말에서나 행함에 있어서 본이 될지언정 해가 되지 않게 하시고, 교회를 위해서라면 말할 때 말할 줄 알고, 침묵할 때 침묵을 지키는 용기도 허락해 주옵소서. 내가 하고 싶은 말만 하는 것이 아니라 다른 사람의 말에 귀를 기울일 줄 아는 경청하는 귀를 갖게 하시고, 다른 사람들이 나에게 해주기를 바라는 대로 먼저 남에게 그렇게 할 줄 아는 일꾼이 되게 해주옵소서.

* 칭찬받는 일꾼 되게 하소서

맡은 자에게 구할 것은 충성이라고 하셨사오니 몸을 아끼지 않고 주의 일을 위해 죽도록 충성하는 일꾼 되게 하시고, 작은 일을 하찮게 여기지 않고 작은 일이나 큰일이나 한결같이 충성할 수 있는 신실한 일꾼이 되게 하소서. 주의 일을 하되 분내거나 다투지 않고, 늘 마지막 날 주님 앞에서 결산하는 것을 염두에 두고 섬기게 하시며, 우리에게 맡겨진 달란트를 충분히 발휘해서 더 큰 것으로 받을 수 있게 하옵소서.

"집사의 직분을 잘한 자들은 아름다운 지위와 그리스도 예수 안에 있는 믿음에 큰 담력을 얻느니라"고 말씀하셨사오니 임직하는 것보다 맡은 직분을 잘 감당하는 데 주력하게 해주옵소서. 직분을 잘 감당하지 못하여 게으르고 악한 종이라고 책망받지 않게 하시고, 착하고 충성된 종이라고 칭찬받게 해주옵소서. 많은 일꾼 가운데 있으나 마나 한 일꾼이 아니라 없어서는 안 될 꼭 필요한 일꾼이 되게 하시고, 하나님과 사람에게 칭찬받는 일꾼이 되게 해주옵소서. 초대교회 일곱 집사처럼 지혜와 믿음과 성령이 충만하여 교회를 부흥시키는 밑거름이 되게 해주시고, 가정이나 직장, 교회나 이웃에게 자랑거리가 되게 해주옵소서.

교회의 주인 되셔서 친히 통치하시는 예수님의 이름으로 기도드립니다. 아멘.

특별행사

- 성례예배 -

>>> Prayer_20

더 성숙하게 세워지는
학습 세례자가 되게 하소서

＊ 감사와 찬양

우리의 허물과 죄를 대신 짊어지시고 십자가에서 돌아가신 주님, 그 피로 인하여 구원받은 하나님의 자녀가 한자리에 모여 거룩한 예식을 거행하오니 이 자리에 하나님의 은총이 가득 넘쳐나게 해주옵소서. 예수님의 피로 한 가족 된 영광을 알게 하시고, 예수님 보혈의 권세와 능력을 깨닫는 예식이 되게 해주옵소서.

＊ 학습자와 세례자가 더 성숙한 길로 나아가게 하소서

"무릇 그리스도 예수와 합하여 세례를 받은 우리는 그의 죽으심과 합하여 세례를 받은 줄을 알지 못하느냐?" 죄로 말미암아 영원히 죽을 수밖에 없는 진노의 자녀들을 십자가의 보혈로 깨끗하게 씻어주시고 하나님 자녀의 권세를 얻게 하시니 감사합니다. 학습과 세례문답 공부를 잘하고 참된 신앙고백으로 온 회중 앞에 서약하고, 학습과 세례를 받는 성도들 위에 성령 충만을 허락해 주옵소서. 죄 씻음받은 몸이 되었으니 성결하고 거룩한 삶을 살게 하시고, 이제 죄의 종이 되지 않게 하시며, 불의의 도구가 아니라 의의 도구가 되어 하나님의 귀한 청지기로 소명을 감당하게 하소서. 예수 그리스도와 신비한 연합을 이루어 그리스도를 위해 죽고 그리스도를 위해 살게 하시고, 깨끗한 양심을 가지고 하나님의 뜻을 이루게 해주옵소서.

학습을 받고 세례를 받는 데 그치지 않고 "오직 사랑 안에서 참된 것을 하여 범사에 그에게까지 자랄지라. 그는 머리니 곧 그리스도라"고 말씀하신 것처럼 날마다 영적인 성장과 진보를 이루어 충성스러운 그리스도의 일꾼으로 세움받게 해주옵소서. 입술의 신앙고백을 넘어 삶으로 예수 그리스도를 증언하는 증인이 되게 하시고, 세상 속에서 그리스도의 영광을 가리지 않도록 축복해 주옵소서.

＊ 합당한 성찬을 행하게 하소서

믿음의 권속들이 한마음으로 거룩한 성찬식에 동참하게 하시니 감사합니다. "누구든지 주의 떡이나 잔을 합당하지 않게 먹고 마시는 자는 주의 몸과 피에 대하여 죄를 짓는 것이니라"고 하신 말씀을 기억하며 합당한 성찬식이 되도록 자신을 돌아보게 하시고, 십자가의 놀라운 사랑과 은총을 기념하게 하옵소서.

하나님이 기뻐하시는 삶을 살지 못하고, 주의 영광을 가리는 삶을 살았던 저희를 용서하시고, 십자가의 보혈로 우리의 양심과 온몸을 정결하게 하여주옵소서. 십자가의 피로 한 형제자매가 되게 하신 주님, 주의 성찬에 참여하는 우리가 한 가족임을 기억하면서 서로 사랑하고 섬기는 사랑의 공동체를 이루게 해주옵소서.

"너희가 이 떡을 먹으며 이 잔을 마실 때마다 주의 죽으심을 그가 오실 때까지 전하는 것이니라"고 하신 것처럼 떡을 먹으면서 주님의 찢기신 몸을 기억하고, 포도주를 마시면서 십자가의 보혈을 감사하며, 우리 모두 성령으로 충만하여 주님이 오시는 그날까지 그리스도의 죽으심을 모든 사람에게 전파하게 해주옵소서. 십자가의 보혈로 정결해진 입술로 성령의 말 하게 하심을 따라 복음을 전파하게 하시고, 보혈의 능력으로 성령의 권능을 받아 삶으로 그리스도를 나타내게 하셔서 우리가 아름다운 전도지가 되게 해주옵소서. 언젠가 하늘에서 주께서 베푸시는 상에서 함께 먹고 마시는 그날까지 십자가를 자랑하며 살게 해주옵소서.

떡과 포도주가 되신 예수 그리스도의 이름으로 기도드립니다. 아멘.

>>> Prayer _ 21

강력한 성령의 역사와 풍성한 은혜를 체험하는 부흥회가 되게 하소서

＊ 감사와 회개

"여호와여 주는 주의 일을 이 수년 내에 부흥하게 하옵소서. 이 수년 내에 나타내시옵소서. 진노 중에라도 긍휼을 잊지 마옵소서." 마른 뼈를 살리시는 전능하신 하나님 아버지, 허물 많은 저희를 살리시려 부흥성회를 허락하심을 감사합니다. 거룩한 성회에 참석한 우리의 거짓된 마음과 위선을 저울로 달으시는 하나님, 하나님으로부터 멀어진 우리 마음을 회개하오니 새롭게 하셔서 구원의 은혜를 회복시켜 주옵소서.

＊ 강력한 성령의 역사가 있게 하소서

예루살렘을 떠나지 않고 다락방에 모인 자들에게 성령 충만을 주셨던 주님, 이 시간 하나님의 은혜를 갈망하고 사모하는 마음으로 달려온 회중 가운데 성령의 충만을 허락해 주옵소서. 사랑하는 주님, 성령의 역사 속에서 "형제들아 어찌할꼬?" 하는 통회의 시간이 되게 하시고, 상한 심령 위에 새롭게 하시는 성령의 은혜가 있게 해주옵소서. 하나님과 사람을 무시하며 살았던 교만한 마음을 통회합니다. 선을 좇아 살지 않고 악한 일에 발을 들여놓았던 행악을 고백합니다. 믿음으로 행하지 않고 불평과 원망 속에 주의 일을 행했던 죄악을 자백하오니 이 시간 성령의 불로 태워주옵소서. 십자가의 거룩한 보혈로 더러운 양심을 깨끗하게 하시고 우리의 자아를 깨뜨려 주님의 뜻에 주목하게 해주옵소서.

오순절에 나타났던 성령의 역사가 오늘 이곳에 나타나게 해주옵소서. 이 자리에 모인 자들이 불같은 성령으로 충만하여 능력을 받고 성령의 은사를 체험하게 해주옵소서. 방언하고 통변하는 역사가 있게 하시고, 병든 자가 고침받게 해주옵소서. 깨지고 상한 심령이 회복되게 하시고, 병든 마음과 생각이 변화되는 은총을 허락해 주옵소서. 이 땅에서 하늘의 영광을 바라보게 하시고, 자기 사업에 분주하던 우리에게 하늘 비전을 붙잡게 하셔서 하나님이 주신 선교와 사랑의 명령을 성취해 나가게 하옵소서. 회개와 부흥의 열풍이 한국교회와 사회를 변화시키는 거룩한 운동으로 번져나가게 해주옵소서.

* 풍성한 은혜 체험장이 되게 해주소서

은혜 주시기를 기뻐하시는 주님! 이곳에 예비하신 은혜를 주의 사자를 통해서 풍족하게 부어주시고, 그동안 기도로 준비한 심령마다 하나님을 경험하는 축복이 있게 해주옵소서. 은혜가 넘치는 곳에 사탄의 훼방이 있사오니 사탄의 권세를 묶으시고 성령만 역사해 주옵소서. 하나님의 은혜가 아니고서는 살아갈 수 없는 저희에게 풍족한 은혜를 주셔서 사탄과 세상을 이기고 자신과 정욕을 제어할 힘과 용기를 주옵소서.

은혜받기에 최적 날씨를 허락하시고, 집회하는 동안에 가정과 직장과 사업장에 사탄의 방해가 없도록 지켜주옵소서. 은혜받기를 갈망하기 전에 하나님께 드리는 마음을 주시고, 주의 일을 위해 헌신하고 섬기는 실천이 앞서게 해주옵소서. 말씀을 받는 데만 그치지 않고 하나님 말씀을 받아 순종함으로 거룩한 열매를 맺게 해주옵소서. 말씀을 전하기 위해 준비한 주의 사자에게 성령의 권능을 덧입히시고 성대를 지켜주시며 건강으로 채워주옵소서. 그동안 기도로 준비한 담임 목회자에게도 흡족한 은혜의 단비를 내리시고, 목양을 잘할 수 있도록 성령의 권능을 풍족히 내려주옵소서.

날마다 풍족한 은혜로 채우시는 예수님의 이름으로 기도드립니다. 아멘.

>>> Prayer_ 22

성전기공예배를 통해
더 소중한 성전건축이 시작되게 하소서

✻ 감사와 찬양

일을 시작하신 여호와, 일을 성취하시는 여호와께서 하나님이 거하시는 집인 성전을 건축하기 위해 성전기공예배를 드리게 하심을 감사합니다. 하나님이 거하시는 거룩한 성전을 건축하는 영광을 우리에게 허락하신 하나님을 찬양합니다. 에스겔이 "내가 보니 여호와의 영광이 성전에 가득한지라"고 고백했던 것처럼 성전건축 공사를 시작하기 위해 첫삽을 뜨는 우리에게 그 영광의 풍성함을 미리 바라보게 해주옵소서.

✻ 후회가 남지 않게 최선을 다하는 공사가 되게 하소서

다윗이 그렇게 갈망했던 성전을 건축하기 위해 첫발을 내디딜 수 있는 은총을 허락하신 하나님, 과분한 은혜인 줄 알고 주신 사명을 잘 감당할 수 있게 해주옵소서. 불가능 속에서도 희망의 불을 끄지 않으시는 주님, 비록 가진 것이 없을지라도 믿음으로 최선을 다해 동참할 수 있게 하시고, 우리가 가진 것으로 하는 공사가 아니라 믿음으로 건축하게 해주옵소서. 과중한 짐과 부담으로 지칠 때 구원의 은총을 생각하게 하시고, 땅에 투자하는 것보다 더 가치 있는 투자를 하고 있다는 자부심을 잊지 않게 하소서. 장애물이 닥쳐올 때마다 온 성도가 믿음으로 서로를 향해 격려하고 축복하는 가운데 능하신 하나님을 의지해서 일어나게 해주옵소서.

느헤미야 공동체가 성벽 재건공사를 할 때 비난하고 대적하는 자가 있었지만 우리가 하는 공사에는 사탄의 유혹에 넘어져서 불평하고 원망하거나 비난하는 자가 한 사람도 없게 하시고, 거룩한 공사를 진행하는 동안 이탈하는 자가 없게 하시며, 무책임하게 외면하는 자가 없게 해주옵소서. 주님을 위해 드림에 있어 인색한 마음에 사로잡히지 않고 넉넉함과 자발적인 마음으로 참여하는 공사가 되게 해주옵소서. '내'가 아닌 '우리'의 힘을 믿게 하시고, 뭉쳐진 우리를 통해 일하시는 하나님의 능력을 신뢰하게 해주옵소서. 성전을 세우기 위해 드리는 헌상품이 낭비가 아니라 최고의 투자임을 깨닫게 하시고, 더없이 가치 있는 사역임을 확신하게 해주옵소서. 성전공사가 완공되었을 때, 하나님 앞에 섰을 때 부끄러움 당하거나 후회가 남지 않게 최선을 다해 동참하는 은혜를 주소서.

＊ 더 소중한 성전 건축을 위해 첫 삽을 뜨게 하소서

하나님이 임재하시겠다고 약속하신 영광스러운 성전을 짓기 위해 첫 삽을 뜨는 영광을 허락하신 주님, 이 거룩한 공사에 참여하는 우리가 그리스도의 몸인 교회를 한 몸으로 세워나가는 첫 삽을 뜨게 해주옵소서. 그리스도의 몸인 교회의 하나 됨을 깨뜨리는 사탄의 간악한 전략에 빠지지 않게 하시고, 그리스도의 영광을 세상 속에 선포하게 해주옵소서.

처음과 나중이 되신 주님, 성전을 건축하는 삽을 뜨면서 성령이 거하시는 거룩한 성전인 우리 마음을 아름답게 건축하기 위한 첫 삽을 뜨게 해주옵소서. 늘 성령의 음성에 민감하고 성령의 다스림에 순종함으로 아름다운 성령의 열매를 맺게 해주옵소서. 마음의 성전에 사탄의 잡초가 나지 않게 마음의 정원을 잘 관리하게 하시고 성령이 기뻐하시는 정원으로 가꾸게 해주옵소서. 이 땅에 살아가는 동안 하늘에 있는 성전을 바라보며 희망을 품고 용기를 내게 하시고, 이 세상의 금은보화를 사랑하는 것보다 하늘 성전을 더 사모하게 해주옵소서.

성전건축을 시작하실 뿐만 아니라 완공하실 예수님의 이름으로 기도드립니다. 아멘.

특별행사
- 성전준공예배

>>> Prayer_23

성전준공예배에 동참한 모든 이에게
영원토록 함께하소서

＊ 감사와 찬양

"여호와의 영광에 합당한 영광을 그에게 돌릴지어다." 영광받으시기
에 합당하신 주여, 성전준공예배의 주인공이 우리가 아니라 여호와이
심을 고백합니다. 비축한 재정 없이 초라하게 시작하였던 공사로 마음
에 염려가 있었지만 이제 성전을 준공하는 영광스러운 이날을 허락하
신 하나님을 찬양합니다. 눈물을 흘리며 기도하고 땀을 흘리며 수고하
고 힘에 지나도록 넘치는 헌물로 하나님께 봉헌했던 모든 성도 위에 하
나님의 한없는 은혜와 복으로 충만하게 채워주소서.

＊ 영원토록 함께하소서

하나님의 성전을 짓고자 하던 다윗에게 "네가 어디로 가든지 내가
너와 함께 있어 네 모든 대적을 네 앞에서 멸하였은즉 세상에서 존귀한
자들의 이름 같은 이름을 네게 만들어주리라"고 약속하신 여호와여,

성전건축을 하는 과정에 함께하신 여호와께서 앞으로 영원토록 이곳에 함께 거하시고 성전준공예배에 참석한 모든 성도의 가정과 직장, 사업장에 함께 해주옵소서. "내가 사망의 음침한 골짜기로 다닐지라도 해를 두려워하지 않을 것은 주께서 나와 함께하심이라"는 다윗의 고백이 바로 우리의 고백입니다. 어려운 고비마다 하나님께서 외면하지 않으셨고, 은혜의 보좌 앞으로 나아가 눈물로 기도할 때마다 필요한 은혜를 베푸신 하나님께 감사와 찬양과 영광을 올립니다.

성전건축을 위해 수고하고 애썼던 하나님의 백성이 어디를 가든지 형통한 복을 주시고, 인생의 장애물이 닥쳐올 때마다 기도하는 신음을 듣고 응답하소서. 이들을 대적하는 자들이 없게 하시고, 혹여 대적하는 자들이 몰려올지라도 한 길로 왔다가 일곱 길로 도망가는 은총을 허락해 주옵소서. 매 순간 하나님께서 함께하셔서 이들이 있는 곳에 여호와의 권능이 드러나게 하시고, 이들이 가는 곳에 여호와의 지혜가 나타나게 해주옵소서. 주를 바라는 자들이 수치를 당하지 않도록 구름 기둥과 불 기둥으로 인도하시고, 반석에서 샘이 터져서 해갈하는 은총을 허락해 주옵소서.

* 합력하여 선을 이루어주소서

우리가 생각하지 않은 은혜로 채우시고, 우리가 계산할 수 없는 방법으로 공급하신 여호와께서 합력하여 선을 이루시니 감사합니다. 성전건축을 하는 동안 생각이 맞지 않아 갈등할 때도 있었고, 힘에 겨워 불평불만을 토로한 적도 있었으며, 뒷짐을 지고 앞으로 나아가지 않은 적도 있었습니다. 그러나 전능하시고 지혜로우신 하나님께서 일하시니 아름다운 결실이 맺히는 것을 경험했사오니 어떤 일이 닥쳐올지라도 두려워하지 않고 신실하신 하나님을 신뢰하며 나아가게 해주옵소서. 우리가 두려워하는 것은 우리의 나약함과 어리석음이 아니라 합력하여 선을 이루시는 하나님에 대한 믿음이 연약한 것이오니 우리의 믿음을 굳세게 하여 큰 믿음으로 주의 일을 하게 하옵소서. 내가 하는 것이 아니라 하나님이 하시는 일을 바라보게 하시고, 안 될 것 같은 일 앞에서도 합력하여 선을 이루시는 하나님께 맡기고 기도할 수 있게 해주옵소서. 합력하여 선을 이루시는 하나님 앞에서 염려하기 전에 구할 수 있게 하시고, 불평하기 전에 감사하게 하시며, 부정적인 말을 하기 전에 믿음으로 순종하게 하옵소서.

합력하여 선을 이루시는 예수 그리스도의 이름으로 기도드립니다. 아멘.

특별행사
- 헌당예배 -

〉〉〉 Prayer_24

헌당하는 성전이 주님 보시기에
합당하게 쓰임받게 하소서

＊ 감사와 찬양

"이 성전의 나중 영광이 이전 영광보다 크리라. 만군의 여호와의 말
이니라. 내가 이곳에 평강을 주리라. 만군의 여호와의 말이니라." 헌당
예배의 영광을 허락하신 하나님, 감사합니다. 크신 하나님을 찬양합니
다. 솔로몬 성전보다 더 영광스러운 성전의 실체로 오신 주님, 주님의
영광과 은총이 헌당예배를 드리는 이 시간, 이 성전과 온 성도 위에 충
만히 임재하옵소서. 힘들어서 흘렸던 모든 성도의 눈물을 이제 감격과
감사의 눈물로 변하게 하시니 감사합니다. 모든 영광과 찬양을 주님이
홀로 받으소서.

＊ 순기능으로 쓰임받게 하소서

"땅의 모든 끝이 여호와를 기억하고 돌아오며 모든 나라의 모든 족
속이 주의 앞에 예배하리니 나라는 여호와의 것이요 여호와는 모든 나

라의 주재심이로다."

모든 나라의 통치자가 되신 여호와여, 봉헌하는 이 성전이 주인 되신 여호와의 온전한 통치 아래 있게 하옵소서. 사람이 통치하지 않게 하시고 교회의 머리 되신 주님의 생각과 아이디어를 따라 경영하게 해주옵소서. 많은 사람이 이곳으로 몰려와 예배하는 은혜가 있게 하시고, 이곳에서 흘러나오는 생수로 영혼의 만족을 얻게 해주옵소서. 지치고 상한 심령이 이곳에 와서 안식을 얻고, 대적으로부터 쫓기는 자들이 이곳에 와서 피난처로 삼게 하시며, 절박한 기도 제목을 갖고 이성전에서 드리는 기도가 하늘 보좌에 상달되어 응답받는 은총을 허락해 주옵소서.

세상을 품고 사랑하게 하시고, 지역 주민의 필요를 살펴 그들을 섬기는 교회가 되게 하시며, 상처받고 병든 영혼을 치료하는 영적인 병원이 되게 하소서. 우리의 필요에만 급급한 게 아니라 지역과 세계를 품고 선교의 비전을 성취하는 성전이 되게 하소서. 세상 사람들로부터 조롱받는 교회가 되지 않게 하시고, 이곳에서 분쟁과 다툼의 소리가 나지 않게 하소서. 사람의 목소리는 작아지고 성령님의 음성만이 크게 들리게 하시고, 사람의 잡다한 생각은 주님의 거룩한 생각 앞에 굴복하게 하소서.

✳ 거룩한 백성으로 살게 하소서

"여호와의 산에 오를 자가 누구며 그의 거룩한 곳에 설 자가 누구인가. 곧 손이 깨끗하며 마음이 청결하며 뜻을 허탄한 데 두지 아니하며 거짓 맹세하지 아니하는 자로다. 그는 여호와께 복을 받고 구원의 하나님께 의를 얻으리니 이는 여호와를 찾는 족속이요 야곱의 하나님의 얼굴을 구하는 자로다."

거룩하신 주님, 이 성전에 오르는 자마다 악을 행하는 자는 사라지고 선을 행하는 자로 가득하게 해주옵소서. 깨끗한 손으로 주의 일을 섬기게 하시고, 청결한 마음으로 여호와께 예배하게 하소서. 입술로만 예배하는 자가 아니라 전심으로 예배하게 하시고, 성전에서만 예배하지 않고 삶의 현장에서 우리 몸을 거룩한 제물로 하나님 앞에 불사르게 하옵소서. 인간의 영광에 도취되어 살지 않게 하시고 먹든지 마시든지 무엇을 하든지 간에 여호와의 영광에 집중하게 하소서. 나에게 집중된 이기적인 마음을 벗어버리고 다른 사람과 지체들을 생각할 줄 아는 이타적인 삶을 살게 하시고 거룩한 성전에 합당한 거룩한 백성이 되게 하소서.

성전의 주인 되신 예수 그리스도의 이름으로 기도드립니다. 아멘.

헌신예배

- 제직회 -

지체들을 세우는
칭찬받는 제직이 되게 하소서

＊ 감사와 회개

사랑과 긍휼이 풍성하신 하나님 아버지, 부족하고 연약한 저희를 하나님 나라와 교회의 일꾼으로 삼아주심을 감사합니다. 하나님께서 우리를 충성스럽게 여겨 제직의 직분을 주셨으나 충성하지 못하고 헌신하지 못했던 저희를 용서하여 주옵소서. 주님의 영광을 드러내야 할 저희가 자신의 이름과 의를 드러내려 했고, 섬기면서 서로에게 상처를 주었사오니, 이 시간 제직헌신예배를 통해 하나님이 기뻐하는 사람으로 거듭나는 시간이 되게 해주옵소서.

＊ 지체들을 세우는 일꾼 되게 하옵소서

맡겨주신 사명을 잘 감당할 수 있는 지혜와 능력을 주신 주님, 올 한 해에도 제직의 직분을 받아 교회를 섬길 수 있는 영광 주심을 감사합니다. 지혜로운 일꾼이 되어 다른 성도들과 교회에 유익을 줄 수 있는 일꾼이 되게 해주옵소서. 다른 지체들과 동역하면서 독선을 갖지 않게 하시고 자기주장을 고집하지 않고 다른 지체의 생각을 들을 수 있는 귀를 주옵소서. 하나님이 주신 입으로 부정적인 영향을 미치지 않게 하시고, 다른 사람의 마음에 상처를 입히지 않게 하시며, 위로하고 칭찬하고 격려함으로 공동체와 지체들을 세워주게 하옵소서. 내가 존재함으로 다른 지체들과 공동체가 유익을 얻고 행복해지는 일꾼이 되게 하시고, 스스로에게도 자부심과 행복을 느끼는 섬김이 되게 해주옵소서.

다른 사람을 나보다 낮게 여기기를 원하시는 주님, 주님이 세워주신 다른 지체들의 존귀함을 알게 하시고, 그들을 돌아보고 섬김으로 주님의 사랑을 증명할 수 있게 해주옵소서. 더불어 섬기는 기쁨을 맛보게 하시고, 공동체의 선을 위해 자신을 내려놓고 죽이는 훈련을 하게 하시며, 날마다 자신을 돌아보아 은혜 안에 머물게 해주소서. 모든 허물에도 불구하고 우리를 용납하신 주님, 우리가 바리새인처럼 남을 정죄하고 비난하는 자리에 가지 않게 하시고, 죽이는 자가 아니라 살리는 자가 되게 해주옵소서.

* 칭찬받는 일꾼이 되게 하소서

하나님뿐만 아니라 사람에게도 칭찬받고 인정받기를 원하시는 주님, 맡겨주신 사명에 충성함으로 하나님 앞에서 부끄러움을 당하지 않게 하시고, 다른 사람에게 해를 끼치지 않게 하소서. 이 땅에서 누리는 영광보다 하나님 앞에서 받게 될 상급을 기억하게 하시고, 사람에게 받는 칭찬보다 하나님에게 받는 칭찬을 사모하는 일꾼 되게 해주옵소서. 자신의 유익보다는 남의 유익을 추구하고, 교회의 덕을 위해 자신을 희생하게 해주옵소서. 자신이 져야 할 짐을 남에게 미루지 않게 하시고, 다른 사람의 짐을 대신 져줄 수 있는 섬김의 마음도 주옵소서. 내가 가진 힘과 지혜로 섬기기보다 하나님이 공급하시는 능력으로 감당하게 하시고, 몸 바쳐 충성하고도 무익한 종이라 고백하는 진실한 종이 되게 하시며, 작은 일에 충성하는 착하고 충성된 종이 되게 해주옵소서. 다른 지체들과 누가 크냐는 싸움을 하지 않게 하시고, 서로 분열하고 다투어 그리스도의 영광을 가리는 일이 없게 해주옵소서.

이 시간, 우리 영혼과 마음을 새롭게 하기를 기뻐하시는 주님, 오늘 우리에게 주시는 하나님 말씀으로 세상을 이기게 하시고, 가족에게 주님의 사랑을 드러내게 하시며, 직장과 이웃과의 관계에서 하나님의 사람으로 인정받게 해주옵소서.

착하고 충성된 종에게 상급을 주실 예수님의 이름으로 기도드립니다. 아멘.

헌신예배
- 구역장 -

>>> Prayer_ 26

영혼을 돌보고 부흥하게 하는
구역장이 되게 하소서

＊ 찬양과 감사

한 생명을 천하보다 귀하게 여기시는 주님, 우리에게 하나님의 마음을 부어주시니 감사합니다. 하나님을 알아가는 영광을 주시고, 하나님을 사랑하는 마음을 주셔서 하나님께 가까이 나아가 예배하게 하심을 감사합니다. 이 시간, 우리가 드리는 예배를 통해 온 천지만물에 충만한 하나님의 영광을 보게 하시고 하나님 자녀 됨의 기쁨을 알게 해주옵소서.

＊ 영혼을 돌보는 구역장이 되게 하소서

우리의 참 좋은 목자장이 되시는 주님, 여호와께서 우리의 선한 목자가 되셔서 지키고 인도하시니 감사합니다. 우리를 푸른 초장과 잔잔한 물가로 인도하시는 것을 경험했사오니 오늘 헌신예배를 드리는 모든 구역장이 그 본을 받게 해주옵소서. 예수님의 마음을 갖고 죽어가는 영혼을 살리는 구역장이 되게 하시고, 상하고 지친 구역원을 위로하고 세워주게 하시며, 고통스러운 문제로 신음하는 가정들을 그리스도의 사랑으로 품을 수 있게 해주옵소서. 구역원의 가정이 당하는 아픔과 고통의 문제를 알고 느끼게 하시며, 그 고통과 아픔을 함께 나눌 수 있는 마음을 주시고, 고통 중에 있는 그들을 하나님 말씀으로 지탱하고 도전할 수 있게 해주옵소서.

맡겨주신 영혼들을 품고 하나님 앞에서 눈물 흘리며 기도할 수 있게 하시고, 그들이 하나님 말씀에서 벗어나 자기 길을 고집할 때 하나님 말씀으로 경책하여 바른길로 인도하게 하시며, 상한 마음을 치유하여 그리스도의 장성한 분량에 이르기까지 자라도록 도울 수 있는 구역장이 되게 해주옵소서. 한 영혼을 하나님 말씀으로 양육하고 훈련하여 하나님의 사람으로 세워나가는 가치를 알게 하시고, 그들을 세우기 위해 예수님처럼 자신을 아낌없이 내주는 삶을 살게 해주옵소서.

✻ 부흥을 가져오는 구역장이 되게 하소서

세상에서 가장 위대한 스승이신 주님, 모든 구역장에게 예수님과 같은 은혜로운 입술을 주시고 다른 사람을 잘 가르칠 수 있는 은사를 주셔서 구역 식구들을 진리로 세워 나가게 해주옵소서. 우리에게 책임져야 할 영혼들을 맡겨주신 주님, 우리가 구역을 부흥시켜 하나님의 마음을 시원하게 해드리고, 또 다른 리더를 세워나가는 재생산을 할 수 있는 구역장이 되게 해주옵소서. 복음을 전하여 영혼을 건질 수 있는 사람을 낚는 어부가 되게 하시고, 그 사명을 감당할 수 있는 성령의 충만을 허락해 주옵소서.

빈 들에서 오병이어의 기적을 베푸심으로 주린 영혼에게 영의 양식과 육의 양식으로 충만하게 채워주셨던 주님, 구역장들이 자신의 영적인 상태를 잘 관리할 수 있는 유능한 영성 관리자가 되게 하시고, 다른 사람을 돌보느라 영적 탈진에 이르지 않게 해주옵소서. 구역장이 구역 식구에게 본을 보여줄 수 있게 하시고, 모든 일에 적극적으로 앞서서 헌신하게 해주옵소서.

형제들을 위해 중보기도에 동참하기를 원하시는 주님, 이 시간 참여한 온 성도가 구역장들을 위해 기도하게 하시고, 그들이 사역을 잘 감당할 수 있도록 격려하고 지지하게 하시며, 그들이 구역을 돌아보는 것이 행복해질 수 있도록 협력하게 해주옵소서.

푸른 초장과 잔잔한 목가로 인도하실 선한 목자 되신 예수님의 이름으로 기도드립니다. 아멘.

헌신예배
- 남전도회 -

>>> Prayer_27

신실한 영혼의 관리자가 되는
남전도회가 되게 하소서

＊ 찬양과 감사

아침마다 새로운 주의 성실을 고백하게 하시는 하나님 아버지, 한 가
정의 남편이자 아버지이며, 교회의 허리와 기둥과 같은 남전도회가 하
나님께 헌신을 다짐하는 예배를 드리게 하심을 감사합니다. 주님이 줄
로 재어 세우신 구역을 온전히 세우고 누리지 못한 죄를 용서하소서.
이 시간, 모든 전도회 회원과 예배드리는 온 성도가 하나님의 영에 압
도되어 주의 임재 앞으로 나아가는 시간 되게 하시고, 하나님의 빛으로
채움받는 시간 되게 해주옵소서.

＊ 신실한 영혼의 관리자가 되게 하소서

고초와 재난 가운데서도 늘 소망을 불러일으키시는 주님, 어려운 시
대를 살아가는 우리 남전도회 회원들에게 날마다 성령 충만한 은혜를
주셔서 자신을 이기고, 죄를 물리치며, 사탄을 대적할 수 있게 해주옵

소서. 주님의 일을 섬기기 전에 자신의 영혼을 생기 있고 풍요롭게 관리할 수 있는 영혼의 관리자가 되게 하시고, 주의 일을 하면서 스스로 지쳐 탈진하지 않게 해주옵소서. 건강하고 온전한 가정이 되어 하나님의 일을 하는 데 온 가족이 협력자가 되게 하시고, 믿지 않는 가족이 있다면 전도해서 천국까지 동행할 수 있게 해주옵소서.

위로와 소망의 하나님, 마음속에 불평과 불만의 잡초가 자라지 않게 하시고, 부정적인 생각에 영양분을 공급하지 않도록 우리의 생각을 지켜주옵소서. 육체의 소욕을 따라 주의 일을 하지 않게 하시고 성령의 소욕을 따라 선한 열매를 맺고, 악한 영이 다툼과 분열을 일으키려 할 때 믿음으로 물리치는 용기를 허락해 주옵소서.

평화의 주님, 자신 안에 불화가 만들어지지 않게 하시고, 다른 지체와 더불어 불화를 조장하는 사람이 되지 않도록 우리 감정을 성령께서 온전하게 다스려 주옵소서. 날마다 하나님 말씀으로 자신을 다스려 나가게 하시고, 인간의 혈기나 재주로 일하는 것이 아니라 무릎으로 일하는 기도의 사람이 되게 해주옵소서.

✲ 남전도회가 부흥하게 하소서

남성들이 두 손을 들어 기도하기를 원하시는 주님, 기도가 막히지 않도록 우리 영혼과 관계를 새롭게 해주시고, 온 교회의 부흥을 위한 불씨가 되게 해주옵소서. 나이 탓을 하지 않게 하시고, 바쁘다고 핑계하지 않게 하시며, 환경을 초월해서 일하시는 하나님을 신뢰함으로 믿음으로 나아가는 대장부가 되게 해주옵소서. 우리가 하는 말을 통해 목회자가 힘을 얻게 하시고, 성도들이 위로와 격려를 받게 하시며, 전도회원들이 아름다운 평신도 사역자로 그리스도의 몸 된 교회를 든든히 세워가게 해주옵소서.

전도회 안에 있는 회원들을 잘 돌아보고 관리하게 하시며, 문제를 가지고 힘들어하고 아파하는 가정을 하나님 말씀으로 서로 세워가게 하시며, 상처받은 회원들을 부축하여 그들이 다시 일어날 용기를 불어넣게 하시고, 사업이나 직장문제로 경제적으로 힘든 지체에게 하나님을 붙잡을 수 있는 믿음을 허락해 주옵소서.

우리 남성들이 살아남으로 교회 재정에 어려움이 없게 하시고, 하나님께서 주신 교회의 재정을 잘 관리하고 사용할 수 있는 지혜로운 마음을 주옵소서. 모든 회원이 한마음이 되어 복음을 위해 협력하며, 전도회와 교회의 부흥을 위해 모여서 기도하고 말씀 전하는 일에 전념할 수 있게 해주옵소서.

우리 마음에 열심과 헌신하는 마음을 주시는 예수님의 이름으로 기도드립니다. 아멘.

〉〉〉Prayer_28

향기 나는 여인으로 칭찬받는
여전도회가 되게 하소서

＊ 찬양과 감사

아무도 멸망하지 않고 회개에 이르도록 오래 참으시는 하나님, 우리를 향한 하나님의 놀라운 사랑과 자비하심에 감사와 찬양을 돌립니다. 우리에게 영원한 천국을 사모하는 마음을 주시고, 십자가를 부여잡고 믿음으로 아버지 앞으로 나아와 헌신예배를 드리게 하심을 감사합니다. 헌신예배 가운데 임재하시는 성령님께서 우리의 영혼을 새롭게 하시고, 하늘로부터 내려오는 신령한 은혜로 독수리와 같이 날마다 하나님을 향해 올라가는 신앙을 갖게 해주옵소서.

＊ 향기 나는 여인이 되게 하소서

우리를 예수 그리스도의 냄새를 내게 하는 향기로 불러주신 하나님, 우리 삶이 지치도록 힘겹지만 그러한 현실에도 부르심에 합당한 삶으로 하나님의 명예를 드러내는 아름다운 여인들이 되게 해주옵소서. 가정에서 현명하고 덕스러운 아내가 되게 하시고, 현숙한 엄마로서의 사명을 감당하게 하시며, 온 가족을 하나로 화목하게 만드는 며느리와 시어머니들이 되게 해주옵소서. 온 가족이 집에 들어오고 싶어 하는 가정을 만들어 이웃에게 예수 그리스도의 사랑을 보여줄 수 있는 천국 모델하우스로 세워가게 해주옵소서. 아름다운 외모를 치장하기 위해 노력하기보다는 마음을 아름답게 단장하고, 주님을 닮은 성품과 인격으로 온 가족에게 감동을 주는 여전도 회원이 되게 해주옵소서.

이웃 주민에게 자기만 생각함으로 욕먹지 않고 그리스도의 사랑을 나눔으로 매사에 칭찬 듣는 그리스도인이 되게 하시고, 손해 보고 인내함으로 그리스도의 덕을 드러내는 진실한 그리스도인이 되게 해주옵소서. 때때로 부딪히는 일 속에서 그리스도의 마음을 느끼게 하고, 갈등이 일어날 때도 하나님 말씀을 따라 순종함으로 선한 열매를 맺게 해주옵소서. 우리의 웃는 얼굴이 최상의 전도지가 되어서 이웃을 그리스도께로 인도하는 매개체가 되게 하시고, 그리스도를 자랑하고 교회를 자랑하고 목회자를 자랑하여 이웃에게 좋은 이미지를 심어주는 데 힘쓰게 해주옵소서.

* 칭찬받는 일꾼이 되게 하소서

수년 내에 부흥을 일으키기를 기뻐하는 주님, 우리 여전도회가 교회 부흥의 불씨가 되게 해주옵소서. 온 성도가 복음을 위해 서로 협력하고, 예수 그리스도의 마음으로 섬기는 아름다운 봉사자가 되게 하시며, 하나님이 공급하시는 힘과 은혜로 헌신하여 전도회가 배가 되는 축복을 허락해 주옵소서. 목사님의 목회 비전을 알아서 함께 동역하는 일꾼이 되게 하시고, 온 성도들을 자신보다 낮게 여김으로 조화와 일체를 이룰 수 있게 하시며, 하나님께서 맡겨두신 은사와 재능을 충분히 활용하여 30배, 60배, 100배의 열매를 맺게 해주옵소서. 형제들을 해치거나 교회를 허무는 부정적인 생각은 단호하게 거절하고, 분노를 자제하지 못함으로 서로의 마음을 아프게 하지 않게 하시고, 불평불만은 입밖에도 내지 않게 해주옵소서. 모이기를 폐하는 어떤 사람들의 습관을 따르지 않고, 은혜받는 일에는 앞장서게 하시며, 예배를 통해 은혜받는 거룩한 전염을 불러일으키는 여전도회 회원들이 되게 해주옵소서.

　여전도회를 교회 안에 없어서는 안 될 보배 같은 일꾼으로 삼아주실 예수 그리스도의 이름으로 기도드립니다. 아멘.

헌신예배

- 교사 -

>>> Prayer_29

영혼을 세우고 교회학교를
부흥하게 하는 초석이 되게 하소서

＊ 찬양과 감사

오가는 모든 세대의 가장 탁월한 스승이신 주께서 우리를 하나님을 경외하는 사람으로 불러주신 은혜에 감사합니다. 부족한 저희를 영혼을 가르치고 훈련할 수 있는 교사로 세워주실 뿐만 아니라 이렇게 교사 헌신예배로 하나님의 임재 앞으로 나아가게 하심을 감사합니다. 우리를 예수 그리스도를 닮은 스승으로 삼으신 성령께서 우리가 드리는 예배를 하나님께 드려지는 최상의 예배가 되게 해주옵소서.

＊ 영혼을 세우는 교사가 되게 하소서

한 영혼을 천하보다 귀하게 여기시는 주님, 저희를 사람을 낚는 어부가 되게 하시고, 학생을 가르치고 양육하여 하나님의 사람으로 세울 수 있는 특권을 허락하시니 감사합니다. 우리의 심령에 예수 그리스도의 끓어오르는 사랑을 부어주시고, 부르심의 소망 가운데 주신 사명을 부여잡고 죽도록 충성할 수 있는 교사가 되게 해주옵소서. 영혼을 세우는 데 결코 적당히는 있을 수가 없사오니 작은 일에도 최선을 다해 돌아보는 열정을 허락해 주옵소서. 한 영혼을 천하보다 귀하게 여기시는 주님의 마음을 우리에게도 심어주시고, 학생들의 필요에 민감한 교사, 학생들의 고민을 들어줄 수 있는 교사가 되게 하시며, 가정에서 당하는 그들의 아픔을 살피고 학교생활 속에서 부딪히는 갖가지 일을 함께 공감할 수 있는 멋진 교사가 되게 해주옵소서.

생활 속에서 먼저 본을 보이기 위해 날마다 기도하는 일에 힘쓰고, 하나님 말씀을 읽고 듣고 배우고 묵상하는 일에 아주 열심히 하는 모습을 보여줄 수 있는 교사가 되게 해주옵소서. 모든 교사가 먼저 예수 그리스도를 본받아 "너희도 나를 본받으라"고 담대하게 말할 수 있는 교사가 되게 해주옵소서. 예수님께서 제자들을 끝까지 사랑하셨듯이 우리에게 맡겨주신 영혼들을 포기하지 않고 끝까지 품고 기도하는 교사가 되게 해주옵소서. 혹시 가정이나 학교에서는 포기하더라도 교회학교 교사들만은 포기하지 않는 기다림과 인내심을 허락해 주옵소서.

* 교회학교를 부흥하게 하소서

장차 민족과 하나님 나라의 미래를 짊어지고 갈 성장세대가 부흥하기를 갈망하시는 하나님 아버지, 우리에게 주의 성령으로 충만하게 하시고 권세와 능력을 주옵소서. 현재에 안주하지 않게 하시고, 더 큰 부흥을 사모하며 하나님의 부으시는 은혜를 갈구하게 해주옵소서. 하나님 말씀을 준비할 때 성령의 기름 부으심이 있게 하시고, 영혼이 녹을 때까지 쉬지 않고 기도하는 열정을 주시며, 한 영혼을 감동시킬 수 있는 뜨거운 사랑의 열정을 허락해 주옵소서. 부서 이기주의를 버리게 하시고, 교사끼리 분열하지 않게 하시며, 교역자와 부장, 그리고 교사 간에 갈등이 없게 해주옵소서. 영혼과 부흥이라는 단어를 부여안고 온 교사들이 하나가 되어 한 비전을 갖고 달려가게 해주옵소서. 세워주신 부서마다 서로 협력 사역을 잘할 수 있게 하시고, 앉아서 학생들이 오기만 기다리는 교사가 아니라 학생들을 찾아가고 전도하는 교사가 되게 해주옵소서. 교사들이 살아나기를 기뻐하시는 주님, 이 시간도 세워주신 주의 사자를 통해 우리 영혼을 흔들어 깨우시고, 지치고 상한 교사들이 하늘로부터 내려오는 생명 양식을 부여잡고 다시 일어서는 용기를 허락해 주옵소서.

교사의 영광과 자부심을 심어주신 예수 그리스도의 이름으로 기도드립니다. 아멘.

>>> Prayer_ 30

교회 재정 형편을 잘 살피는 제직회가 되게 하소서

* 감사와 찬양

서로 의논함으로 경영을 이루어 가시는 주님, 그동안 풍성한 것들로 교회와 성도의 삶을 채우시고 공급하신 하나님께 찬양과 감사를 돌립니다. 이 시간, 제직들이 교회의 재정을 두고 논의할 때 주의 성령께서 충만하게 운행하시고, 불평이나 원망이 없이 하나님 앞에 감사함으로 반응하는 제직회가 되게 해주옵소서.

* 감사로 시작하고 끝맺게 하소서

지혜로 하늘을 지으신 전능하신 하나님, 주님이 피로 값 주고 사신 교회를 이끌어주시고 필요한 것을 넉넉하게 공급하시니 감사합니다. 어려운 시대적인 환경 속에서도 성도에게 감사 거리를 주시고, 교회에서 이루어지는 모든 사역과 재정 위에 어려움이 없게 하시니 감사합니다. 이 시간, 모든 성도가 감사하는 마음으로 제직회에 임하게 하시고,

모든 회무를 처리하는 회의에 감사하는 마음으로 임하게 하시며, 하나님을 기대함으로 새로운 회기를 시작하게 해주옵소서.

제직회를 통해 교회의 재정 형편을 잘 알게 하시고, 평소에 교회 재정을 위해 기도하게 해주옵소서. 서로의 생각과 의견을 나눌 때도 성령의 통치를 따라 말하게 하시고, 서로의 의견을 존중하고 배려하게 해주옵소서. 누구도 자신의 주장을 강하게 내세우지 않게 하시고 공동체의 유익과 덕을 세우게 해주옵소서. 교회의 재정이 사용될 때도 투명하고 정직하게 하시고 하나님이 기뻐하시는 선한 사업을 위해 바르게 사용되게 해주옵소서. 재정이 사용되는 곳마다 선한 열매가 가득 맺히게 하시고 오병이어의 기적이 일어나게 해주옵소서.

✽ 교회의 재정을 넉넉하게 하소서

솔로몬이 하나님이 기뻐하시는 지혜와 지식을 구할 때 그에게 부와 재물과 영광을 덤으로 주신 하나님, 우리 교회와 성도들도 하나님이 기뻐하는 것을 따라 구하는 성숙함을 허락해 주옵소서.

내일 일을 위하여 염려하지 말라고 하신 주님, 성도들이 교회의 재정으로 인해 걱정하지 않고 어떤 상황에도 믿음으로 구할 수 있게 해주옵소서. 제직들이 교회의 재정에 대한 책임감을 느끼게 하시고, 교회 재정이 어려울 때 온 성도가 함께 짐을 나누어질 수 있게 해주옵소서. 성도의 가정에 하나님께서 물질적인 복을 주셔서 하나님의 일에 많은 것을 드릴 수 있게 해주옵소서. 성도들이 다니는 직장이 늘 흥왕하게 하시고 직장에서도 다른 사람에게 인정받게 하시고, 성도가 경영하는 가게나 사업장이 날마다 번성할 수 있게 해주옵소서. 그래서 하나님 앞에 드리는 데 부족함이 없게 하시고, 인색함으로 드리지 못하는 일이 없게 해주옵소서. 교회가 해야 할 사역이 돈이 없어서 하지 못하는 일이 없도록 성도들의 가정 경제를 책임져 주옵소서.

풍성한 대로 모든 쓸 것을 채우시는 주님, 적게 심는 자는 적게 거두고 많이 심는 자는 많이 거둔다는 하나님 말씀을 따라 하나님의 일에 자원하는 마음으로 넘치도록 드릴 수 있는 믿음을 주옵소서. 학개 선지자가 책망하듯이 하나님의 집을 젖혀두고 자기 집에 분주한 어리석은 삶을 살지 않게 해주옵소서. 우리가 누리는 복이 하나님으로부터 옴을 잊지 않고 하나님께 부한 자로 살게 해주옵소서.

하늘의 신령한 것과 땅의 기름진 것으로 채우시는 예수님의 이름으로 기도드립니다. 아멘.

>>> Prayer_31

더 큰 은혜를 갈망하는 공동의회가 되게 하소서

* 감사와 찬양

때를 따라 필요한 은혜를 베푸시는 하나님 아버지, 어려운 상황 속에서도 1년 동안 교회를 이끌어주셔서 공동의회로 모이게 하시니 감사와 찬양을 돌립니다. 한 해의 사역을 결산하고 새로운 해를 준비하는 공동의회를 성령께서 인도해주시고 감사를 고백하는 회의가 되게 해주옵소서.

* 새해에는 더 큰 은혜를 주소서

알파와 오메가가 되시는 주님, 한 해를 시작하게 하실 뿐만 아니라 여기까지 오게 하셔서 한 해를 마무리하게 하신 은혜에 감사합니다. 마음의 경영을 이루시고 말의 응답을 허락하시는 여호와께서 성도의 가정과 교회를 이끌어주시니 감사합니다. 어렵고 힘든 일이 있었지만 그때마다 이길 힘을 주시고 피할 길을 주셔서 신앙의 경주에서 승리하게 하시니 감사합니다. 지금까지 지내 온 것이 하나님의 은혜였듯이 오늘 이루어지는 공동의회도 하나님의 은혜가 지배하고 감사와 찬양이 넘치게 해주옵소서. 하나님이 하신 일에 감사하게 하시고, 새해에도 하나님이 하실 일을 기대하게 하옵소서.

여러 가지 어려운 상황이 많았지만 올해에도 교회 재정이 넘치도록 채워주셔서 교회가 해야 할 사역을 넉넉하게 하신 하나님, 내년에도 우리 교회가 흑자 재정이 되도록 은혜를 베풀어 주옵소서. 여호와를 의지하는 자는 풍족하게 된다고 말씀하셨습니다. 아무리 어려운 일이 닥쳐올지라도 온 교회가 하나님을 신뢰하는 믿음으로 견고히 서게 해주옵소서. 재정의 어려움보다 더 심각한 것은 믿음의 빈약함이오니 우리에게 큰 믿음을 허락해 주옵소서. 온 교회가 세상에 대하여 부한 인생이 아니라 하나님께 부한 자로 살게 해주옵소서. 믿음으로 일하게 하시고, 믿음으로 하나님 앞에 드리게 하셔서 새로운 해에도 재정의 어려움을 당하지 않게 해주옵소서. 온 성도와 교회가 새해 초부터 연말까지 푸른 초장과 쉴만한 물가로 인도함을 받게 해주옵소서.

* 주님이 다스리는 회의가 되게 하소서

인간의 앉고 일어섬을 감찰하시는 주님, 공동의회로 모인 이 시간 행동을 달아보시는 하나님 앞에서 말하고 행동함으로 하나님이 보시기에 기쁜 회의가 되게 해주옵소서. 한 해를 결산하면서 하나님의 은혜를 돌아보게 하시고, 새로운 예산을 편성하면서 풍족하게 채우시는 하나님을 기대하는 시간이 되게 하옵소서. 한 해 동안 아픔과 슬픔의 짐을 함께 짊어질 뿐만 아니라 어려운 재정을 함께 지고 여기까지 달

려온 성도들이 서로 격려하고 서로에게 감사하는 회의가 되게 해주옵
소서. 교회 재정을 집행하면서 한 치의 부끄러움이 없게 하시고, 투명
하고 깨끗하게 운용하게 하시며, 우선순위를 따라 믿음으로 집행하게
해주옵소서.

이 시간, 논의되는 모든 과정에서 공동체를 세우는 발언만 하게 하시
고 성령의 통치 안에 머물게 해주옵소서. 인간적인 감정을 따라 말하지
않게 하시고, 개인의 뜻이 주장되는 것이 아니라 공동체의 덕이 나타나
게 하옵소서. 어느 사람도 불의의 도구가 되지 않도록 자신을 잘 지키
게 해주옵소서. 악한 사탄이 틈타지 않도록 지키시고, 공동의회를 이끌
어가는 의장에게 지혜를 허락하셔서 회의를 은혜 가운데 잘 이끌어가
게 해주옵소서.

우리 삶 속에 하나님의 뜻을 세우시는 예수님의 이름으로 기도드립
니다. 아멘.

>>> Prayer_ 32

주님의 뜻을 세우고 부흥의 불쏘시개가 되는
임원들이 되게 하소서

* 감사와 회개

우리를 새 언약의 일꾼으로 세우신 주님, 부족한 저희를 통해 하나님
의 영광스러운 일을 이루어가게 하심을 감사합니다. 맡은 자에게 구할
것은 충성이라고 하셨지만 자기 생각과 고집대로 하고, 죽도록 충성하
기보다는 주의 일에 게을렀던 저희를 용서하여 주옵소서. 임원회로 모
인 이 시간, 성령께서 우리 모두를 다스려주시고 주님의 일을 감당할
힘과 능력을 공급받게 해주옵소서.

* 주님의 뜻을 세우게 하소서

모든 임원이 주님의 일을 위해 한마음을 갖고 협력하게 하시니 감사
합니다. 이 시간, 임원회로 모였사오니 우리가 나누는 모든 회의 속에
성령의 일하심이 드러나게 하시고, 주님의 뜻을 분별하여 공동체를 온
전히 섬기게 해주옵소서. 사랑하는 주님, 우리가 주님의 일을 하는 동

안 하나님의 일을 잊고 인간의 일을 생각하는 어리석음을 범하지 않게 하시고, 사탄에게 미혹되어 불의의 도구로 쓰임받지 않게 해주옵소서. 매사에 자기 생각만 고집하지 않게 하시고, 서로의 생각을 존중하면서 공동체의 유익을 세워가게 해주옵소서. 지식 없는 열심 때문에 사람을 살리고 공동체를 세우는 사랑을 잃지 않게 하시고, 사랑이라는 명분으로 진리를 벗어나지 않게 해주옵소서.

지혜에는 아이가 되지 말고 악에는 어린아이가 되라고 하신 것처럼 공동체를 세워나가고 주의 일을 이루어가기 위해 하나님의 지혜를 활용하게 해주옵소서. 서로 바쁘고 분주한 삶을 살지만 세우신 자의 마음을 아프게 하지 않기 위해 최선을 다해 헌신하게 하시고, 개인적인 사정으로 다른 지체들을 힘겹게 하지 않게 해주옵소서. 지혜와 능력이 부족할 때마다 하나님이 공급하시는 은혜를 덧입기 위해 무릎 꿇게 하시고, 혼자서 할 수 없는 일은 함께 뭉치는 힘을 갖고 헤쳐나가게 해주옵소서. 연말에 임기를 결산할 뿐만 아니라 마지막 날 주님 앞에서 결산하는 인생임을 기억하면서 주님의 뜻을 따라 최선을 다해 섬기는 지혜롭고 충성스러운 일꾼이 되게 해주옵소서.

✴ 부흥의 불쏘시개가 되게 하소서

하나님 말씀과 성령의 역사로 부흥을 이루신 주님, 우리가 하나님 말씀에 집중하고 성령의 충만함을 받아 부흥의 역사를 경험하게 해주옵소서. 모든 임원과 회원들이 하나님의 비전인 부흥을 갈망하게 하시고 부흥을 이루기 위해 함께 헌신하게 해주옵소서. 모든 임원이 맡겨주신 영혼을 위해 합력하여 기도에 힘쓰게 하시고, 그들의 필요를 알아 주야로 심방하고 섬기는 데 주력하게 해주옵소서. 부흥을 사모하는 모든 지체가 구령의 열정을 갖고 복음을 전하는 일에 힘쓰게 하시고, 부서 전체가 전도 중심으로 세움받아 머지않아 부흥을 이루게 하시며, 임원들이 부흥의 불씨로 쓰임받게 해주옵소서.

회원과 임원의 소통이 막히지 않게 하시고, 서로가 격려하고 힘을 부여하는 모임이 되게 해주옵소서. 사랑하는 주님, 우리 부서 안에 기쁨과 아픔을 함께 나누는 아름다운 성도의 교제가 있게 하시고, 모든 지체가 소속감을 갖고 지체들에 대한 의무감을 느끼게 해주소서. 한 지체도 공동체에서 무시당하지 않게 하시고 서로를 돌아보고 섬기는 아름다운 공동체가 되어 부흥을 이루게 해주옵소서.

부흥의 주체가 되시는 예수님의 이름으로 기도드립니다. 아멘.

상황별

- 구역예배 -

>>> Prayer_ 33

구역이 아름답게 연합하는
공동체가 되게 하소서

✳ 감사와 찬양

자기를 사랑하는 자에게 약속하신 나라를 상속으로 받게 하시는 주
님, 나그네로 살아가는 우리가 하늘을 바라보며 내일에 소망을 두게 하
심을 감사합니다. 이 땅을 살아가는 동안 악한 것을 생각지 아니하고,
거짓된 것을 따르지 않는 거룩한 사람으로 살게 하시니 감사합니다. 날
마다 주의 말씀을 묵상하며 진리 안에서 살아가는 저희를 통해 영광받
으실 하나님을 찬양합니다. 이 시간도 우리 가운데 충만한 영으로 임재
하옵소서.

✳ 구역을 위하여

형제가 연합함으로 아름다움을 창조하기를 원하시는 하나님, 교회
의 세포인 구역을 세워주심을 감사합니다. 교회 안에 있는 모든 구역이
살아 움직이는 세포가 되게 해주옵소서. 병들고 죽어가는 구역이 없게

하시고, 구역이 부흥하여 교회가 부흥하게 해주옵소서. 구역이 부흥되려면 구역장과 권찰이 살아나야 합니다. 모든 구역장과 권찰이 깨어 기도하게 하시고, 한 사람 한 사람을 양육하고 세워가는 기쁨을 경험하게 해주옵소서. 직분을 부담으로 느끼지 않고, 돌아보는 사역을 힘들어하지 않는 선한 목자가 되게 해주옵소서. 그리스도께서 영혼들을 사랑하셨던 것처럼 선한 마음으로 영혼을 사랑하는 구역장과 권찰이 되게 해주옵소서.

구역마다 사랑 안에서 하나 되게 하시고, 서로 돌아보고 섬기며 서로에게 영적인 자극과 도전을 줄 수 있는 구역이 되게 해주옵소서. 구역마다 영적으로 안주하지 않고 부흥을 향한 갈망을 갖고 영혼에 대한 열정을 쏟아붓게 해주옵소서. 구역원끼리 서로 아픔을 감싸주고 허물과 연약함을 품어줄 수 있게 하시고, 서로의 유익을 위해 육체적으로, 정신적으로, 경제적으로 나눌 수 있는 친밀한 공동체가 되게 해주옵소서. 서로 시기하고 비난하는 사탄의 장난이 일어나지 않도록 모든 구역 식구가 영적인 경계심을 갖게 해주옵소서. 서로를 향해 연결고리를 이루어 기도로 관심을 두는 공동체가 되게 해주옵소서.

＊ 아름다운 동행을 위하여

지혜로운 자와 동행하면 지혜를 얻고 미련한 자와 사귀면 해를 받는다고 말씀하신 주님, 우리에게 동행할 사람을 분별하는 지혜를 주옵소서. 동행자를 잘못 선택하여 인생을 그르치는 일이 없게 하시고, 좋은 사람을 만나 그들과 동행함으로 영적인 유익을 얻을 수 있게 하시며, 그들에게 좋은 영향을 받게 해주옵소서.

지혜로우신 주님, 세상 어디를 가든지 악한 사람을 만나지 않는 만남의 복을 주옵소서. 직장에서 좋은 상사와 동료를 만나게 하시고, 학교에서 좋은 교수와 선후배를 만나게 해주옵소서. 하나님이 주신 가정에서 이미 만남을 이룬 가족끼리 아름다운 관계를 유지할 수 있게 하시고, 관계를 잘 관리하여 가정 천국을 이루게 해주옵소서. 해외에 있는 믿음의 가족과 우리의 자녀에게 좋은 만남을 허락하시고 악한 자로부터 해를 받지 않는 외국에서의 삶이 되게 해주옵소서. 나라의 부름을 받아 군대에서 생활하고 있는 젊은이들에게 좋은 상사와 병사들과의 만남을 허락하셔서 군생활이 의미 있는 시간 되게 해주옵소서. 늘 말씀으로 우리를 다듬고 하나님의 사람으로 자라기를 원하시는 주님, 이 시간도 하나님이 준비시키신 주의 종에게 성령의 권능을 더해 주옵소서.

아름다운 동행자 되신 예수님의 이름으로 기도드립니다. 아멘.

행복한 부부,
천국의 모델 하우스가 되게 하소서

＊찬양과 감사

한 남자 아담과 한 여자 하와를 에덴에 세우시고 아름답고 거룩한 결혼예식을 거행하신 하나님을 찬양합니다. 가정을 만드시고 부부를 통해서 생육하고 번성하는 문화 명령을 수행하게 하신 여호와여, 이 시간 결혼을 앞둔 두 젊은이와 양가 위에 복에 복을 더하실 것을 믿고 감사합니다. 하나님이 기뻐하시는 부부, 하나님이 복주시는 여호와를 경외하는 가정을 이루기 위해 출발하오니 하늘문을 여시고 은총을 내려주옵소서.

＊행복한 부부가 되게 하소서

부모를 떠나 두 사람이 한 몸을 이루어 복된 가정을 가꾸길 원하시는 주님, 이들이 죽음이 갈라놓는 그 순간까지 갈라서지 않고 언약 안에 머무는 부부가 되게 해주옵소서. 이들을 무너뜨리기 위해 행복의 동산에 기어들어 오는 작은 여우를 잡게 하시고, 서로가 아프게 할 수 있는 어떤 변명거리도 허용하지 않게 해주옵소서. 죽음에 이르는 순간까지 서로를 향해 "이는 내 뼈요 살 중의 살이라"고 고백하며 행복을 만들어 가는 부부가 되게 해주옵소서. 지금보다 죽음이 갈라놓는 순간이 더 행복한 부부가 되게 해주옵소서.

두 사람이 온전한 연합을 이루기 위해 경제적으로, 정신적으로, 영적으로 부모에게서 독립하게 하시고, 한 몸을 이루기 위해 서로를 이해하고 용납하고 그리스도를 섬기는 마음으로 배우자를 섬길 수 있는 부부가 되게 해주옵소서. 두 사람이 벌거벗어도 부끄럽지 않은 유일한 관계가 되게 하시고, 허용되지 않는 성적 즐거움을 꿈에도 생각지 않게 해주옵소서. 남편은 아내를 자기 몸처럼 아끼고 사랑할 수 있게 하시고, 아내를 괴롭히고 아프게 하지 않게 하시며, 아내는 남편을 존경하고 교회가 그리스도에게 복종하듯 순종하게 해주옵소서. 차이를 갖고 다르다고 말하지 않고 서로를 인정하게 하시고, 배우자를 자기 틀에 맞추려는 꿈을 내려놓게 하시며, 나보다 배우자의 기쁨과 행복을 먼저 생각하게 하옵소서.

✳ 천국의 모델 하우스로 세워지게 하소서

이들 부부가 이루는 가정을 천국의 모델 하우스로 만들기를 원하시는 주님, 두 사람과 양가 모든 가족이 서로 협력하고 노력해서 하나님의 은총을 저버리지 않는 부부와 가정이 되게 해주옵소서. 이들 부부가 가족 지상주의에 빠지지 않게 하시고, 가정을 통해서 하나님의 왕국을 섬기는 도구로 내드리게 해주옵소서. 배우자보다 주님을 더 앞세우게 하시고, 가족보다 하나님의 나라를 우선하여 하나님을 기쁘시게 하게 하옵소서. 혼자 주님을 섬기는 것보다 두 사람이 함께 섬기는 것이 더 효율적인 섬김이 되게 하시고, 하나님 나라와 교회에 더 큰 유익을 가져올 수 있는 부부가 되게 해주옵소서. 이들 두 사람에게 적절한 믿음의 후손을 주셔서 믿음으로 명문가문을 이루게 해주옵소서.

이들의 행복한 보금자리를 만들어주기 위해 지금까지 수고한 양가 부모와 가족을 축복해주시고, 양가 모두 두 사람의 행복을 위한 수고를 함께해 나갈 수 있게 하옵소서. 이들 부부는 양가 어른을 잘 봉양하고 효도하게 하시고, 믿지 않는 사람에게 본이 되는 자녀가 되게 해주옵소서. 혹시 믿지 않는 부모가 있다면 그분들에게 감동을 줄 수 있는 지혜로운 마음을 주옵소서.

가정을 제정하시고 부부를 통치하시는 예수님의 이름으로 기도드립니다. 아멘.

>>> Prayer_35

입관예배를 통해 죽음을 이기는 믿음을 갖게 하소서

✱ 찬양과 감사

하늘과 땅의 모든 생명의 주관자가 되시는 전능하신 하나님 아버지, 우리에게 이 땅 너머에 있는 영원한 세계를 바라보게 하시고, 육신의 생명 너머에 있는 영원한 생명을 얻게 하시니 감사합니다. 입관예배를 드리는 이 시간, 하늘의 영광을 바라보게 하시고, 영원한 생명에 대한 소망을 갖게 하옵소서.

✱ 죽음을 이기는 믿음을 갖게 하소서

한 알의 밀알로 땅에 떨어져 죽음으로 많은 열매를 맺으신 주님, 죽음의 신비를 그리스도 안에서 새롭게 발견하게 하시니 감사합니다. 비록 이 시간 고인의 시신을 관에 안치하지만 관에 영원히 갇히지 않는 육신을 바라보게 하시니 감사합니다. 예수 그리스도께서 다시 이 땅에 재림하실 때 부활의 몸으로 주님을 맞이할 것을 믿습니다. 더구나 이 시간, 고인의 육신은 관에 있지만 그의 영혼은 이미 하나님 품에 안겨서 안식을 누리는 줄 믿습니다. 입관예배를 드리는 이 순간, 천국에서 벌어지는 천국 입성식을 우리의 눈으로 보는 듯이 믿게 하옵소서.

죽음을 이기고 부활하신 주님, 우리가 예수 그리스도와 함께 십자가에 못 박혀 죽었고, 그의 부활과 함께 연합하여 우리 역시 살아났사오니 유족들이 살아가는 동안 죽음에 매여 종노릇 하지 않게 하시고, 죽음의 공포에 떨지 않게 해주옵소서. 죽음을 초월해서 살아가는 믿음을 갖게 하시고, 육신을 담는 관을 영원한 집으로 생각하지 않고 우리의 영원한 집은 아버지의 품이오니 여기에 엄숙하게 머리 숙인 우리 모두 아버지의 품을 그리워하며 살아가게 하옵소서.

* 유족들을 돌아보소서

110세에 애굽에서 죽음을 앞둔 요셉이 유족을 향해 "나는 죽을 것이나 하나님이 당신들을 돌보시고 당신들을 이 땅에서 인도하여 내사 아브라함과 이삭과 야곱에게 맹세하신 땅에 이르게 하시리라"고 말했듯이, 이 시간 입관예배를 드리는 유족의 삶을 인도하시고 책임지실 줄 믿습니다.

인간은 죽을지라도 하나님은 죽지 않으심을 믿습니다. 하나님의 인도를 받기 위해 믿음으로 나아가는 자들을 외면하지 아니하시고, 그들의 필요를 따라 일마다 때마다 지키고 채우시는 주님을 찬양합니다. 앞으로 살아갈 날이 막막할지라도 우리의 영원한 목자장 되신 주님을 신뢰합니다. 경제적인 필요를 돌아보시고, 건강을 잃지 않게 하시며, 불의의 사고를 당하지 않도록 모든 순간 눈동자처럼 지켜주옵소서. 특별히 어떤 상황에도 마음의 평강과 기쁨을 잃지 않고 성령의 인도하심 앞에서 선한 열매를 맺으며 살게 해주옵소서.

폭풍우가 휘몰아칠 때 고인이 없는 자리가 텅 비어 허전하고 마음 상할지라도 하나님을 의지하게 하시고, 풍랑으로 인하여 오히려 더 빨리 가게 하시는 주님의 손길을 경험하게 해주시며, 기쁘고 즐거운 날 고인과 함께하지 못하는 아쉬움이 들 때 하나님 나라에서 만날 기쁨으로 위로받게 해주옵소서. 우리에게 이 땅의 삶이 모두가 아님을 깨닫게 하시고, 보이는 것이 다가 아니기에 보이지 않는 세계를 위해 준비하며 살게 하시며, 우리 죄를 대신해서 죽으시고 부활하신 생명의 주님을 만남으로 하늘나라에서 다시 만날 그날을 기다리며 살게 해주옵소서.

우리를 천국까지 안내하실 예수 그리스도의 이름으로 기도드립니다. 아멘.

>>> Prayer_ 36

발인예배를 통해
천국 이력서를 준비하게 하소서

＊ 찬양과 감사

죄와 허물로 죽었던 우리를 살리시고 우리를 위해 영원한 안식처를 준비하고 다시 오시겠다고 약속하신 주님을 찬양합니다. 그 어느 곳에서도 안식할 수 없는 저희에게 생명을 주시고 영생을 누릴 수 있는 영광을 허락하신 하나님께 찬양과 감사를 올립니다. 故 ○○○ 성도의 발인예배에서 하나님 앞에 간구하오니 위로의 성령께서 이 시간 슬픔에 잠긴 유가족과 모든 조문객 위에 하늘의 은혜를 덧입혀 주옵소서.

＊ 지금까지 살아온 것이 주의 은혜인 것을 알게 하소서

모든 생명의 주인 되신 존귀하신 주님, 보잘것없는 들풀도 아름다운 것으로 입히시고 공중에 나는 하찮은 새에게도 필요한 것을 공급하시는 주님을 찬양합니다. 하물며 하나님의 자녀인 우리에게 베풀어주신 은총은 우리의 머리로서는 헤아릴 수 없음을 고백합니다. 고인이 이 땅에서 살아온 것을 되돌아볼 때 그 모든 것이 하나님의 은혜였습니다. 가족을 위해 열심히 일하고 섬길 수 있는 건강을 주셨건 것도, 힘든 환경과 현실 속에서도 지키시고 인도하셨던 삶도 하나님의 사랑이었으며, 특별히 가족 간에 갈등과 아픔 없이 행복하게 살아갈 수 있었던 것도 하나님의 돌보심이었습니다. 더구나 죽을 수밖에 없는 우리를 독생자 예수 그리스도의 십자가의 죽음을 통해 구원해주신 것을 생각하면 너무 감사합니다.

이렇게 애달프고 슬픈 발인예배를 드리는 시간이지만 천국에 대한 확신과 부활에 대한 소망 때문에 감사와 찬송으로 잔치 분위기로 예배드릴 수 있게 하심을 감사드립니다. 모든 영광을 하나님께서 받으시고 우리 모두에게 날마다 모든 일에 하나님의 은혜를 구하게 하시고, 어떤 상황에도 하늘나라에 대한 소망이 더 커지는 은총을 허락해 주옵소서.

＊ 천국 이력서를 준비하게 하옵소서

우리에게 "죄 많은 이 세상은 내 집이 아니라"고 신앙 고백할 수 있게 하신 주님, 비록 이 땅에서 나그네 인생을 살았지만 하늘 영광을 바라볼 수 있게 하시니 감사합니다. 우리에게 이 땅의 삶이 종국적인 목표가 아님을 깨닫게 하시고, 하늘나라를 위해 미리 준비하는 삶을 살게 하시니 감사합니다. 육신을 가진 우리를 유혹하는 죄의 충동에 따라 살지 않고 하늘나라 시민으로 거룩한 삶을 살게 하시니 감사합니다. 이 땅에 사는 동안 성령을 좇아 살아감으로 죄를 이기는 성결한 백성으로 살게 해주옵소서.

주님! 이 땅에 소망을 두지 않은 저희가 재물을 이 땅의 창고에 쌓지 않게 하시고, 하늘나라를 위해 투자할 수 있는 지혜로운 인생이 되게 해주옵소서. 가지고 갈 수 없는 것을 모으기 위해 동분서주하는 삶이 아니라 영원히 썩지 않는 하나님 나라에서 받을 영광스러운 상급을 바라보며 주의 일에 충성하게 하시고, 어린 양 예수 그리스도의 뒤를 따르는 참된 제자가 되기 위해 고난을 두려워하지 않게 해주옵소서. 이 세상에서 잠시 잠깐 자기 이름과 명예를 내기 위해 이력을 쌓기보다 하나님 나라에서 누릴 풍성한 영광을 얻기 위해 천국 이력서를 준비하게 해주옵소서. 모든 유족이 지혜에는 아이가 되지 않고, 악에는 어린아이가 되게 해주시고, 모든 일을 품위 있고 질서 있게 감당하는 천국의 명품 일꾼이 되게 해주옵소서.

어떤 상황에도 견고하여 흔들리지 않고 항상 주의 일에 더욱 힘쓰게 하실 예수 그리스도의 이름으로 기도드립니다. 아멘.

>>> Prayer_37

하관예배를 통해 함께 갈 수 없는 길을 준비하게 하소서

＊ 찬양과 감사

아담 안에서 죽은 우리를 예수 그리스도 안에서 살아나게 하신 하나님을 찬양합니다. 보잘것없는 우리 질그릇에 보화를 담게 하셔서 천국 시민으로 살게 하시니 감사합니다. 이제 마지막 장례 절차로 하관예배를 드립니다. 영광의 주께서 이 시간 우리 모두에게 임재하셔서 하늘의 영광을 바라보게 해주옵소서.

＊ 하늘 위로로 채우소서

함께 웃고 함께 울며 정을 나눴던 고인의 육신을 이제 무덤에 안장하려고 합니다. 유족의 아프고 상한 마음을 아시는 주님, 그들의 허망한 마음을 하늘 소망으로 채우시고 지친 육신에 하나님의 은혜를 채워주옵소서. 사랑하는 사람을 먼저 보내야 하는 아픔을 하나님의 사랑으로 채워주시고, 든든한 버팀목을 잃은 상실감을 무엇으로도 채울 수 없지만 하나님이 친히 든든한 버팀목이 되어 주옵소서. 사람으로부터 받아 왔던 마음의 안정과 평화를 주님으로부터 채움받게 하시고 주님의 돌 보심으로 새로운 인생의 경험을 갖게 해주옵소서.

고인을 가까이했던 마음이 이제 하나님께로 달려가게 하시고, 고인 과 나누었던 대화가 주님과의 기도시간으로 바뀌게 해주옵소서. 고인 과 즐기던 시간을 주님의 말씀을 보는 시간에 투자하게 하시며, 이 땅 에서 즐기는 행복한 시간을 하늘나라에서 다시 누리게 해주옵소서. 하 루를 시작하며 시작된 주님과의 만남이 저녁에 자리에 눕는 시간까지 지속되게 하시고 주님의 음성을 듣는 것이 진정한 행복의 근원이 되게 해주옵소서. 때때로 경험하는 아픈 마음이 주님의 사랑 안에서 녹게 하 시고 채울 수 없는 외로움의 공간은 하나님의 은혜와 사랑으로 채움받 게 해주옵소서.

✽ 함께 갈 수 없는 길을 준비하게 하소서

우리의 영원한 친구가 되신 주님, 지금까지 늘 곁에서 행복한 시간을 함께 즐겼지만 마지막 보내는 이 하관예배에 아쉬움과 회한이 많이 남 습니다. 그러나 죽음의 길은 그 누구도 함께 갈 수 없음을 발견합니다. 그래서 우리 마음에 더 큰 아픔이 있습니다. 함께 갈 수 없는 길이지만 우리가 찬송할 수 있고 아픈 마음으로도 감사할 수 있는 것은 우리에게 영원한 천국의 삶이 약속되어 있기 때문입니다. 사랑했던 사람이기에 우리가 꼭 천국에서 만나기 위해 이 땅에서 믿음으로 준비하게 하옵소 서. 예수님을 믿지 않는 유족이 있다면 우리 죄를 위해 십자가에서 죽 으신 예수님을 꼭 받아들이고 믿어서 그 언젠가 천국에서 다시 만날 수 있는 기쁨을 허락해 주옵소서. 천국은 돈으로도 못 가고, 권력으로도 갈 수 없으며, 오직 예수님만이 유일한 길이오니 예수님에게 우리 마음 문을 열 수 있게 해주옵소서.

언젠가 우리 앞에 반드시 다가올 천국을 지금 보이지 않는다고 부인하는 어리석음을 범하지 않게 해주옵소서. 보이지 않지만 기정사실인 일이 많듯이 천국도 그러하오니 천국을 부인하다가 후회하지 않도록 예수 그리스도를 믿어 천국에 이르도록 해주옵소서. 우리도 예기치 못한 죽음이 갑작스레 눈앞에 다가올 때 뒤늦은 후회를 하지 않도록 오늘 이 순간 인생의 결단을 내리게 해주옵소서.

우리를 위해 천국을 예비하신 예수 그리스도의 이름으로 기도드립니다. 아멘.